新时期嘉定作家群
文学丛书

欢乐

殷慧芬——著

文匯出版社

新时期嘉定作家群文学丛书序

孙甘露

此次由文汇出版社出版的这套丛书，是在2010年，由上海文化出版社出版的《新时期嘉定作家——资料卷、作品卷》的基础上，为进一步全面深入地回顾新时期以来嘉定作家的文学创作成就，以作家个人作品或作品集的形式，梳理展示嘉定作家在文学创作上的探索和贡献。同时，也令我们深思嘉定这一具有深厚的历史文化底蕴的古城如何在今日延续文脉，养育了风格如此多样的作家，他们的作品透露出对时代和生活的细致观察，叙事沉着从容，不为喧嚣的潮流所动，而角度和笔触又是迥异多姿。

此次收录文丛的殷慧芬、张旻、楼耀福、龚静、须兰、许佳、戴达、魏滨海、戴臻、陆棣、赖云青、赵春华、陶继明、葛秋栋、王威尔等十五位作家的作品，涉及了小说、散文、儿童文学等诸多领域，作家的年龄和创作经历也伴随着新中国的发展而来，他们的作品既表现了当代中国日常生活的巨大变化，也反映出时代变迁下不同阶层、不同领域的人群的内心生活的细微演化；同时，在不同时期和各自领域文学创作的流变中保持了敏锐的观察和高度的警惕，不为时俗所迷惑，又新意迭出，触动人心。深厚的生活积累和对文学历史的深入研究使这些作品周正、持重、谦逊而意蕴绵长。

  对这些作家、作品的研读和品鉴,应该更多地着眼于上海文学乃至中国当代文学的视野中,更应该仔细地探寻滋养他们的嘉定的历史、文化、地理的特质和氛围。在某种意义上,特殊的地理位置,也使他们获得了有效的距离和冷静的观察,这种文学上的大城小镇正是孕育史上无数重要作家、催生重要作品的得天独厚的土壤。

  正如许多专家、学者一再提及的,嘉定作为人文荟萃的名城,产生过钱大昕、陆俨少等著名的学者、艺术家、教育家等,我们深信,随着时间的推移,文丛所收录的嘉定作家的写作,会在历史的眼光中被不断地再发现、再阐发,也为后来者接续传统树立有益的典范。

2019 年 5 月 19 日

序

楼耀福

前些日,上海有图书馆举办"上海女作家谈文学与创作"的读书会,邀请了王安忆等多位女作家。王安忆、王小鹰、唐颖等都作了精彩发言。唯独殷慧芬相对说得比较少,旁边的王安忆几次把话筒递到她手中,悄声说:"侬讲呀,侬讲呀。"我坐在第一排,见此场面,不免觉得自己的老伴,似乎还不那么善于侃侃而谈。

殷慧芬发言时深情回忆了茹志鹃老师为她的第一本小说集《欲望的舞蹈》写的"序"。茹老师热情地提到《厂医梅芳》等小说,"他们写的是工,你写的是人。"一句话点化了殷慧芬的小说创作,她感恩茹老师,感恩文学。

之后,殷慧芬一直围绕人、人性、人性的挣扎与失败在写,有了一系列现在读来仍然有意思的作品。

殷慧芬没有说她的其他小说,比如《屋檐下的河流》《仇澜》《吉庆里》《汽车城》等等。当年在上影厂的唐颖是电视剧《汽车城》的文学编辑之一,见殷慧芬不说,接过话筒,叙述她对殷慧芬小说的评价,特别提到殷慧芬的一部小说:《欢乐》。

《欢乐》写了上海嘉定一个卫生院里一群老人的生存状态,

他们在贫困和失落中主动欢乐,又在欢乐中无奈地感受贫困和失落。唐颖记得当年一位电影制片人在《收获》看到这部小说之后的激动,他买下电影改编版权后说:"幸亏张艺谋没看到。"后来由于各种原因,没有拍成电影,唐颖至今觉得遗憾。

王安忆曾有文评论:"殷慧芬在我们这个城市的深处,在那些纵横交错、鳞次栉比的陋巷破屋之间,在那沉寂坚硬、漠无表情的机器流水线之间,所领略的人生损失,却有着逻辑严密,情节切实,痛彻心肺的过程。面对这过程,什么样的吟叹都无法淡释、含糊与慰解。这就是我所看到的殷慧芬的小说世界。"

"城市的深处""纵横交错、鳞次栉比的陋巷破屋之间",是《屋檐下的河流》等小说的场景,而"沉寂坚硬、漠无表情的机器流水线之间"则是《厂医梅芳》等作品的境地。《欢乐》的背景既不在石库门里弄,也不在工厂,但它"逻辑严密,情节切实,痛彻心肺的过程"的特点,却是共同的。这也许是时隔二十多年后,仍然为文友和读者所津津乐道的缘由。

《欢乐》的背景是嘉定,殷慧芬的第二故乡。出生于上海石库门里弄的她,在嘉定工作、生活了半世人生。在嘉定的经历和感悟占据了她五百多万字文学作品中的相当比例,其中不乏精彩之作,比如《欢乐》《走向辉煌》《四季风景》等。

在殷慧芬写工厂的小说中,也可读出嘉定的气息。比如《厂医梅芳》:"我们地处郊区的工厂职工称周末是'外国礼拜'……放工的铃声就响了,全厂男女老少候鸟似的成群结队往市区赶,有的还提着当地产的鲜蘑菇。"又比如《欲望的舞蹈》:"……

一个小镇，它的规模是'一只脚进，一只脚出'，这虽有些夸张，但其袖珍程度也可想而知。鬼子进村了。茶馆、点心铺、杂货店，我们一一扫荡过去，唯有信用社我们对它避而远之……"如此等等，都见嘉定印痕。本书所选《衣飘飘兮袂举》《蜜枣》《早晨的陷阱》《迷巷》等工厂小说亦如此。读者不妨从中一一品味。

殷慧芬写底层人物，并不居高临下地俯视，而是感同身受地深入。她说："我对我笔下的人物从来没有用自己的善恶观来臧否他们，我总是理解和尊重他们，并努力深入他们的内心寻找他们生存的理由。"她坦言，她自己就来自底层："我对这个阶层的人很熟悉也很同情，我的感情天平始终是倾向他们的，我觉得没有这样的感情，也就不会有我的小说。"写工厂、写上海里弄如此，写上海郊区嘉定也是如此。

嘉定，跟繁华的上海市区比，似乎更清静。选择嘉定作为自己大半人生的居所，是殷慧芬追求淡泊的性格使然。宠辱不惊，对于名利场上的喧闹，她一直不以为然。无论荣耀与辉煌，无论贫病与委屈，她既不张扬，也不消颓。

在生活中，殷慧芬不愿争锋。但凡有读书会此类的活动，在舞台的追灯下，她也言语不多。但在文学作品中，她正视现实，从人的本性出发，刻画人在精神和肉体上的痛苦，呼唤还人以本来面目，文字背后的深彻思考却不乏犀利。她为当代文坛留下的许多作品，生命力久远不衰，正由于此。比如《欢乐》。

1999年，殷慧芬《汽车城》完稿以后，患上了严重眼疾，无法正常阅读和写作。文学圈内圈外许多朋友在为她惋惜的同时，一如既往地关心她,亲热地喊她"姐"。家里的小茶室依然宾朋满座,品茗、聊天,笑声不断,欢乐依旧。

借《欢乐》出版之际,一并向始终关心殷慧芬的各界朋友致谢,向这么多年来一直喜欢殷慧芬小说的读者致谢。

2019年4月2日

目录

001 欢乐
058 走向辉煌
107 四季风景
165 衣飘飘兮袂举
185 蜜枣
202 早晨的陷阱
240 迷巷

欢乐

今年夏天我在上海郊区某个老镇的中医医院住院,患的是急性支气管炎,付了几千元的押金,床号是12床。十几天里,老是吊青霉素,还喝一种类似于毒品的止咳药水,病虽然没什么好转,人倒是挺优哉游哉的。

这个小医院住院部的规章制度贴在墙上是形同虚设的。平时经常有各种各样的跑街先生、跑街小姐来病房推销健美骑士、妇女卫生巾、人寿保险。病房间里自由主义流行,除了吊针的时候按兵不动,其余的时间病友们均忙着串门,打情骂俏,有两个老男人甚至溜出病房间在隔壁的小酒馆里喝酒、赌牌,有一天为了赌债两个人从外面一直吵到病房间,令人啼笑皆非。

最好笑的是病房间里有个患慢性支气管炎的老太,叫金妹,七十岁,退休纺织女工。金妹性格泼辣,咳嗽的声音也是粗声粗气的,还像个猢狲屁股坐不住,进来就吵着要出去,她从早到晚不停地咳嗽,也不停地发牢骚骂人,从医生骂到护士骂到杂务工,从她儿子骂到女儿骂到孙子、外孙们。她骂医生把她当人质,不让她出院,又骂儿孙们黑良心,只顾自己忙着赚钱,想叫她老死在医院里。有一次我看到她的大儿子来,她把儿子带来的水果扔在门外,破口大骂:你来干什么?你不帮我签字办出院你就滚!弄到后来儿孙们来探她,像是做贼似的,瞅她一个不注意就扔下糕点、西瓜什么的，然后脚底板涂油，溜之大吉。

护士小姐们见多识广，替金妹打静脉的时候，都由着她骂骂咧咧，只管例行公事，完了就说，你这个老太，一点也不识货。

"不识货"是当地方言，具有十分丰富的含义，此地是不识好歹的意思。有一天金妹果真出院了，病房里顿时安静极了，大家这才发现老太的骂声是多么令人怀恋，连最讨厌她的小护士也若有所失地说老太不在，病房间太冷清了。这话赢得众口一致的赞同。

我在病房里白天看书、打牌、会友、谈天，外出逛街，晚上溜回家和大楼（我丈夫）一起观看VCD，《教父》《异形》《空军一号》《色情男女》，我们看得天昏地暗。我早就厌烦了我的写作，趁机放假。我占着医院的床位乐不思蜀。没想到后来遇到一个老熟人皮尔卡蛋，他原来在外面开美容院，当初大楼想发财也屁颠颠地入了他美容院的股，谁知刚开张就遇到了"扫黄打流"，美容院首当其冲，唯恐殃及无辜皮尔卡蛋赶紧关门大吉，吓得大楼整天电话追踪如临亚洲金融风暴。总算皮尔卡蛋天良未泯股金完璧归赵，从此大楼再也不做发财的绮梦了。我们和皮尔卡蛋的交情依旧持续不断平稳前进。最近他不知怎么摇身一变成了皮肤科医生，在这里开设了一个皮肤护理室，专做磨面和脸部按摩，和外面挂牌的美容室如出一辙，且收益颇丰。

皮尔卡蛋听说我在住院部，吃惊地说在这里还能治好病？这里都是骗钱的，不把你两千元骗光，是不会放你走的。你当心小病成大病，大病变绝症，你还不快走人！我大骇，发现自己掉进了一个黑店，并立刻联想起那个百般吵闹的老太金妹，原来她老人家早有先见之明呀。我立时三刻打电话让大楼来签了字，置主任医生的百般挽留于不顾，卷铺盖逃之夭夭。顺便说一下，皮尔卡蛋是大楼的朋友，他因为有点钱，喜欢穿皮尔 卡丹，朋友们就叫他皮尔卡蛋。后来风闻皮尔 卡丹是国外极其平常的品牌，他又改换门庭了，但是皮尔卡蛋的绰号却留下了。

离开病房的时候，烧饭的金老头告诉我，在医院的后面，有个针灸室，你去打金针，拔火罐试试看，那里的烂医生有点办法的。还省钱。我当时没听懂，以为金老头在开玩笑，心想叫烂医生的还能有好的，没准又是一个骗钱的。此时有个年轻医生也说，拔火罐能治什么病？拔一万年还是病，你就知道省钱，你还要不要年终奖金！金老头气得就朝那女的翻白眼。

结了账，数千元已经所剩无几。我绕过住院部，还真看到了那个针灸室的牌牌，斜挂在门框上，随时要掉下来似的。出于好奇，我去看了看，不看不知道，一看吓一跳。

先说一奇，简陋的针灸室里，人体展览似的，坐着很多皮肤黝黑袒胸露背的老女人。她们或者围桌而坐，或者蜷缩在里面的小床上。她们裸着的肩上、背上、腿上扎着很多金针，有的金针上还燃着艾绒，冒着袅袅的轻烟，像是某种宗教仪式上的祭品。还有的老太竟荒唐地赤裸着两只老瘪奶，背上顶满了一只只火罐，像只老刺猬，看到人来也不知害臊。

还有一奇，老太们手上大都套着金戒指，耳朵上吊着金耳环。有的手上还连套着两个。是那种非常质朴的没有任何花纹的金首饰，俗称马桶箍，更有恶劣的把这种耳环叫作节育环。这样的黄金首饰,我在电影《白毛女》里,在黄世仁的老娘,臭地主婆那里见识过,后来"文革"结束后,它一度在城市和乡村泛滥,现在却是城市女性最鄙夷的首饰。它是旧时代落后和平庸的象征。

我有一种时光倒流的感觉。我明白了为什么针灸室龟缩在医院的后面。这种原始的医治方式和地主婆似的金耳环其实已经在我们这个城市隐退。

我犹豫着想走,里面一个面色红润的老男人抬头问我干什么的。我脱口而出说,我来看病的,我想拔火罐。没想到那人摇摇头说,你来迟了,我马上就要退休了,新的病人我不收了,这里要关门大吉了。我立即意识到这人就是烂医生。他说话的时候,有个额头上扎着金针的老女人艰难地抬起头来,对我投以惋惜和怜悯的目光。

那女人的目光刺激了我。我从小就久经训练,60年代的时候,每每看到商店有人排队,母亲就会不问青红皂白驱赶小鸡似的赶我去狗尾续貂,唯恐错过了什么紧俏商品。我想我也不能错过了烂医生,我赶紧说你是不是烂医生,我是慕名而来的呀,我得了急性支气管炎,我在住院部待了两个星期都没好。

烂医生嗤地笑了起来,住院部能看什么病呀?他们就知道收押金、打针。你看你脸色,黄黄的,不像人样了。我摸摸脸,我很怕人吗?

我赶紧诉苦说我是逃出来的,那里有个年轻的女医生说,拔火罐能治什么病,骗乡下人的。我说的虽是实话,但也不乏有讨好烂医生之嫌。

亏她还是学中医的呢，现在都学了外国人的一套，不是动刀就是动枪，喏，护士小姐给你打针的时候，不是像打枪一样的吗？这里干脆改牌子叫外国人医院得了吧。烂医生十分生气，边说边比画。一个瘦瘦的老太咯咯咯地笑了起来。你快活什么？烂医生像责怪小孩一样地责怪老太，老太笑得更厉害了。

妹妹，你手背打静脉，打得都发青了，现在的医生真作孽呀。靠墙坐着个胖胖的老太，她注意到我手背静脉上密密的针眼，痛惜地惊呼起来。她的嗓音里夹杂着一种嘈杂的声音，十分刺耳。

这是十几天吊青霉素留下的纪念，我是逃出来的。我又作祥林嫂状。

老太们怜悯地观察着我的脸色，她们七嘴八舌地问我住院的事，有说我脸色蜡黄，眼大无光，也有的说我面色铁灰，指甲发紫，似乎我在住院部遭了大劫大难似的。现在西医是不好相信的，随便什么毛病都是青霉素。看不好就开刀，再不好就送太平间。你没看到病房间和太平间隔得不远的？

我毛骨悚然。我住院十几天从来没注意到什么太平间，它在哪个方向？

你们不要乱说，太平间什么时候在病房间旁边的？是这样的，青霉素在杀菌的同时把人的健康的细胞也破坏了，打多了有反作用的。烂医生和缓地阻止了老太们的胡说八道。他的话自然是极具权威性的。针灸室里安静了些。我早就知道青霉素有反作用，当初我病急乱投医，哪里还顾得上？现在被他们一而再，再而三地提醒，我不寒而栗。

你坐着吧。烂医生终于慈悲为怀地发出指令。谢谢。我刚要坐下,烂医生又问,你在什么单位工作,你能报销吗?我支吾着没说我是在家写作的,在当地人方言中写作和下作的发音十分相似。我唯恐老太们听不明白,又问个不停闹笑话。我回答烂医生说我现在下岗了,不过我丈夫还赚得动,医药费还付得起。其实大楼好吃懒做,从来没管过我。

你在香港啊,蛮好的,蛮好的。胖老太又插话了。我啼笑皆非。烂医生笑得合不拢嘴,他说你这个破嗓子不要暗洞里裹脚,瞎缠。下岗,怎么变成香港了?你脑子发昏了。

烂医生信手写了一张小纸条递给我说,你先到前面去付钱,阿好?阿好的意思就是好吗,郊区的人用词比市区的人要诚恳礼貌。我低头一看,上面写着诊疗费二十元,署名是一个赖字,我这才明白,应该叫他赖医生,我还想这不是在宰我吗,就这样几根破针,几个竹子做的破罐,千人万人地用,永不磨损,还居然一次收我二十大洋?我手指着赖医生的签名故意不敬地说,我还以为你是姓破烂的烂呢。赖医生说你倒蛮会说笑的,不过我这里倒真的是全医院最破烂的部门了,也有姓不烂的医生来,效益不好,来了也都逃走了。老太太们又都叽叽叽地笑起来。我怀疑这些老太都被医生点了笑穴了,随便一句话,她们都会发笑。

你一针二十元,比青霉素贵多了,效益怎么不好呢?

赖医生又好气又好笑,你以为我是强盗呀?二十元是一个疗程,可以做十次了。我给你做一次,打金针、拔火罐,还要用艾绒熏,我忙乎半天就收你二元,还不够你赶时髦喝一杯咖啡,便宜得你屋里也要不认得了!

我恍然大悟。对，对，便宜，便宜，我屋里也不认得了。不过我不赶时髦的，我是老古董，只喝中国茶的。

我不管你喝什么，我总归收你二十元，反正这钱也到不了我的口袋里。我这里有好几个老太七八十岁了还在田里做，靠天吃饭，还要到菜市场去摆摊，我就少收她们，甚至不收。你问这些老太？赖医生说话的口气像个暖老温贫的党委书记，我不由肃然起敬。

赖医生说着就到里面的房间去了，那里有七八张垫着旧草席的小床，床上躺着几个老女人。有点像电视里的灾区镜头。赖医生在里面磨蹭，我在外面围着桌子坐下来，和那个瘦瘦的爱笑的老太聊起来。她叫宝娣。眼睛很大。她十分热心地把椅子挪了挪。妹妹，坐得宽舒些。宝娣声音朗朗地和我说话，一口本地方言。妹妹你四十呀？我笑着说再加五岁，宝娣说，后生来，看不出，看不出。我七十了。

看不出，看不出，你也后生来。你眼睛老大的。我发现宝娣的眼睛大大的，眼睛里隐隐有一种已经流逝的妩媚的光彩。

妹妹你客气了。你运道好，我们刚和赖医生讲张（说话）打赌，说他这里只有七十、八十的老太，没有年轻的来，赖医生不服气，后势来就来了你。

这时周围的几个老太都点点头。我恍然大悟，原来我是她们和赖医生打赌的结果呢。还有，她们看我的目光就和我看二十岁的女孩一样，充满羡慕和宠爱，令我感觉良好，青春焕发。

宝娣光着上身，她的肩、背扎了二十来根金针。她前面只兜了一个绣花肚兜，肚兜上的花儿暗淡着，就像流逝的日子一样面目不清。这样的围兜在 70 年代的江南小镇还能看到，是当地已婚女人传统的内衣。从后面看过去，宝娣裸露的乳房已经完全萎缩了，像两只空了的洋米口袋。我想象她年轻的时候，兜着个漂亮的花肚兜，丰腴饱满的胸部该有何等妖娆呢？还有她的大眼睛，那眼睛里的光彩是否曾经像小河的水一样哗哗地流淌不息？

我忐忑着。我担心自己也会像宝娣一样赤裸着乳房。和她相比，我还不够开放。我心虚地问宝娣，这门就这样敞开着呀？没想到让过来拿艾绒的赖医生听到，他猜到了我的心思，说，我们这里是八月半的月亮，正大光明，不好关门的。不过你放心，你用不着脱的。赖医生的话刚落地，又有老太发出窃窃的快乐而暧昧的笑声。我觉得针灸室和自由主义泛滥的住院部相比，更其乐融融。

宝娣面前放了个小收音机，收音机里有个娇滴滴的女声在叽叽咕咕地说着什么。我说，阿婆，你听什么呀？宝娣对着我笑嘻嘻地说，妹妹，我不识货的呀，我不识货。

此时的"不识货"就是听不懂的意思。难道宝娣听收音机是听不懂的？我一时不解。对面一个脸色白皙的老太看着我笑道，宝娣是陆渡乡下的，她听不懂收音机里在说什么，她听不懂街上人的话。

当地的老人习惯把城里人说成是街上人。包括电台里说普通话的演员。

宝娣听不懂普通话。我又问宝娣，那你电视呢？你看电视呢？宝娣摇摇头说道，不识货，看电视也不识货的。不过我电视喜欢看的咯，电视好看，我天天晚上要看到结束，过年的时候看到天亮喂。宝娣很自豪地拖长了说话的音调。

这倒是新闻。我百思不解宝娣对电视的迷恋。我莽莽撞撞地问，你不识货，你看电视看什么？没想到这下宝娣不开心了，她立时就挂下了脸，竟不搭理我。对面的老太伸伸舌头，也不再说话。

我不明白刚才我还挺讨宝娣喜欢的，怎么一下子形势突变了？幸好这时有个穿得山青水绿的叫"姥姥阿太"的，从里面房间出来，她在我旁边坐下，看着我笑吟吟地问，你阿是喉咙不爽快？她没等我回答又说，我在里面听你们在外面讲张，我是脚馒头痛。姥姥阿太的手抚摸着自己的膝盖。

我注意到姥姥阿太的手上是一只色泽柔和的白金钻戒，颈项上是一串漂亮的珍珠项链，和周围过时的"金耳环"们相比，她显得雍容华贵，举手投足颇有鹤立鸡群的气度。只是姥姥阿太的手是粗糙的，农妇的。

我每年夏天总归要来看赖医生的，姥姥阿太继续说着，冬补身夏治病么，今朝我肩胛不爽快，再想叫赖医生戳两针。姥姥阿太说话慢悠悠的。我觉得姥姥阿太很知书识礼。

赖医生过来了，姥姥阿太掏出一包烟，她给赖医生递烟、点火，随后自己也点了一支，一连串的动作熟练而优雅。赖医生问，今天你怎么来的？姥姥阿太说轿车喂。她的"喂"字拖得很长，很好听。

我一辈子还勿曾乘过轿车喂。赖医生把"喂"字也拖得很长很滑稽。我忍不住笑了起来，心里却暗暗感叹这里也五方杂处、藏龙卧虎。这时候一边的宝娣张了张嘴，想插话，但她看看我，又不吭声了。

赖医生帮姥姥阿太扎针的时候，靠墙的一个头上扎满金针像只刺毛团的胖老太又在喊赖医生，要他"一边边还戳两针"，她说她今朝起来落枕了。赖医生又转回去，他边扎边说你们都是骨头贱，难过，我不戳你们，你们就不得过。我老婆知道要吃醋的。

老太们都叽叽叽地笑了起来。赖医生每说一句，她们就笑一阵。说笑之间宝娣已经好了，她收拾起布包包和赖医生道别后就走了。

我说宝娣是怎么回事，她生我气吗？赖医生就笑，你是哪壶不开提哪壶。宝娣最忌讳别人说她不识货，就不要看电视听广播。宝娣的儿子是街上人，宝娣出来看病就住在儿子家里，为了看电视听广播，和儿媳妇不知淘气（吵架）了多少次。

宝娣看电视是图个热闹。你说她空闲了做什么？乡里多的是宝娣这样的老太，不识货，但电视还是非看不可的。赖医生归纳道。

原来如此。我说，其实我当时什么意思也没有的，只是脱口而出，我明天就和宝娣道歉。赖医生说用不着的，宝娣忘记性大，不记恨的，到了明天她就忘得一干二净了。姥姥阿太也安慰我说，不碍的，不碍的。我轻松地笑笑。我有很多待人接物小心翼翼的经历，针灸室的空气却令我有无所顾忌尽管放肆之感。

赖医生在我的左右手的鱼际（穴位）处取穴扎针，金针扎下去以前，赖医生关照说这两针有点痛的，我紧紧闭上眼睛，不敢看那五六寸长的金针,它们将顺着穴位进入我的身体。随着针尖惊心动魄的刺入,赖医生不断地问我:阿酸?阿胀?胀胀的感觉混合着酸痛,一阵阵袭来,我咬牙切齿闭紧双眼,顾不上回答。这时我听到胖老太的粗糙的嗓音,姥姥阿太,你的戒指怎么褪色了?

赖医生一边对胖阿太说,你不要不识货,人家是白金戒指,一边对我说好了。我睁开眼睛,看见姥姥阿太正笑吟吟地看着我。

第一次打金针总归有点怕的。

看着已经扎在我手上的金针,管用吗?我问自己。容不得我怀疑,赖医生接着又在我颈后的大椎(穴位)及周围扎了三针。

这三针不痛的。赖医生事先断言。果然,颈后扎针的感觉好多了,只是隐隐约约地有点刺痛,也只是一瞬间而已。赖医生又在金针上端插上一段艾绒,赖医生告诉我,艾绒是用艾草的叶子揉碎了加工而成的,插在金针的顶端,点燃了,热量和药力沿着不锈钢金针徐徐进入穴位,有舒筋活血的功能,这叫"艾灸"。艾绒点燃后有一股异香,热量慢慢地顺着金针渗进我的颈后,渗进大椎深处,渐渐地紧涩毛糙的喉咙竟有了一种舒缓滋润的感觉。

我闭上眼睛细细揣摩体会,我想分辨这究竟是幻觉还是真实。

待到针灸完了,赖医生又在我颈后、双肩等处拔了几个火罐。他沾着酒精在竹管里点火,然后猛地按在我身上,竹管就像刺猬的毛发一样耸立在我背后了。令人不可思议。今天晚上你就能睡个好觉。赖医生信誓旦旦地夸耀。我半信半疑。

你明天早上再来,医院是九点钟开始门诊,我这里七点就开始了。我下午是不做的。下午我要睡觉的。

你倒是蛮自由的,没人管你的?

要人管做甚?我自己给自己定作息制度。我是这里的土司。你这个病要早上扎针,效果最好。

针灸还要讲究时间呀?

当然。什么时候看什么病,比一天吃三次药效果还要好,所谓天时地利人和么。人体的穴位和24小时是一一对应的。赖医生娓娓道来。如此妙论令我肃然起敬。心里暗暗感叹赖医生果然名不虚传。

喜欢插话的胖老太又惊叹起来,赖医生你喜欢吃吐司么?我外孙也最喜欢吃了,油炸的,香透香透。

我说是土司。你最烦了,老是袜子套在鞋上,神经搭错缠不清爽。我被你烦死了。你少说一句,让我多活两年好不好?

喔哟,赖医生我听你的,以后每天少说一句,我是望你长命百岁的。我每次初一、十五在外冈吴兴寺烧香,每次替你烧香拜菩萨的。

我担心你在菩萨面前把话说反了,菩萨要提早把我收回去了。拜托你下次不要在菩萨面前提到我。你就是我的菩萨,大慈大悲的菩萨。

我忍住笑和赖医生和一屋子的老人告别,到了走廊我还是忍不住笑了起来,神经搭错缠不清爽的胖老太,和颜悦色的姥姥阿太,不识货的宝娣,还有这个想多活两年的说话风趣,出口就是俗语的赖医生。我想想又笑。又莫名其妙地想，自己将来老了会不会也这样袜子套在鞋上？也这样不识货？老人呀，你们是这个时代的过去和未来。

我没忘了去和皮尔卡蛋说我在赖医生那里打金针、拔火罐。皮尔卡蛋正在忙着替女人做面膜，他没顾上和我说废话。女人们排着队由着他把一种白糊糊的东西涂在脸上，稍等片刻以后再撕剥下来，再喷些成分暧昧的清水，然后容光焕发地拿着他开的高额治疗费单子，去付费处。这样绕来绕去的，美容费就变成了可以报销的医药费，这是皮尔卡蛋生意兴隆的秘密。

回到家里，大楼看到我颈后好几个圆圆的乌青块，大吃一惊，以为我遭人暗算了。我赶紧声明这是拔火罐留下的痕迹，医生的说法是逼出来的寒气。我吃饱了饭就不断地和大楼说针灸室里的事，说赖医生，说姥姥阿太，也说胖老太，说宝娣。大楼说弄不懂你干吗这么兴奋，不就是老太婆戴金耳环，袒胸露乳，又没有情杀、乱伦的故事。

我说你不要下流。人家和你说正经的。大楼说情杀、乱伦的故事不都是你们文人编出来的？你要说正经的？我就和你说正经的，有一家老人刊物来约稿，你正好找到题材了。

那是一家没文化的刊物，他们要的是老人婚姻面面观，最好是畸恋、情杀的，不是针灸、火罐这样老旧的东西。噢，我不说了。言多必失。呸，你不打自招，总之现在的行情是要下流！我不查你的账，你自己坦白你那篇乱伦的文章骗了多少不义之财？你也不买包烟意思意思？

大楼说够了还不肯闭嘴。我十分悲哀，我自以为好的小说都没人赏识，我的一篇写乱伦的小小纪实却被一百家刊物转来转去，反复刊登，三年了还鬼魂不散时时出现，看到它的稿费单源源不断我悲喜交集哭笑不得。

晚上，也不知怎么入睡的，只是天亮醒来，才发现我没有辗转反侧整夜咳嗽不止，也没有如往常那样深更半夜摸索着起床狠命喝止咳药水，我不由心中一喜。因为不耐烦我咳嗽而躲在隔壁房里睡的大楼也喜不自禁，说今晚我们就小别重逢大团圆。我对他别有用心的倡议毫不理会，我早早地满怀虔诚赶到了医院针灸室，占了个第一名。我对赖医生什么时间看什么病的理论推崇备至。

赖医生还没到，针灸室里只有一个上了年龄的女清洁工在扫地、抹桌。看她把针灸室打扫得干干净净的，我这个有洁癖的人不由对她心生感激。我打量着她瘦瘦的身材，不知道是什么原因，我觉得她面熟。只是记忆中的熟人绝对没有这样的老太。我迁移到这个老镇已经很多年，但是我的生活圈子依旧是在市区，我从来不看这里的电视节目，从不在镇上买衣服、家具、电器、化妆用品，我也很少和当地人交朋友。我对这个小城的一切都是陌生的。我有很多熟人都是这样，我的一个女友甚至连这里闻名遐迩的装饰品市场坐落在东南西北都不知道。

我说阿婆，你倒蛮早的，你辛苦呵。

不辛苦的，我天天这样的，你叫我大妹好了，我名字叫大妹。你坐。她很客气地招呼我。她两只手捏在一起，露出一点羞涩的神情。

我心里直犯嘀咕：我叫你大妹，我不成了老祖宗了？我一边嘀咕一边还是觉得大妹很面熟,似乎有一只手在落满尘埃的记忆的角落轻轻拂了一下,我若有所动。

此时又来了两个老太,其中一个就是姥姥阿太。姥姥阿太一见面就很客气地说妹妹早啊,好点了吗?我连连点头。姥姥阿太就侧转头仔细地看着我说你今天脸色好多了,幸亏你碰到赖医生,你要记牢了,青霉素不是好东西。我不由伸手摸了摸自己的脸,我自然非常赞同姥姥阿太的理论。

姥姥阿太又掉转头对那个清洁工说,大妹,今天又是你来得最早啊。原来这个清洁工果真叫大妹呀,我疑惑地问姥姥阿太,大妹也是来看病的吗?

大妹是赖医生最老的病人了,大妹,你看了多少年了?

不长,不长,十二年。

十二年?我暗暗吃惊。

习惯了,身子难过了就来打打金针,拔拔火罐,松动松动筋骨。大妹还是那样两只手捏在一起,羞涩地笑。

我还以为你是医院里的清洁工呢。

我天天来帮赖医生扫扫卫生的,做惯了。

大妹拍赖医生马屁呀,赖医生对大妹最客气了。姥姥阿太说。哪里呀。大妹无声地笑起来。

后来宝娣也来了,就像赖医生说的那样,宝娣看见我就亲热地笑,她打量着我颈后的乌青块说,妹妹,这都是寒气呀,寒气出来就好了。好点了吗?我受宠若惊,好点了,好点了。

那天我做了针灸后并没有马上走,赖医生说你急什么,你儿子在上海大学读书,你一个人在家里做甚?我说你怎么知道我儿子在上海大学读书。我猜出来的,我有个外甥在皮肤科做,我和他一起猜的。

啊呀,原来你的外甥是皮尔卡蛋呀。

我不管他叫什么皮尔卡蛋,我就知道他是个混蛋,他是我们这个医院里最大的骗子。你是写文章的作家,你以后可以写写这个骗子。

看来皮尔卡蛋什么都告诉赖医生了。

兔子不吃窝边草,我不会写皮尔卡蛋的,我也不会忘恩负义,是皮尔卡蛋把我从住院部救出来的。

了不起喂,你是写字的呀。宝娣和姥姥阿太特意搬了凳子坐在我一边,惊喜地打量着我。

无可讳言,我是针灸室里的宠儿。老太们都用欢欢喜喜的目光看着我。童年时代我在邻居女人的眼睛里看到过这样的目光。那时候我和姐妹们在天井里跳橡皮筋,因为心疼鞋子,就打着赤脚,蹦蹦跳跳,常常的,猛回头,就发现邻居的孤女人站在门槛外无言地观看着。据说那女人的孩子和丈夫都逃到台湾去了。孤女人的目光让我感觉到自己是多么幸福。难忘的目光啊。

说话间胖老太进来,听到一字半句的又乱插话了,做皮蛋呀?州桥茶馆店旁边的蛋行里做得最好了,加工费是每只五分。赖医生无奈地摇头苦笑,现在是什么年代,还做皮蛋?州桥的蛋行早就关门了。现在是超市了喂。

前两年我还在那里做过皮蛋的,说没有就没有了?

两年?现在两天前的皇历就是隔年皇历了,不作数了。赖医生懒得再和胖老太理论,他走到里面房间去看病人了。此时一个年近六十的女人风风火火地进来,姥姥阿太和宝娣看见都亲热地喊程老师,程老师。大妹替程老师端来了凳子。看得出老太们都很崇拜程老师。宝娣迫不及待地告诉我程老师和她儿子是县一中的同事。宝娣的儿子是县一中的校工。具体做什么,宝娣就没说。

程老师你的头颈怎么红通通的?程老师这个女的是写字的作家,了不起喂。程老师你看她阿年轻?一点也看不出,她有四十五了。妹妹,程老师是语文老师,你们都是识字人,你们都了不起。

程老师忙着和人打招呼,还朝我很矜持地笑笑,然后就喊赖医生。

我刚刚在伤科做了牵引,这两天颈椎又不得过了。赖医生,我要上课去的,你帮我先做好吗?

你就是这样急,你是急性子,我是慢郎中。我脚举起来也来不及呀。你看人家作家也等畅等畅了。时间就是金钱,作家写一个字就是一块钱呀。

我谦虚地说没有的没有的。我又不是书法家。但我在一边宝娣的眼睛里读到了惊讶不已的羡慕。乖乖,写一个字有一块钱哇?

赖医生帮帮忙,帮帮忙。你好,你是作家呀,写过什么作品?现在作家的稿酬真的提高了吗?作家比教师清苦吧?现在的学生仔形容说你们作家像爬虫,天天趴在稿纸上爬格子,动脑筋太苦了。现在的学生仔已经不想当作家了,他们要当总经理、高级白领,前两天晚报上有消息说上海有十四个女作家被出版商骗了，出了书连稿费也没拿到，真是作孽啊。

程老师喋喋不休的，她很悲悯也很同情。我成了受骗者、苦行者。从程老师盯着我看的一刻起我就发现程老师是善者不来，来者不善。是不是因为赖医生对我的热情赞扬，使她在这群不识货的老太们面前，失去了绝对的优势，她对我本能地排斥？

我担心程老师会进一步把我归入特困家庭、扶贫对象。我赶忙打落牙齿往肚里咽，打肿脸充胖子，我说那次稿费的大头早就拿到了，每人两万元，没给的是印数稿酬，就几百元钱吧，也无所谓。我提到子虚乌有的两万元，那口气确确凿凿就仿佛我曾经搂着它睡过觉。我知道我很俗气。

程老师顿时不吭声了，她讪讪地笑，然后很快就转换了话题。你有孩子吧？在哪里上学呀？是不是在我们县一中呀？

我明白程老师问话的用意。县一中是远近闻名的重点学校，俗话说如果学生进了县一中，就是一只脚踏进了大学的门槛。让孩子进县一中是这里方圆百里的父老乡亲梦寐以求的愿望和荣誉。我也不例外。当年我就像鞭打小羊一样地千辛万苦地驱赶着我儿子连滚带爬地进了县一中。此时此刻我庆幸我没在程老师面前失分。

你是县一中的语文老师呀，你知道我儿子阿宇吗？他已经毕业了。读大学了。我把儿子掮出来，我希望这是一张王牌。

阿宇呀，捣蛋鬼呀。你是阿宇的妈妈呀？要是早两年遇到你，我一定要开阿宇的声讨会，三年来他调皮捣蛋太出格了，他不断地上课开小差看武侠，不断地和同桌说话，扰乱别人用功，所有和他同桌过的同学功课都坏脱了，都没有考上大学。

我的阿宇杀伤力有这么大?一个十几岁的中学生?我没有想到。

奇怪的是他倒考上了大学,爆了个大冷门。我们学校所有的老师都一致认定阿宇是考不上的。

我一直相信我的阿宇是考得上的。

程老师看看我,我也看看程老师。我猜程老师一定在我的眼睛里看到了阿宇的性格。对,对,假如是我的孩子我也会相信的。事情过去了,想想阿宇还是很可爱的。你写写阿宇么。

我是王婆卖瓜,自卖自夸,班级里成绩末流的阿宇考上了有名的大学,你们学校可以介绍介绍经验了。我也笑嘻嘻地说。

程老师一愣,然后喃喃地说你们作家脑子复杂,脑子复杂。我见好就收。我说程老师你们人民教师脑子纯洁,你们是人类灵魂工程师。

程老师茫然地笑笑。

程老师,你头颈里的项链褪色了。胖老太等了很久,终于候着插话的空当了。程老师没搭理胖老太,转而对赖医生说,哎,保姆的消息有没有?赖医生先说胖老太,你又来了,人家是白金项链,你不懂就不要乱说。赖医生又说程老师,这里再帮你戳两针,保证你明天颈椎和新的一样。

程老师说只要不酸我就心满意足了,酸起来我恨不得上吊。

程老师你要求太高,请一个保姆要服侍老人、产妇娘、小毛头,我问了几个,六百元都不肯。有的说只抱孩子,大扫除的家务事不做的,还有的说只汏尿布,别人的衣服不管的。老人吃饭也不管的。

这怎么行？现在不得了，当保姆像是要来享福了。赖医生，我急死了，我媳妇下个月就要生孩子了，我婆婆又轧脚忙，在工人俱乐部跳老年迪斯科跳得伤筋了，不好走路了。本来她还好帮帮忙，现在倒过来要人服侍了。我烦死了。

你婆阿太倒时髦的，跳迪斯科。老来俏喂。街上人到底是不一样，七十几了？还跳舞！上次电视里放的片子，在人民广场跳迪斯科的老太老头还找对象、谈恋爱来，还争风吃醋来。老太们又都七嘴八舌地议论开了。

好了，好了，你们不要七搭八搭。我看我婆婆是老糊涂，老妖三。赖医生，请保姆的事，你再帮忙问问熟人。工资不要开得野豁豁的。我退休返聘也就四百来元，我不是大款，保姆这也不做，那也不做，她们要分工，我不见得请十个保姆吧？六百元我自己做保姆算了，我去回头学校里的课。

程老师你要当保姆啊？你到乡下来做，我们村里有个养殖场，开给街上人的工资高透高透。乡下房子还大。

哎呀你这个胖老太，人家说东你说西，求求你不要再问了，我被你烦死了。赖医生，今朝我火罐不拔了，我要去上课了。我上一节课只有十元钱，我的收入还不如保姆。

程老师，我劝你就不要管你儿子媳妇生孩子的事了，眼不见为净么。

我做不到，你再帮我打听打听，医院里的临时工肯不肯来做保姆？我看他们在这里倒很勤快。

赖医生摇摇头，难呵，你也知道的单位里的饭好吃，名气也好听。现在的临时工也养刁了。好好，我帮你问问，你自己也想想办法。你走好。

程老师走后,赖医生就叹气说,有只穴道我不好点,现在的保姆听说是到老师家里就打退堂鼓,说老师最小气,买根葱都要报账,眼睛时时刻刻瞪着你,看到你歇一歇就难过,几辈子没有用过人。听说有些老师和保姆吵了,还要写文章说三道四,骂保姆素质低。你知道吗?

我赶紧摇头。心里却想保姆还瞧不起老师,这倒是一条新闻,我打算可能的话就写篇议论文章,到晚报去骗骗稿费。文人相轻,我也好趁机对人民教师表示表示同情,出出在程老师那里受的窝囊气。

乡下人在菜市场里摆摊也最烦老师来买菜,讨价还价烦死了。你不晓得劳动中学有个老师在我这里买毛豆,一节一节拣,蹲了半天,我看她吃力,罪过,我就帮她拣。宝娣绘声绘色,说话极富表情。赖医生笑起来。

当心程老师听到。程老师到学校里去跟你儿子告状。

不会的,是程老师我就送她了。

宝娣你七十岁了还在菜市场摆摊呀?我忍不住和宝娣聊了起来。

这是前两年的事了,我种点蔬菜,自己吃。吃不完就挑到街上来卖。我现在挑不动了,就让宅里的人带点出来,随便他们给我几个钱。妹妹,伲乡下人是大年夜的砧墩板,苦透苦透呀,田里归来吃晚饭的时候,蚊子叮了不得过。苍蝇也兴透兴透(非常繁荣的意思)。那你看电视的时候呢?我看电视的时候就点盘蚊香,定定心心地看。看电视是我最安逸的辰光喂。宝娣说到电视，脸上笑得像一扇打开的窗。

我无言。我曾经对宝娣说过：不识货看什么电视？我不知道电视对宝娣有如此重要的意义。

那天姥姥阿太跟着我一起离开针灸室。我去了一趟卫生间，还去看了看皮尔卡蛋，姥姥阿太一趟趟很耐心地在门外等我，皮尔卡蛋有些疑惑地看着门外问我，你认干妈了？我听了心里就咯噔一下，我回头看姥姥阿太，她正静静地坐在走廊的长椅上，怀里揣着个塑料袋，我觉得此时的姥姥阿太更像孤儿院里等待认领的小孩。我的心一软，我赶紧和皮尔卡蛋再见，就携了姥姥阿太往门外走。那天大楼说好了开车来接我的，他在单位里有点儿小权，居然也得了公款学开车的便宜，这几天正"新买马桶三日香"，热衷于扳方向盘呢。没想到刚要走出医院大门，我的拷机就响了，拷机的显示屏上是大楼的留言：现有急事，一小时后医院见。

我急着要去医院的问讯处打公用电话。我想对这个混蛋说，我没耐心白等你一个小时。姥姥阿太一把拦住我说，她天天走过问讯处都看到有一块小牌牌，上头写：公用电话已坏。我沮丧已极，心想只能傻等了。我对姥姥阿太说我还要待会儿，我等人，您老先回家吧。没想到姥姥阿太赶紧说我陪你坐坐，反正闲着也是闲着，找个荫头里坐坐。她拉着我就往医院的院子里走。她匆匆而兴奋的脚步令我感觉到她渴望与人相处的冲动。

姥姥阿太说她的家在钱门塘，离这里也有十几里路，她儿子在开出租，她跟着儿子早出晚归，中午就在街上丫头（女儿）家里歇息。

我丫头住在梨园新村,房子大透大透。我丫头对我也亲透亲透。我丫头是税务所做的,赚的钞票勿少。她三天两头要出差的,到北京,西藏,远透远透的地方。

你干吗不住在丫头家里,省得来来回回走了?

我丫头的楼太高了,我离不开乡下的地气呀,我一天不得地气就心里闷,手脚发软。她又不能陪我,我一个人也怄气。嗨,姥姥阿太成了希腊神话里的英雄安泰了,安泰的致命弱点就是离不开大地母亲。姥姥阿太你是安泰英雄。你说什么你说什么?没什么没什么。阿太你坐。你坐。

我们边说边就在院子里找了个地方坐。石桌石凳的,因为是夏天,觉得特别凉快。院子拾掇得还算干净。姥姥阿太把提着的塑料袋放在桌上,打开来,妹妹嘴干吗?来吃点葡萄,喉咙口舒畅舒畅。我打量着姥姥阿太和土地一样粗糙的黝黑的双手,还有手上漂亮的钻戒。我犹豫着。

不,不,我不吃。

吃呀,葡萄是自己种的,不稀奇的,早上摘下来的,我丫头洗得干干净净带在塑料袋里的,丫头说在外面吃茶不卫生。你吃呀,你不嫌腥腌你就吃呀。

我哑口无言犹犹豫豫,我所有的担心都被姥姥阿太言中了,我不吃就是不识好歹,不给姥姥阿太面子,不礼貌了。我吃,我吃。

一颗颗晶亮的丰满的葡萄,诱惑地意外地呈现在我眼里,我试探着用三只指头拈了一颗,仰头扔进嘴。说实话,即便是我自己吃葡萄，有时猴急了，也会不洗就往嘴里塞的。大楼更是不拘小节，年轻时苹果在裤管上擦擦就啃的。但是面对着姥姥阿太的葡萄我就是心里疑惑，我在乎什么呢？在乎姥姥阿太是个农妇？在乎她的和土地一样黝黑的双手？我是不是很有礼貌也很可耻？

卫生的呀，洗过的呀。街上人讲卫生，乡下人也讲卫生的呀。姥姥阿太慈爱地笑着，请我。仿佛我吃她的葡萄是对她的最大恩赐和信赖。如此质朴的感情早已在我们的城市土崩瓦解了。我感动之极。又拈了一颗。

吃呀，吃呀。

姥姥阿太你自己也吃呀。

我们自己种的，有的是吃不完，你多吃点。葡萄阿甜？姥姥阿太目光殷殷地注视着我。我心忽然若有所动。当初母亲在世时，我总是借口忙，很少去市区探望。记忆中老母亲就是这样看着我吃，看着我说话。然后心情寂寞地扶着门框目送我离家，下次几时来啊？

我有点心酸。我点点头。我说甜，甜，甜透甜透。此时天空浮云飘过，一缕缕的阳光透过头上的树荫落在姥姥阿太的脸上、额上、眸子深处。此时此刻我已经不在乎她的双手和她的乡土味浓浓的语言了，我不由自主地附和着她的本地口音。我触摸到她的寂寞，她渴望和别人分享时光的心情。因为她要的那份快乐，因为天热，因为渴，因为馋，也因为心中的记忆，我连着吃个不断。

一个多么好的午前时光啊。

树荫下,姥姥阿太告诉我很多事。她说赖医生是她女婿的阿哥,针灸医生做了几十年了,他最拿手的是看脚馒头病(关节炎)。乡下人风里来雨里去,到老了个个有脚馒头病。她已经在赖医生这里看了三年了。这次她大伏里就开始做针灸和火罐了,现在出伏了,腿脚也灵便多了。

姥姥阿太,为什么你要年年来做针灸呢?

针灸便宜呀。我相信针灸。年纪大了,做做好点,不做么脚馒头要难过的。妹妹,世界上没有灵丹妙药的,再贵再好的药也及不上针灸的。

针灸那么灵光啊,我的脚馒头也有点不得过,年轻的时候抗洪,在洪水里浸泡过几个小时。早知道也来做做针灸和火罐。可惜赖医生要退休了。

赖医生就住在梨园新村,以后我告诉你赖医生的门牌号码,你就找到他的家里去。

赖医生肯吗?医院返聘他就好了,到医生的家里去终归不大方便吧?他说他老婆要吃醋的,他大概不欢迎病人上门的吧?

他老婆身体不好,不耐烦,他本人倒是很客气的。医院不会返聘他的,只有希望他早点走,嫌他的针灸不赚钱。

赖医生走了,针灸室就会有新医生来的,我还是到针灸室去看方便。

你不要痴心妄想了。等他一走,他们就要开设针灸减肥、针灸美容了。减肥和美容赚钱呀。

还有针灸减肥吗?我兴奋起来,有一段时间,我听信了皮尔卡蛋老婆的推荐,狂热地服用一种叫梦飞燕的减肥茶,梦想把自己吃成个细腰美艳的赵飞燕。没想到适得其反，两个星期后体重居然增加了五磅。我只得忍痛割"飞燕"。只是减肥的念头从未打消过。现在听说针灸能减肥，我又蠢蠢欲动了。

你想针灸减肥呀？没意思的。胖是福气。我看你条子蛮好（我窃笑，姥姥阿太居然知道"条子"这样的切口）。医院里老早要赖医生做针灸减肥了，赖医生不肯做，赖医生说，减肥的牌子到处都是，太烂了，他不想坏名气。还有这里挂了减肥的牌子，我们这些老太怎么办？没正经地方看病了。妹妹，等赖医生退休走了，我们也就散了。到辰光你去看针灸减肥吧。姥姥阿太用一种狐疑的目光打量着我。

我赶紧声明我不会去看针灸减肥。作为一个中年人，我觉得背叛年轻人是一种无聊，背叛老人则是一种罪过。

我说赖医生倒是很立场坚定的么，难得，难得。

哪里，赖医生退休也要去扒分了。他要去做私人医生了。姥姥阿太有点惆怅的心情。我追问私人医生是怎么回事，姥姥阿太说她也是耳朵里刮到一点，不太清楚。一时无话。午前的阳光非常明亮，泼在地上，把身边的树荫衬得浓浓的。人生到处，没有不散的宴席呀。我想，这些老太们假如散尽了，没有了针灸的刺痛和艾绒的馨香，她们还会不会爆发出那种青春四溢的笑声？

赖医生说过姥姥阿太的身世。姥姥阿太的男人年轻时是帮外国人撑船的，常年在外面漂泊，千年难得回家一次，尽管这样，姥姥阿太还是有了两个儿子，一个女儿，喂猪、种田、编织土布，男人的活，女人的活，她都一手撑起来，独自支撑着家。

一年年的，她男人回家的次数越来越少，都说他在外面讨了小老婆。无论人们说什么，姥姥阿太都没有流过眼泪有过怨言。有一次，她男人竟隔了六年才回来，回来的时候是半夜里，她男人疑心妻子会偷人，就悄悄从后窗翻进来，果然看到姥姥阿太的房里睡了个年轻小伙子，不由怒从心头起，拿了菜刀就要劈人。姥姥阿太睡在隔壁，听到声响后惊醒起来急得大叫，这是你的儿呀！你这个杀千刀的！她男人恼羞成怒扔了菜刀转身就走。姥姥阿太搂着吓坏的儿子痛哭起来，栏里的母牛也伤心地呜呜叫，那晚姥姥阿太哭得星星坠落，哭得宅外的小河都满涨起来。

从那以后，她男人就再也没有回来过。也不知道他究竟在哪里。但是他年年都会托朋友的朋友寄一笔钱来。一直到两年前才停，算算年纪也不小了，大概是故世了吧？

姥姥阿太守活寡守了几十年，姥姥阿太苦啊。赖医生摇摇头结束了他的故事。我看到赖医生的眼睛竟红红的。赖医生真是菩萨心肠呀。

后来的几天里我的咳嗽基本痊愈了，但是我依旧在赖医生那里磨蹭，我嚷嚷着说头颈酸，赖医生就替我在颈椎处取穴扎针，做艾灸，舒筋活血。我喜欢听他和老太们讲张，说笑。百无聊赖又意味无穷。间或我也到皮尔卡蛋那里去走走，看看稀奇。我从皮尔卡蛋那里知道果真有个亿万富翁王老板想聘用赖医生当私人保健医生，王老板还愿意赠送赖医生一套价值十五万的郊区公寓房子。我就此询问过赖医生，我非常想知道赖医生面对金钱的诱惑，他的真实心态。在这个躲避崇高的年代我希望听到赖医生大义凛然慷慨陈词。

我不会上皮尔卡蛋的当。自古以来天上不会落馅饼的。赖医生边说边把火罐狠狠地按在我的颈后。我感到一阵幸福的灼痛感。假如是真的呢？我追问不舍。

真的就要呗。不偷不抢何乐而不为呢。我也想发财的呀。我为人民服务就到退休为止。赖医生嘻嘻哈哈的，我无法继续和他严肃地讨论我只得罢休。就凭他为人民服务到退休，我想赖医生还是很有敬业精神的。我最后的结论是赖医生算得上大义凛然慷慨陈词。

宝娣在针灸室里拼命说她十岁孙子的"坏话"。宝娣用的口气是"瘌痢头儿子自己好"。她说她有三个儿子，但是孙子只有一个。现在的小孩无法无天，不得了，小小年纪讲话毒透毒透。宝娣贬义中夹杂着得意，似乎这个小孩的"坏"，是他的本事。宝娣津津乐道孙子的种种劣迹。

他爷娘居然随小孩在房间里开了空调，又开电风扇，电风扇还开得快透快透，吹得要翻转来了，我看不过去，我关，他开，我再关，他再开，和我吵得不得过，看电视也是这样，和我抢频道，一只开关被他转得啪啪响，电视机里像甩闪，吓得我心别别跳。他一点也不吓。还暗戳戳弄耸我，有时电视一开，声音响得像地震，吓得我血压也升高了。

我管不了他，一管，他就吵着要赶我走，他说你走，你户口不在我们这里，你户口在乡下。他居然还晓得户口。他娘样样随他。今天早起他就一直不停开冰箱。他吃了五只双色冰激凌、两根火腿肠、三只梨，一袋饼干，我刚才来的时候他喊我，老姆妈,我肚子疼。他这样吃法,哪能不会肚里拆?我说他不听的,他就喜欢和我吵,我不耐烦,就躲起来。他们的家事我不管的,这是我的政策和策略。

不得了,你还有政策和策略,政策和策略是我们的生命。宝娣你是民主党派啊?赖医生逗得大家笑起来。宝娣也笑。我在儿子的家里最识相了,每天晚上就坐在一只竹椅子上看电视,少说话,少走动,我媳妇常常要骂小孩:你走魂呀?你夜出世呀?有时候我儿子和小孩说话,我媳妇就说,小孩不识货,你对牛弹琴呀?所以我在家里尽量少走动,少说话。

我看你媳妇是在指桑骂槐,骂你不识货,骂你夜出世。她不耐烦你看电视吧?大妹很精辟地分析说。大妹显然很见多识广很精通人情世故。

随她去,宝娣道,我年纪大了,孤老太婆一个,身边又没有老头子撑腰,我只好装聋。我就是欢喜看电视,听广播。

宝娣,你想老头子了吧?赖医生伺机问。他正在替一个老太拔火罐,用酒精点了火,火光映得他脸膛红红的。

我想你。

我不敢,你媳妇知道了,一准把我身上的毛发都拔光了。

我媳妇她只会暗戳戳。她单位里效益不好,她还用得着我的钞票。如果她指着我鼻子骂,我就对她不客气。我年轻的时候也是粗石头脾气,一碰就着火。为了宅基地,我和生产队长还打过架呢。

生产队长就是现在的村长呀,大脚色了,土皇帝呀,宝娣你胆子贼大。看不出。赖医生像刚认识宝娣似的上下左右打量她,逗得大家又笑。宝娣也笑。宝娣说怕什么，我有三个儿子，那时候我男人身体又好，队长也让我家三分的。宝娣说完叹了口气，显然有今非昔比的感叹。

宝娣还透露说这个月她的宝贝孙子要做十岁生日了。我儿媳妇说她单位里的小姐妹小孩十岁生日，都摆酒水的，她要做得超过她们。赖医生说你这个老姆妈钞票又要晦气了。

自然喂，我打算出二千元。

宝娣你连工薪阶层也不是，你不要把养老的钞票也出送了。老鬼不脱手，宝娣你听我的，钞票不要脱手。

少了，媳妇要不开心的。我想通了，反正我就这点钱，早点晚点都是他们的。我生不带来，死不带去。

我是老头子念佛，闲话多。你不要样样怪在媳妇头上，我看是你自己要给。你骨头贱。你是麻子抹粉，你打肿脸充胖子。

你晓得的，我这个人是要面子的。赖医生，以后我脚馒头不适意了，我就到你家里来打金针噢。吃药我是吃不起的。

你来干什么，我家里有老太婆，她要吃醋的。宝娣笑，吃我的醋？说给鬼听也不相信的。不过你不要看我现在破老太一个，年轻的时候，我也很妖的，看中我的人有满满一箩筐了。

这儿郊区的人形容女人"妖"，和市区的人形容女人"嗲"的含义是相近的。有时候是贬义，有时候又是褒义，视说话口气和具体对象而定。宝娣的意思当然是很自豪的。

你看你看，麻袋钉自戳出，你自己承认了吧？我老太婆知道你年轻时候妖的。当年你男人天天盯在你屁股后面，就担心你外插花。

要死了，我住在陆渡乡下，你们是街上人，远开八只脚，你老太婆知道什么呀？你吹牛。我不说了。

我给你介绍老头子，有外汇的。你有了老头子我老太婆就不吃醋了。你就可以到我家里来打金针了。

我作死啊？现世呀？我找老头子，三个儿子要恨死我了，孙子也要不睬我了。我现在愿意，就到街上儿子家里走动走动，要是找了老头子，我到哪里去啊？宝娣这一说，引起了针灸室老太们的一番议论。大家扳着节头骨（手指）数过来，发现这里的老太们，竟全都是丧偶的。早的如宝娣，十年前就守寡了，近的如程老师，新寡。她的男人，一个年届六十的工程师，也算是英年早逝。赖医生说女人比男人寿命长。女人耐得住。

姥姥阿太说，找老头子？不好不好！没意思的，我现在两个儿子一个女儿赡养我，每月给我四百元，比下岗工人收入高，我自己再种点菜，种点葡萄草莓，吃不光用不光。日子好过得不得了。我的戒指、项链都是女儿、媳妇送的。假如我找老头子，四百元就没有了，儿子女儿会说，你现世，你去找老头子要钞票好了。我以后生活怎么办？这个世界上男人是最靠不住的。我才不自寻烦恼找老头子呢。

姥姥阿太说话的时候，老太们都羡慕地打量着姥姥阿太，打量她颈项里的珍珠项链，手上的白金钻戒。赖医生说，你"月薪"四百元，你是这里的富婆了。富婆，富婆，老太们很开心地笑着跟着赖医生叫。姥姥阿太没有笑。

我想，姥姥阿太不笑，是因为她还有话没说。姥姥阿太一定不会忘记几十年前的那个深夜，就是她男人举着菜刀要劈她儿子的时刻，还有她几十年活寡的痛苦生活，那些一个个难挨的、以泪洗面的暗夜。这些是珍珠和白金的光亮永远无法照耀的人生最隐蔽的角落。假如可能的话，我情愿看到姥姥阿太用那把当年的菜刀去劈她的男人。我想，姥姥阿太会不会在心里一次次地这样杀死过她的男人？因为爱过，因为恨过，甚至因为"杀"过，姥姥阿太才会如此平淡地说，男人是最靠不住的。

叫人不耐烦的是胖老太在一边不断地插话。她一会儿问宝娣阿要结婚了，一会儿说姥姥阿太你找的老头子钞票多来，每月给你四百元，你阿要笑得嘴要合不拢了？我也想找个这样的老头子。

赖医生说你捏鼻头做梦。你要钱就去找个外国老头吧，他给你美金。你还好出国。后来大家嫌胖老太烦，就一致缄口不语，等她走了，赖医生说这个胖老太也作孽，无儿无女，靠宅上的救济金过日子。一个月十几块钱吧，买一桶水也不够。我脱口而出一桶水怎么要十几块钱呢，赖医生笑起来，街上人不是吃净化水么，你忘了，你？我无言。我怎么竟然没想到，我吃的延中的水不就是十五元一桶？我发现自己心中衡量人的天平是倾斜的。

她街上没有落脚点，天天来看病，怎么过来的呢？我继续问个不休。我正在电脑上虚构关于某医院针灸室的札记。我需要现实的素材。我也需要掩饰自己心灵的缺陷。

她穷得叮当响，只好走喂。难得天气不好，就乘乘公交车。平时是乘不起的。我对她是免费针灸的。收她钱作孽的。

反正你是公家人，你收了她的钱也到不了你的口袋。你乐得做好人。

帮帮忙，作家，你不好这样说的，我的奖金是根据诊疗费提成的。这个胖老太嘴巴又不贴封条，会乱讲，医院里知道了要罚我款的。帮她忙我还担风险呢。我是棉花脑袋豆腐心。心太软。

心太软是今年最流行的歌哎，你知道吗？我怎么不知道，我媳妇和孙子天天都放这个曲子，听得我心烦。

我胡思乱想：假如我要写篇表扬赖医生的文章，要不要把胖老太的事写出来？写出来，医院要罚他的款，不写，我又如何表现赖医生的高尚医德呢？我觉得左右为难。我还想假如赖医生是个开私人诊所的，就不存在这个难题了。不过话又说回来，我不敢担保，到了那个时候，赖医生还会不会对胖老太免费？你看，一个四十五岁的女人看问题就是这样现实。我最后想，真实的表扬文章还是不写的好。现实的世界也许最适合小说的虚构。

我听她宅里人说，她有个儿子的，街上的么。姥姥阿太狐疑地给赖医生打火、点烟。

赖医生拼命摇头。这个儿子不算儿子的。说来话长。当年她儿子还未出世，她的男人就得急病死了，后来儿子就只在她的肚子里"袋了袋"，所以不算儿子的。

何谓"袋了袋"？我也跟着大惑不解。

就是在肚子里放了放，女人的肚子是洋米口袋么。孩子出来后她就不管了，一天也勿曾带过，勿曾给儿子吃过奶，她就重新嫁人了。这个儿子是亲妈（奶奶）和大爹（爷爷）一手带大的，所以儿子一天也不认她。再后来她的第二个男人又得急病死了，宅里人都说她是白虎星，扫帚星，她再也嫁不出去了，只好孤苦伶仃一个人过。现在她七十二岁了，还在田里做做，拓拓草、洒洒药水,再吃点救济。我看她的脑子已经有点搭浆了,说话总是豆腐拌乳腐,越拌越糊涂。所以我说她作孽呀。一世做人苦。

人生如蚁,芸芸众生。我对胖老太所有的厌烦,因为她的"一世做人苦",就再也厌烦不起来了。我对赖医生说,你怎么知道得这么清楚?

我这里来的都是老病人,年年要在这里见面的,一来二去,什么事不知道?这里又是小地方,方圆百里的事,眼睛一眨,就传开了。她们也知道我的呀,知道我跟这里的宝娣好,我家里老太婆一直吃醋的。

瞎讲瞎讲,赖医生自己要吃老婆醋,赖医生的老婆,皮肤白透白透。赖医生有漂亮老婆,才看不上我们破老太婆呢。赖医生天天要跪踏板的。跪踏板、跪踏板,老太们叽叽喳喳地嚷嚷起来,就像一群天真烂漫的小姑娘。也许她们真是一群姑娘,她们在这里生、在这里长,没有被外面的世界污染过、心灵从来没有老过?她们边说边咯咯咯笑,宝娣更是捧着肚子,笑得绣花肚兜一耸一耸的。老太们最喜欢说赖医生"跪踏板"。

"跪踏板"的含义就是怕老婆,乡里人的床前都有踏板的,据说以前有个怕老婆的男人夜夜要在老婆床前的踏板下跪讨好,方能上床。久而久之,"跪踏板"就成了当地怕老婆的代名词。它的更深的含义,也许只能意会了吧。

赖医生也不反驳,只是嘿嘿嘿笑。还说现在没有人给你们跪踏板了,你们难过是吗?你不要下作!老太们肆无忌惮一起骂起来。在这一瞬的时间,我发现她们一个个神采飞扬容光焕发。

我想这些老太们到赖医生这里来,更多的是要寻求一种交流,一种语言的"针灸"吧?这些老太太们少则三年,多则十年忠贞不渝,赖医生的魅力如此经久不衰也令人叹为观止。

有一次,针灸室里忽然议论起一个名叫阿香的女人。我不知道她是白是黑,是高是矮,我是个局外人,我只是静静地听。

赖医生哇,你知道吗,阿香的婆婆去世了。阿香眼泪也没落过一滴。良心被狗吃了。宝娣先提起阿香这个话题。话语里隐隐夹杂着她对自己媳妇的憎厌。

这个老太也是作孽,养了个戆大儿子,讨了个十三点媳妇,一天也勿曾过过好日脚。阿香原来是乡下人呀。赖医生点了火,替宝娣在背上做了个火罐。

就是因为她儿子是戆大,所以只好到乡下找了个媳妇,没想到阿香到了街上,学得比街上人还要坏。大妹轻轻地说,她是那种说话不显山露水的角色,从看见大妹的第一天起,我心里就有一种异样的感觉,觉得在什么地方见过她。很奇怪。

你们怎么都认识阿香的呀?我大惑不解。这些人不住在一个村,说起阿香却是这么熟悉,仿佛是多年的老乡邻。

阿香就住在我儿子楼上的么。她一举一动都逃不过我的眼睛。宝娣笑着先回答我,她显得很广见博闻的样子。

阿香以前和我是一个宅上的。她肚子里有几根肚肠我知道。姥姥阿太的回答最举足轻重。

街上人都知道阿香的。大妹的回答很玄。她和剑拔弩张的宝娣不一样,她的话是要细细品味的。

不是我吹牛,阿香家里有几根草我都知道。赖医生瞪着一双炯炯有神的眼睛。两年前，阿香的婆婆腰摔伤了，请我去出诊，我去了几次，就认识了阿香。我看她说话嗲里嗲气的，开口闭口"阿拉阿拉"的，一副上海街上人的样子呢，我后来才知道她是钱门塘乡下的。

赖医生说的"上海街上人"，是指陆陆续续从上海市区迁来的。比如本人。小镇的"街上人"，则是本地族，说话吐字明显带有本地口音，有很多时髦的年轻人学"上海街上人"，说话"阿拉阿拉"的，他们的发音已经在向上海市区的语音靠拢，一些老年人对此不屑一顾。

赖医生嘴不停手不停地说着阿香的事，他在我们之间来回穿梭，替人扎针、做艾灸。有人被艾绒落下的余烬烫了皮肤，叫了起来，赖医生也跟着叫了一声，还说，你皮肤像小姑娘一样嫩透嫩透么。那个老太就笑。

现在阿香有名片了喂，名片上的头衔是总经理代表。听说她在做生意。经常有两个男人在楼下叫她，一个叫大模子，一个叫阿胡子。有一次宝娣又说起阿香，发布的消息绝对是权威的。

阿香做生意？我看她是在做朝天生意。你呆想想，为什么总是男人找她？赖医生很鄙夷地把一团酒精棉花扔进废纸篓里。

男人寻阿香么，还不是插大蜡烛！一个平时很少说话的老太忽然插嘴。众人就很暧昧地笑起来。

什么叫朝天生意？大蜡烛是什么意思？我又问，虽然是局外人，但我听得很来劲儿。

哎呀，你这个文化人太文雅了，你问问这些老太，她们谁不知道？还有一种说法叫朝天银行。女人最原始的职业。还有……

不说了不说了,太不文明了。赖医生挥挥手,就转过身。老太们发出窃窃的笑声,我发现赖医生的脸有点发红。是我的无知令他尴尬了。

最可怜是阿香的女儿,阿香老是把女儿扔在钱门塘,让老姆妈带,好好的一个小姑娘,穿的都是人家送的破旧衣服。阿香自己倒是经常翻行头,花俏得来,我真看不过。姥姥阿太摇头叹息。

你不懂,她不花俏,哪能做生意?男人么,就是吃花功,赖医生你说是吗?大妹忽然语出惊人。她的朴实的脸上流露出幽默的光辉。

赖医生点点头坦率承认,男人吃花功,吃花功。我最服帖大妹了,说话和打金针一样,叫你吃酸,也叫你逃不脱。

老太们笑得合不拢嘴了。吃花功,赖医生也吃花功。有一个脸上扎着金针、金针上还燃着艾绒的老太,笑得有点紧张,很有点"珠花乱坠"的味道,十分好笑。

有一天早上,赖医生和老太们还没到,我和大妹聊了起来。原来大妹就住在南门街上。按照这里的说法,她是个标准的"街上人"呢。那天我穿了一件很休闲的棉布衬衣,大妹很仔细地打量我的衬衣,横看竖看,然后说很贵吧。

我十分惊异。这件衬衣是欧洲名牌,完全是手工做的,连纽扣也是用同色布料打出来的。衬衣是在市区淮海路的一家专卖店买的,价钱是普通衬衣的十倍。大楼从来没看出这件衬衣有什么特别,总是嘀咕我崇尚名牌上当受骗。可是一个普通的乡下小镇老太竟看出了这件棉布衬衣的真实价值。

本人对大妹用了"乡下小镇"的定语没有任何贬义。因为不管这个小镇如何发达，街道如何拓宽，商店如何成林，小镇人街上人如何"阿拉阿拉"，在上海市区人看来，小镇永远是乡下。市区的朋友们打起电话来，完了总是要有意无意地问我，你在乡下干吗？

我曾经对"乡下"的提法愤愤不平，这里到处弥漫着城市的乌烟瘴气，有藏匿着神秘客的四星级宾馆，有灯光暗淡的卡拉OK、隐蔽的"红灯区"、行为不端的街头少年，还有摆设着纸花绢花塑料花的花店，这里没有一点点泥土的芳香气息。我不断地声明这不是乡下。朋友们在电话里虚情假意地敷衍我的"虚荣心"，完了还是那句：什么时候来上海？你待在乡下练戆呵？气得我七窍生烟。直到有一天，我和一个宁波朋友通电话，我问候他说你们宁波乡下日子好过吗？是不是领导干部搞腐化、农民兄弟自由化？没想到那朋友生气地说我们宁波也是一个中型城市，你们上海人为什么提到宁波就是乡下呀？我哑口无言。我明白了我自己，也明白了"上海街上人"的地域原则。这和任何的虚荣心都没有任何关系。

我很快就知道了大妹之所以识货，能看出我的衬衣的质地和价值，因为她曾经做过缝穷娘姨，就是那种揣着一把尺一把剪刀，走村串巷的缝纫女。这样的缝纫女没有什么惊人的裁剪绝技，有的只是绵密的细心和善于飞针走线的双手，就是俗话说的做功。

现在已经找不到一针一线做出来的服装了，也看不到布纽扣了。大妹很感叹自己的手艺日渐式微。

我的思绪却飞到了往昔。当大妹说出她过去的职业时，有一些忽略的快乐的日子忽然清晰地浮现出记忆的水面。那是某年过冬的时候，母亲分娩小弟弟不久，无力为我们七个兄弟姐妹做寒衣，父亲就请了一个缝穷娘姨，她早上来，晚上走，一天三顿我们吃什么，她也吃什么，那个缝穷娘姨为我们一家子的衣服旧翻新、大改小，也为大哥大姐和新出生的小弟做了新棉袍、新棉裤，为我们每人的棉袜做了十分结实的布袜底。

缝穷娘姨做生活的时候会笑嘻嘻地给我们唱山歌："新阿大、旧阿二、破阿三"，"新三年、旧三年，缝缝补补再三年"。那一个星期里父母也懒得管我们，忙着翻箱倒柜把十几年前的旧衣服都找了出来，还用旧门板搭起了巨大的工作台，家里就像开了个工场间，乐得我们像放生的麻雀，在工作台下钻进钻出，欢呼趋走，永不疲倦。

我长大后才懂得，任何欢乐都是建筑在别人的痛苦之上的。记得缝穷娘姨离开我们家的时候说，她准备回乡去过冬了，她自己家里的孩子、男人的衣服还等着她去做呢。还有她一边做生活一边不时地擦眼睛，说是眼睛不好使，怕光，流眼泪水。她是无奈的辛苦的。

我看着大妹瘦瘦的身材，此时此刻缝穷娘姨唱山歌的歌声浮出记忆深处。我早已忘记了小时候的缝穷娘姨，忘记了她的面容和声音。但是我记住了"新阿大、旧阿二、破阿三"，我就是那个破阿三，为了那些令我在众人面前难堪的破旧衣服，我没少流过眼泪。当年缝穷娘姨管我母亲叫"阿嫂、阿嫂"，十分亲热，母亲说你叫我阿嫂，我叫你什么呢？她说你叫我大妹。

是这样的对话吗？缝穷娘姨是这样说的吗？多么恍惚的记忆呀。也许，也许此大妹就是那大妹？我差点开口问眼前的大妹，你会不会唱"新阿大、旧阿二、破阿三"？你记不记得上海石库门弄堂里有一家七个孩子，大哭小叫令你头晕目眩？我忍住没问，我连自己的记忆都无法相信，我如何去唤起这个七十多岁老太的记忆？她走街串巷，认过无数平平常常的"阿嫂"，她怎么记得住？我只是更专注地听大妹说她的家事。

大妹的儿子在南门街上开了爿很小的服装店。我知道南门老街的房子，是那种很陈旧的清末民初年代的老房子，后面的院子很深，很适宜那些自卑而又自傲的小业主盘踞其间。

我儿子的服装店，最早就是我的裁缝摊么。

你儿子是子承母业了。他也很识货的了？我抚摸着衬衣上的布纽扣，纽扣的布料带给我一种质感的快意。

哪里。现在店里的服装都是批发来的。我儿子就懂一点儿面料。但不学好。现在做生意都是骗人的，懂也装不懂，人造丝说成是真丝，假羊毛说成是纯羊毛。冒牌说成是名牌，我还不知道？我这辈子绫罗绸缎没上过身，但是见多识广。我说多了，他们讨厌我，现在我儿媳妇连店堂间也不让我进了，以为我是祥林嫂了。

谁是祥林嫂？赖医生不知什么时候进来的，吓了我们一跳。

我说赖医生你听壁脚呀。赖医生说我不要听，破老太婆的事有什么稀奇的？大妹的事我最清楚了，大妹你要我讲吗？大妹说你讲好了，我又不做坏事的。好，我讲，大妹的丫头是上海人喂,嫁给上海人,就是上海人了喂,钞票多来西喂。

我丫头住在上海闸北区,大妹证实。你经常到上海去看丫头吗?大妹摇摇头,那你丫头给你补贴吗?大妹有点羞涩地说丫头经常给买我东西,也买补品给我吃,她不给我现钱,说我拿了钱就要贴补给儿子孙子的。我孙子在一家饮料厂当送水员,辛苦透辛苦透,街上人要吃净化水喂。

有一天我鬼使神差地去了附近的菜市场,我很少去这种五方杂处的菜市场,我不愿意和那些沾满鱼腥气的鱼贩子同流合污。我曾经亲眼目睹这些鱼贩子在众目睽睽之下给发臭的带鱼浓妆艳抹,令它们闪闪发光,仿佛刚从大海里游来,鱼贩子还手法熟练地给垂死挣扎的甲鱼注射污泥浊水,使它们顷刻之间变得腰肥体壮不可一世。在很多时候,我情愿掩耳盗铃自欺欺人,而不愿洞察秋毫历历在目。我从此以后就对菜市场敬而远之。我经常光顾的是灯光明亮、整洁宽敞的超市。在这样的地方,我们永远看不到幕后的黑暗。

很意外的我在菜市场见到了金妹。就是我住院的时候,那个脾气古怪吵着要出院的老太,她戴着个大口罩在卖蛋饺。我因为看她戴着口罩,觉得奇怪,这个市场上的摊主全都吆五喝六唾沫飞溅,没一个戴口罩的,我就多看了她两眼,没想到她居然叫了我一声:十二床。我这才发现她竟是金妹。

自己有咳嗽,就戴个卫生口罩,意思意思。金妹指着喉咙。她说她现在不敢去看病,一看,医生就叫她住院叫她付押金。

医院和开旅馆的差不多,都是黑心肠。金妹说。

原来你吵着要出院，你是要做生意呀。你有退休工资的，你还辛辛苦苦地做蛋饺卖，你帮孙子买房子啊？我十分疑惑，我没想到金妹是一个任劳任怨俯首甘为孺子牛的老太。

鸭吃稻柴牛吃谷，儿孙自有儿孙福。我才不为孙子做呢。我是为自己做。金妹摇摇头，这时一个女工模样的顾客过来买了十只蛋饺。阿太的蛋饺蛮灵的，女工热心地对我介绍。我疑疑惑惑也掏钱买了十个。

你放心，我老太婆是要积德的，我蛋饺里没有坏水的。金妹例外地加了一个给我。我说不要不要。我知道你不在乎的，你看得起我就不要烦了。

我只好不烦了。我说你不要嘴硬骨头酥，你不为子孙为大家啊？

十二床，我真的是为自己做。你知道一年两年后，我这点退休工资还值这点钱吗？我现在还能动，就动动，积攒点钱。靠儿孙是假的，靠自己是真的。哪一天你没有钱了，儿孙就寻不见了，我看得多了。

对对，靠自己，国际歌里也这样唱的：全靠我们自己。我将来也要向你学习，我也不靠子孙。一个买蛋饺的顾客也凑热闹说，对，靠自己。我揣了蛋饺，离开了"靠自己"的市场。

姥姥阿太说不来就不来了。那天我没在针灸室看到她，我很记挂她，我还带了包老年人喜欢吃的甜点，算是我回报她的葡萄。这是我作为上海人的浅薄的一面：人情还得快。

姥姥阿太怎么没来？

姥姥阿太不会来了。赖医生回答说。赖医生是姥姥阿太的亲戚，他知道姥姥阿太的行踪我一点也不奇怪。赖医生用很特别的眼光看着我。那眼光里包含着很丰富很神秘的内容。经常听到老年人挨不过炎夏，就走了，难道姥姥阿太出什么事了？我不敢问下去。生死的事不是随便可以说的。

你不要瞎想，姥姥阿太的事你绝对想不到的。这是一个特大新闻。你可以写小说了。赖医生说。我发现做医生的比舞文弄墨的更会揣摩人的心思。

我索性不问了。我静静地等着赖医生说出下文。我知道赖医生一定会说的。在这个针灸室里，任何信息都是共享的，尤其是老太们，她们是息息相关，唇齿相依的。一个朝朝见面的伙伴忽然销声匿迹了，不把她的去向弄明白，老太们是不会善罢甘休的。果然，宝娣和大妹已经跟着赖医生寸步不离了，赖医生，姥姥阿太昨天还好好的，她还说今天要来扫地的。大妹狐疑地盯着赖医生看。宝娣不说话，只是很诡谲地伸头伸脑，看看我，也看看赖医生，老脑筋转来转去的，不知她在想什么。她今天戴了个绲边绣花的肚兜。是那种很精致也很陈旧的花纹，很讲究的绲边，密密的针脚里隐藏着过去日子的倩影。宝娣说过她年轻时候也很妖的。

姥姥阿太找了个老头子，她回到钱门塘去了，她和儿子女儿闹翻了。她儿子的出租车她坐不着了喂。赖医生慢悠悠地爆了个特大新闻。我怕我听错了。姥姥阿太七十八岁了，她曾经吃过男人的苦头，也曾经信誓旦旦地表示她不会找老头子，为何一夜之间换了脑子？坐在针灸室里的老太们也都被这样的新闻震慑了，反应不过来，都愣愣地看着赖医生，期待他再说出个子丑寅卯来。但是赖医生也不开口。他若无其事地到里面房间帮那些躺在床上的老太扎金针去了。待到他出来拿艾绒的时候，老太们忽然都醒了似的，一起嚷嚷起来。

赖医生，你还没说完呢。姥姥阿太的事你还说清楚呀。

我早就说过了，姥姥阿太找的老头子钞票多来西，每月给她四百元，她笑得嘴要合不拢了。赖医生你还骂我是捏鼻头做梦呢。现在怎么样，我没说错吧？胖老太反攻倒算了。

赖医生哭笑不得。赖医生恨恨地说这个老头子就是姥姥阿太的原配老公，他在外面几十年没有音讯，现在他小老婆死了，小老婆的儿子女儿不是他生的，他们都要钱不要人，赶他走了。他现在又老又丑又穷，他要叶落归根了。但是姥姥阿太的儿子女儿都不愿认这个爹！谁知道姥姥阿太认了！

原来如此！大妹啧啧地感叹，好，好，不管怎么样，姥姥阿太到底是大的，是明媒正娶的，男人最后还是和正房在一起的。宝娣说好什么，要是我，我就不要这个老头子！我情愿一个人过的。宝娣是一个烈性的老太。

我什么也没说。这是姥姥阿太自己的生活，我不能说假如我选择……每个人都有自己的生活，而每一种选择也许就是唯一的选择。我只是宽慰地想，姥姥阿太守了几十年的活寡，姥姥阿太也算是终成正果吧？

有一件事，我是很久以后才想起来的。当时浑然不觉。就是宝娣的肚兜。宝娣是天天要换肚兜的，但人们熟视无睹，没有人说过宝娣好看，也没有人注意过宝娣的肚兜。

我之所以要想到宝娣的肚兜是因为后来宝娣也走了。她愤而离开儿子的家，回乡下去了。起因是：不识货看电视。

那晚宝娣的孙子考试不及格，宝娣的儿媳妇先是训斥小孩，骂小孩什么都不肯错过，大人看电视，他也看，大人夜出世，他也不睡觉，为此荒废了学业。儿媳妇骂够了孩子后又一个劲地抱怨自己的男人，触自己霉头说我们又不是爷娘近亲结婚，小孩哪能不开窍的？媳妇的每一句话其实都是在骂宝娣，但是宝娣忍住没吭声，她待在一边看电视。每晚守着电视机，不插嘴，少走动，这是宝娣的政策和策略。政策和策略是宝娣的生命。

儿媳妇骂完了小孩和男人后，又到处寻衅出气，直至把矛头对准宝娣。她问宝娣电视在放什么。宝娣说不识货，一点也不识货。媳妇就说不识货看什么，话还未落音，随手就已经啪哒一声，把电视机关了。宝娣早就气得肚皮发胀了，她终于按捺不住，使出当年和生产队长打架的魄性，打了媳妇一记耳光，当晚就收拾"细软"叫了辆残疾车回乡下去了。

宝娣的事是程老师一五一十在针灸室里叙说的。宝娣的儿子和程老师是同事，程老师的叙说就具有一定的真实性。程老师说宝娣的性子也太"那个"了。现在不是封建社会，婆阿太是不好打媳妇的。程老师因为自己家里有个七十几岁的婆阿太，经常在外面跳老年迪斯科，把程老师烦死了，程老师就对老年人有看法了。虽然程老师自己也已年近花甲了。

程老师，你现在不觉得，我和你说一句心里话，我劝你趁早找个归宿，靠儿孙都是假的。你看这些老太，和宝娣一样，千辛万苦地把儿子女儿养大，千方百计地送他们到街上做生活，做街上人，自己孤零零地留在乡下，七八十岁了还要在田里做，小辈有几个想到他们的？

赖医生叹息。程老师看了看赖医生就没再往下说什么。针灸室里一时倒没了声音。

我不见了宝娣以后，不知怎的，每每想到她眼前就会晃起她戴着肚兜的样子，我就是在这时候发现宝娣的肚兜天天都要换的，而且每天都不一样，那些肚兜或者简约，或者繁复，绣着花儿，镶着绲边，缀着珠儿，精致、美艳。旧时江南小镇的女子在质朴的外衣下掩藏着轰轰烈烈的丰富的人间生活，掩藏着流逝的私密日子。宝娣又何尝不是呢？这是美的展示和追忆。我发现这一点的时候，我非常惊异。我原来以为宝娣的肚兜仅仅是肚兜，没有任何的意义，只是一种无奈的裸露。其实不是。我想，宝娣所展示的并不仅仅是流逝的日子吧？也许还潜藏了她对生活的热烈的渴望？其实我们又莫不如此呢？我们真正的生活或许都不在现实之间。

程老师的儿媳妇养了个男孩，程老师开心得不得了。她给我们每人四粒糖，说是甜甜嘴巴，她还送了赖医生十只红蛋。程老师塞给赖医生红蛋的时候看着我们说抱歉噢。大家都笑笑说，应该的，应该的。我们都很通情达理，都很理解程老师的一举一动。

程老师没请成保姆。赖医生为她询问了很多人，很多人都望而生畏。程老师最后用的是钟点工。她对钟点工十分不满。说钟点工老是迟到早退，还磨洋工，说好做两个工时的，其实只有一个小时的时效。程老师因此而像走马灯似的调换钟点工，有时候两头接不上就只好自己为小孩洗尿布、为产妇娘煲营养汤。程老师说她为媳妇煲的营养汤，比广东人煲汤还要考究，汤里有十八样补品。赖医生提醒程老师说还有你婆婆呢，你为你婆婆煲什么汤吃？程老师说她婆婆的脚伤早好了。又和活神仙一样了。

她是香港特区哎，程老师说。香港回归舞照跳，马照跑，她也是迪斯科照跳，家里百事不管。天翻地覆她不管的。马上就要八十的人了，穿得花花绿绿的，还涂胭脂呢，毫无羞耻之心。

程老师说到婆婆总是恨恨的，但是用词还是很文雅的。据说她婆婆还经常和一些老头子通电话，交流舞经。针灸室里的老太们都很喜欢听程老师讲她的婆婆，她们啧啧啧的，表示惊讶、羡慕、鄙夷等种种心情。有时候她们就莫名地感慨说，街上人呀，街上人。

你婆婆打长脚电话，阿是有男朋友了？赖医生很喜欢和人飞短流长说风花雪月。这是赖医生为人最可爱的地方。

程老师大笑起来。她真的有男朋友，要找老头子，我举双手赞成，到时候我就和她一刀两断。我也乐得清静。

当心她阴间的儿子来寻着你。

怕什么，到阎罗王那里我也不怕。她儿子临死的时候就说了句对不起了，家要你一个人撑了。他也没关照说让我再寻男人，他怎么会答应他老妈寻老头子？将来阴间里碰到她儿子，我一样好交代。

程老师说到这里眼圈红红的。赖医生无言地摇摇头。此时我对程老师也生出一种同情之心。我觉得尽管程老师不十分可爱，但是她也有她的难处。生活有不可承受之重。

有一天晚上，皮尔卡蛋来请我去撮一顿，说是有些建筑行业的包工头们要聚聚。你不是要我给你提供收集素材的机会吗？这些包工头，每个人都有一百个故事。保你满载而归。皮尔卡蛋还说今天负责买单的王老板，就是那个想聘请赖医生当私人保健医生的，他是建筑装潢业的大老板，龙头大哥，曾经是上海星星大厦装潢工程的总承包商。

两年前包工头们从王老板手里承接了星星大厦的各种装潢业务，外墙装修、内装饰、霓虹灯照明，等等等等。遗憾的是装潢完毕的星星大厦，各种酒家、商家都已经纷纷入住开张，而包工头们却迟迟拿不到该得的各种工程款项，冤有头，债有主，他们就找承包商王老板。可王老板一会儿出国考察了，一会儿到京城国宾馆去宴请什么头面人物了，一年来，神龙见首不见尾的，哪里捞得到和他见面，急得包工头们破釜沉舟准备和王老板法庭上见了，正在秘密筹划之时，王老板却露面了。

一场大戏要开演了，皮尔卡蛋极其诱惑地朗诵着。他说这次包工头们起码要等到支票兑现，才会让王老板脱身。所以这一顿宴请，没有三天三夜是不会散席的。

那不成了非法扣留人质了？我不解地问。皮尔卡蛋却神秘地笑笑说，你管那么多干吗？你究竟想不想去撮一顿？

我还未超凡脱俗到拒绝人间烟火。我没问王老板的宴请名单是否允许有吃白食的文人，就傻傻地跟着到了虹桥一家灯火辉煌宛若仙境的五星级宾馆，大厅里衣香鬓影。我的文人生涯中经常有这样莫名其妙而平淡无奇的饭局。它带给我某种世俗的快乐。

包房里围桌而坐的十来个人几乎都是老板，张老板、王老板、李老板、管老板……所有的老板都把手机放在桌上，摩托罗拉、爱立信、菲利普、西门子……仿佛是手机展销。老板们轮流握手、拍肩，其中有两个显然是有点威信的，哈哈哈地接受着别人伸过来的手。有人用手指沾了口水在翻阅菜单。无可讳言，他们是浅薄的，平庸的，甚至是恶俗的，但也是天真的质朴的。我知道还有很多谨慎的眼睛和不苟言笑、不再天真的脸庞，充塞着电视和报纸头版，他们斧正着人间的天空，他们是虚伪和矫情的，也是彬彬有礼的。我在这两种人之间摇摆。我四十五了，我还未看破红尘。这是我的致命的弱点。

令我吃惊的是做东的王老板肤色白皙年轻俊美，甚至有点脂粉气。他十指尖尖，举止斯文，衣着精良，坐在他旁边的人高马大的小伙子是他的保镖。和其他老板相比，他显得鹤立鸡群气度不凡。皮尔卡蛋事先告诉我，王老板还是同济毕业的呢。

哥们，很久不见了，我也是穷忙。生意啦，和当官的应酬啦，本人虽然没什么本事，可偏偏有人看得起我，三天两头召我，总是北京啰，钓鱼台啰，陪外宾啰，天大地大不如党的恩情大么，上头有令，要我去锦上添花，我能不去吗？我是一只皮夹子。

王老板拿起桌上的烟，保镖立即替他续上了火。

不好意思，耽误了哥们的大事，不好意思。今天我要向大家宣布，星星集团公司最近与我结算了星星大厦的全部装潢工程款。当然我和弟兄们的账其实可以早点了结的，几个亿的资金周转有点难度，可这点工程款小意思一个啦，我还是拿得出的。这是我的疏忽。最近我又忙于接洽谈判浦东机场候机厅的装潢工程，所以一拖再拖，今天是特意抽空和兄弟们见见面，也和大家作个交代。以前我王某有做得不地道的地方，还望各位兄弟多多包涵。来，为我们的辛勤劳动有了圆满的结果，为兄弟们大大发财，干杯！干杯！

王老板来了一通漂亮的开场白。他言辞恳切语气和缓，一派大哥风范江湖义气。他也对我含笑致意，说是他喜欢和作家交朋友。但是他的眼神却是冷漠和高傲的。我知道无论他如何和人们称兄道弟，无论他如何微笑，人们也永远接近不了他的心灵。他是那种太聪明太优雅的异类，他永远拒人于千里之外。我因此而小心翼翼不苟言笑。我别具一格喝的是法国的"依云"纯净水。王老板很有深意地看了我一眼。相信除了这家伙，在座的没有人知道它的昂贵。

老板们蜂拥而起。

王总，你为大家日夜操劳花了无数的心血。王总，你是宰相肚里好撑船，你知道我们肚里只有油水没有墨水，你可千万不要和我们一样见识呀。有个作家说过，我是流氓我怕谁，识字和不识字的就是不一样么。作家你可别生气呀，俺顶佩服作家的，讲话敢熊别人，也敢熊自己。王总，我也是狗急跳墙呀，底下的工人吵着要工资奖金，嚷嚷着要绑架我。王总，浦东机场的装潢工程你可别忘了关照兄弟呀。

这些来自全国各地的包工头们，推搡着那两个有点威信的、老是哈哈哈的老板，共同说了一大堆我望尘莫及的类似黑色幽默的妙语绝句。我终于相信最卑贱者最聪明的理论。因为可望又可及的星星的工程款，更因为王老板手心中的浦东机场的新项目，他们一个个奴颜婢膝极尽阿谀奉承之能事。当初他们或许就是这样从王老板手中得到星星的装潢工程的。据说装潢业的利润高达百分之一百，这样的利润是一条漂亮的石榴裙，令无数英雄竞折腰。

王总，今晚你就在这宾馆住下了吧，兄弟们陪你玩，把上次那两个漂亮的女大学生接来，再请个乐队，怎么样？

两个为首的老板更是大献殷勤。

别跟我玩花样！请我住在宾馆里，是不是不相信我，把我当人质？有一件事，我要对兄弟们丑话说在前面的。星星的工程，大家是瞎子吃馄饨，心里明白，质量有很多地方是不过关的，空调的通风管道有噪声，还有地板的质量以次充好，问题很多。前两天已经有记者到我这里来了解情况了。你们不给我面子，小心我把你们捅给新闻界。还有我请来的这位作家，她在晚报上是开专栏的，她要是和记者联手说星星一句不好的话，到时候谁也帮不了谁，看你们谁还有脸在上海滩混？没准还得上法院呢。

王老板本来很亲切地迎合着众人，可一听到老板们邀请他住在这宾馆时，脸色却沉了下来，说了些不好听的话。还连带着把我也捎上了。也许王老板的话点到了那些老板的穴道，两个为首的老板顿时就有点蔫了。我一听说施工质量的问题，就立即联想起自家的天花板，因为屋顶渗水，连连雨水渗透、浸泡，半边墙都发霉了，我因此而对不负责任的施工队深恶痛绝，我呼应着王老板说，质量不好自然要曝光，要不，像韩国的百货大楼崩塌了就来不及了，就有人要坐牢了。

说哪里话呀，我们还不相信你王总吗？敢把你扣作人质吗？质量的事么，王总包涵了，包涵了！我们一定派专人负责返修，你满意为止。作家，来来来，喝酒，喝酒！老板们举起酒杯，立马就转移了话题。我后来听皮尔卡蛋告诉我，这些包工头们自身工程就不过硬，所以最怕记者曝光，倒霉的还会被取消施工资格，所以一听王老板要请记者来，就个个都放软档了，哪里还敢留难他？我明白了，我也算是王老板的一着臭棋吧？我突然领悟到了什么，沉着脸问皮尔卡蛋。皮尔卡蛋吐了吐舌头，飞一般溜了。

且说酒过三巡，王老板慢悠悠地从西装皮夹里拿出一张支票，这是酒宴的高潮。开具支票的就是星星大厦集团公司。

我让各位看看这张支票，各位可以放心了吧。兄弟没有一句假话吧。

老板们再次蜂拥而起，全体站立，伸长着手，像捧着圣物一样，传看着这张支票，他们一个个眼睛发亮，犹如嗜血的狼群嗅到了血腥味，他们嗅到了金钱的气息。这样的场景真是惊心动魄。我看得目瞪口呆毛骨悚然。

王老板当场掏出自己的支票簿，分别给包工头们开具了付款支票，他使用的是一支昂贵的派克金笔，王老板所有的一切都是最好和最精致的。我想象他身边的女人也是精致美艳，风韵万千的。

弟兄们，明天我就把星星集团公司的支票解进我的银行账号，三天后账号里有了现钱，你们就可以兑现这些支票了。王老板像发牌一样把自己的支票发给在座的包工头们。包工头们一个个捧着支票弯腰曲背喜笑颜开。此时此刻王老板风度翩翩慷慨大方，俨然是他们的老爸。

那晚王老板用金卡结了用餐费，就在保镖的护卫下，提前退席了。各位慢用，慢用，兄弟先行告退。王老板彬彬有礼地和大家告别，他还用他十指尖尖的手和每一个人轻轻握手。他的接近于女性的温柔和周到震住了在座的那些粗犷的男人。他们一个个只会傻笑，点头哈腰。看着他窈窕的身材钻进林肯，然后呼啸而去，我觉得我看到的是一个蝙蝠侠之类的幽灵。此时此刻他去的是另一个世界。

目送着王老板远逝的车影，皮尔卡蛋凑在我耳边赞道：好酷！我脱口而出说：好冷"酷"。我觉得自己创造了一个伟大的单词。我因为和大楼事先约定回家不得超过十点，也赶紧退席。听说皮尔卡蛋后来和包工头们再次找了个酒吧开怀畅饮，他们喝了十瓶白酒，五瓶洋酒，其间因为不断地对陪侍左右的小姐动手动脚亲嘴摸胸的，付了两千元小费。我对大楼说皮尔卡蛋怎么会和王老板和包工头们勾肩搭背呼朋唤友，大楼嗤地一笑，他说你自己不也是彬彬有礼堂而皇之和他们同餐共饮混迹其间吗？我顿时无言。

三天后皮尔卡蛋神秘兮兮地把我从针灸室里叫出来，我颈后插着金针，金针上的艾绒还袅袅地冒着轻烟，我像个"异形"似的站在医院的走廊里和皮尔卡蛋说话。

皮尔卡蛋告诉我，那晚王老板开出的全是空头支票，他把包工头们玩弄于股掌之间，他本人已经销声匿迹无影无踪了。那些包工头手下的工人们因为得不到工资纷纷涌到星星大厦去静坐请愿去造反了。王老板席卷了所有的工程款，连同一笔天文数字的银行贷款，携着刚在全市模特儿大赛得奖的漂亮女孩跑到境外去了。包工头们一个个痛哭流涕，只恨没在那晚的宴席上绑架肢解王老板而追悔莫及。某银行信贷部里也是人人自危惊慌失措，据说已经有信贷员吓得大小便失禁了。

有二十个共产党干部将因此而坐牢。皮尔卡蛋说。

那天回家后我在电脑上打字。我写道：外面的世界真是精彩，外面的世界也真是无奈。我被王老板的温文尔雅、心狠手辣所震动。我觉得他的故事并不可怕，可怕的是他的冷"酷"。他那从里到外的冷漠，和雅致，和恶毒已经接近于完美接近于非人性。他用他的完美和非人性报复了这个人性的世界。我写到这里的时候，大楼正好走过，他看到我的电脑就大放厥词，问什么是人性？什么是非人性？我无言以答。

我在电脑上把王老板和赖医生，包工头们和姥姥阿太们一一对应，企图捕捉某种人际关系，我一无所获。我明白了物以类聚，人以群分。我最终放弃了对王老板对人性的思索，我专心致志记录和虚构关于某医院针灸室的札记。

我对赖医生说，王老板失踪了，你的公寓房子飞了。你退休后还是为人民服务算了。

煮熟的鸭子也会飞，何况没到手的房子呢。我想过了，退休后我哪里也不去了，就在家里替这些老朋友做做针灸，如今的医疗费太贵，针灸便宜，又不要什么成本的。老年人少不了它的。我不怕没饭吃。不瞒你说，我的孙子还靠我呢。你还管孙子？你劝过程老师，说儿孙是靠不住的么？我老早就说过了我是棉花脑袋豆腐心，心太软，儿子不养娘，孙子靠大爹，现在行的。

以后呢？以后，怕什么，这个世界上有的是老人。你没听说，我们县已经提早进入老龄化县了？

有一阵子，浙江地区普降暴雨，好几个地方山洪暴发，交通中断，我临时在那里出差，被阻在一个山沟沟里，两星期后回家我匆匆赶到针灸室，发现那里已是物换星移，面目全非了。正像姥姥阿太曾经预料的那样，这里已经是减肥室了。只见室内装潢得富丽堂皇，油光发亮的假皮沙发上坐着一个个衣着华贵的漂亮女人，里面的美容床上躺着几个袒腹的女人，腹上扎着金针，还有顶着好几个火罐的，主针的是一个头发留得长长的年轻医生，两个轻声细语关怀备至的护士小姐在床边殷勤护理。我明白这就是减肥了。我知道这样的场面意味着绝对高昂的费用。我曾经并且依旧热衷于减肥，但是此时此刻我却毫无兴趣。我一心想找赖医生。

我找赖医生。

赖医生？长发医生困惑地摇摇头，我不知道什么赖医生不赖医生的。我这里天天生意兴隆，欢迎预约，欢迎光临。

我赶紧逃之夭夭。我后来又去找皮尔卡蛋，他也不在，晚上大楼回家后告诉我皮尔卡蛋辞职了，他到胶东半岛一个新兴的海边城市去发展了。据说那里离韩国仅一江之隔，满街充塞着腰缠万贯的韩国商人，发财的机会多如牛毛。

我一时不知道如何去寻找姥姥阿太和赖医生他们。其实我早已不需要再打金针、拔火罐了。不知道为什么，我就是想再看到他们。可是在我的生活圈子里很难得到关于他们的蛛丝马迹。我后悔没有及早索取他们的通信地址和电话号码。我本来以为他们十分平常，到处可见。现在我却发现他们和这个世界隔得很远。明年的夏天他们又将在哪里做针灸，度过他们快活的日子？

我试着到菜市场上去过，我怀着一线希望期待能够看到宝娣在设摊卖毛豆。或者大妹在买菜。可是我只看见金妹，她还是那样戴着口罩吆喝着叫卖蛋饺，在为她的养老金而努力奋斗。我唯恐她又会例外地送我蛋饺，我没敢招呼她。还有一次我远远地看见程老师，她正在和一个卖土豆的男人讨价还价，她憔悴了许多，她显然很累，不断地转动着颈脖。我担心她会悲天悯人地同情我，也没敢招呼她。我在市场里频繁进出的时候，我意外地发现了一个现象，就是市场里买卖双方就中年男人特多，他们精明、干脆、勤恳。我寻思是那些当家的女人们像驱赶宠物一样地把男人们驱赶到这里来，比如说大妹的媳妇，她绝对不会放心让大妹插手家里的财政事务吧？

我后来就不再到菜市场上去了。我有意无意到南门的老街上去闲逛过，我看到好几个服装店，全都形迹可疑，专卖冒牌货的，那里有鳄鱼、飘马，甚至有古慈。我不知道哪一个店是大妹的儿子的，我在店堂间里探头探脑的，招惹得五大三粗的店老板从隐蔽的店铺后面走出来，以为我是捉假的王海，摆开架势想请我吃生活。吓得我溜之大吉逃之夭夭。

从那以后我就从未在这个城镇的任何地方邂逅姥姥阿太们，包括赖医生。尽管我常常遇到熟人。有一次我在新开张的大商厦里遇到我儿子高中时的同学，我看到他亲亲热热大大方方地挽着一个漂亮女孩，我和他们在自动扶梯上交错而过。当他们在我眼前流逝而去时，我突然意识到除了过去的针灸室，这个世界上已经很少有姥姥阿太们的立足之地了，我终于放弃了寻找。

我后来又有了新的采访对象，有了十分精彩的小说题材，我渐渐地淡忘了姥姥阿太们，直至有一天我在电脑上偶尔打开了一个久未光临的文件，我看到了关于某医院针灸室的札记，我一页页地翻阅，我在电脑里和姥姥阿太们见面，我重新又听到了她们无端的笑声，听到她们议论阿香的名片，她们和赖医生调情。那晚正好有个聚会，大楼问我，怎么去？我脱口而出乘轿车喂！这是姥姥阿太。赖医生说我一辈子还勿曾乘过轿车喂！

我重又嗅到了艾绒的馨香，感觉到它的温柔、妥帖。我看到宝娣裸露着上身，她围着的花色迷离的绣花肚兜，听到胖老太乱插嘴时的嘈杂的嗓音。我还记忆起姥姥阿太的葡萄，饱满、甜蜜，记忆起那个午后，我们在医院的院子里一起唠的家常。记忆起庭院里的阳光。

闲着也是闲着，妹妹，来，一起坐坐！

1998 年 3 月

走向辉煌

1

"我给你带来一个新朋友——水泽!"

凡平撞进门就嚷嚷,他把我这儿当狗窝了。阿丽正猫在我脚边,她跳起来。偶尔的,她也会怕羞。

水泽这个名字,我至少听凡平唠叨过一百遍了。我在县图书馆编的《读书通讯》上发表过他的书评。是凡平送来的稿子。他们是邻居。我是个特约编辑。水泽的文笔很老练很诗意很漂亮。我们这县城还真出人才呢。凡平见我赞叹,便又着意对我描绘水泽:"水泽的信写得漂亮极了,跟散文一样。他爱交朋友,爱集商标集火花,摄影画画唱流行歌曲的样样在行……""水泽五十年代在外国一本世界语杂志上发过一首诗,收到过世界各地238封来信。他跟苏阿芒是好朋友。"我不知道苏阿芒是谁,大概是个英国人吧。"水泽写过一百多首诗,从来没去投过稿,他写诗是给自己看,给朋友看的。""水泽跟他的女同事很要好,被他老婆知道了,他老婆哭天哭地差点撞死,他老婆比他大五岁。"凡平就这样,隔三隔四地来说水泽的故事,渐渐地,未曾谋面的水泽已经是我很熟悉的朋友了。有一次,凡平随便哼了两句歌词:"呜哎——风儿呀吹动我的船帆,送我到日夜思念的地方……"

那舒缓那深沉竟然打动了我，我要他接着唱，他却又说起了水泽："十来岁的时候，夏天，常常看见水泽赤着膊，穿条短脚裤，站在河滩头上，哼这支歌，他总是哼，像在唱一首无字的歌，他哼得很深情很动听，我们几个小伙伴只要一听见这迷人的歌声，就会不出声地走近他，静静地，听着……唉！"凡平不说了，沉默了很久。人哪，难免会坠入怀旧这破网。这以后，我心里便老晃荡着水泽的影子，瘦瘦的，光着上身。一幅半裸体的素描。不知道为什么，我总以为他是瘦瘦的。"水泽穷噢，他老婆长病假，十年不上班了，他两个女儿又都在读中学，五十岁的人了，中午只喝一碗大众汤，四两白饭，"前两天，凡平又送来一篇水泽写的书评，怕我不帮忙，便把水泽说得很狼狈，"你让他挣个三块五块的，买点肉吃吃也好呀……"我说："凡平，你的朋友也是我的朋友，这样吧，我那个《作家轶事》专栏让给他算了，一个月写两篇，十块钱，够意思了吧？"

水泽感恩不尽，一定要来敝人蜗居之处。

他就站在门口，不高，瘦瘦的（果真是瘦瘦的），戴着眼镜，镜框很古怪，带点菱形，头发很硬，竖着，雄赳赳气昂昂的。他客气地欠了欠身，他比凡平懂事多了。他看阿丽时特别谦恭。阿丽穿着大红的紧身毛衣，一条健美裤紧箍着她丰满的臀部和秀美的腿，全身曲线毕露。这个性感小猫。

我请水泽进屋。他像跳芭蕾舞那样，踮着脚，一跳一跳地进来。他没办法，地上满是稿纸。我是写一页，扔一页，完了，再挑满意的捡起来。凡平就差劲了，他昂首阔步长驱直入，先占了那张又宽舒又软和的单人沙发。大凡我稿纸上的脚印总是这小子的。

"你这个大作家,写文章派头与众不同么,呵呵!"水泽喘着气,在硬板椅上坐定,看着满地的稿纸,恭维我。

"什么作家,连作家协会也没有参加,哼哼!"阿丽看水泽的模样挺逗人,便也不忌生,调侃我。

"哟,话不能这么说,我们县有几个发表过文章、名字变铅字的?全上海十个郊县,文学创作就数我们这儿兴旺。"水泽依旧恭维着。好话就像好衣裳一样叫人感到舒服。我忙不迭地递烟倒茶,鼓励嘉奖。水泽惬意地呷了一口毛峰茶,我新买的一百元一斤的毛峰。他挺有风度地从脚边捡起一张稿纸念起来:

"……我看到过你赤裸的身子,你那神奇的小卵蛋迷惑了我,从那以后,你就是我的了……我永久地寻着你……妙!妙!如诗如画!"

水泽拍案叫绝,他索性往地上一撸,捡起一大把稿纸,他是把这当色情小说读了。那一阵子,我正不痛快,我在上海文坛上小小地冒过一下,走红了那么三五天,可很快被人遗忘了,我决定出本小说集子,把我那十二篇散见于全国各地刊物的小说收拢来,即使以后一个字也拉不出了,天天看着这本书,也足以下饭。我赏脸通知京城一家出版社,他们来信问我是哪路人马,气得我把这封散发着迂腐气味的公函嚼烂了,我下决心闭门造车,向斯德哥尔摩进军。都十来天了,我还没想出一个好词,我烦透了。

"哪里哪里,"我挺伤心挺苦恼,"这两天正没有方向呢!"

凡平这家伙够意思,他拍拍水泽的肩叫着我:"世文,他有一肚子故事呢，听他说三天，够你写一年的！"

"好好，讲故事讲故事！"阿丽拍着手喊，跟孩子一样。她就喜欢一窝人围着胡吹，天南地北的，什么白娘娘转世跳芭蕾；小猕猴为主人报仇，勇斗造反英雄……她百听不厌。

"讲什么呢？"水泽也不推托。他这人原来挺好谈。

"讲你自己的故事。"我们三个人不约而同地说，正儿八经的像班学生。

"讲你的恋爱经历！"阿丽又补充了一句。女人就操心这事儿。

"世文，上次水泽的书评你上了没有？"凡平见水泽沉思默想的样子，见缝插针地问我。没等我开口。阿丽便叫开了：

"哎呀哎呀，不许讲话不许讲话！"

她连连挥着手，我和凡平两张嘴便都熄了火。窝里真静啊，一窝人都拥着等待。凡平悄悄地把台灯的光拧暗了，柠檬色的微光窥视着浓浓的夜，一时间，世界也哑了似的。

水泽讲了他的初恋。美丽，遥远，如梦年华如梦的爱。过去的他，向我们走来。一个佩戴着大学校徽的英俊男子。

"……我和李娜分手了。是她要求我的。她那么美丽那么高贵，她应该每天都有人送鲜花给她。而我能给她什么呢？一个穷学生，我什么都不能满足她。分手的时候，她对我说：我有勇气跟你相爱，却没有勇气跟你结婚。一个女人不能把自己的一生交给心爱的男人，我不知道这是谁的耻辱，男人还是女人？有一阵子我真想死，那时候我已经离开了大学，在鹤翔镇当老师，我很少回县城，那里对我意味着一个破烂不堪的家和一个陌生的唠叨不休的老娘。不久，李娜结婚了，她嫁给了一个布店小开，她结婚那天收到过一封恐吓信，她猜是我，她不怪我，只是暗暗流泪。后来她到鹤翔镇来看过我。她显然不快活，华贵的裘皮大衣掩盖不了她脸上的忧伤。她在我书桌的玻璃板下看见一张女孩子的照片，那是星梅。她说，是你女朋友？我说，是的。她说，很漂亮。我说，是的。她不说了。我也不说了。我们俩坐在窗前，坐了很久，一直到太阳落到地平线上，她再没有说过一句话。我望着她那依旧美丽的脸，我发觉自己如何恨着她也就如何爱着她，我决心继续仇恨下去，我要看到她流泪、衰老。在车站旁边的田埂上，她望着我忽然求我：唱一支歌吧，唱那支《星星索》，我们在大学里唱的。我一怔，我的心冷得发抖。她唱起来了，还是往日那圆润的嗓音，只是没有了往日的那份甜美。我没有和上去。我含泪倾听：

  呜喂，风儿呀吹动我的船帆
  姑娘啊，我要和你见面
  向你诉说心里的思念
  当我还没来到你的面前
  你要把我记在心里呀要等着我
  ……

"你为什么不唱？她颤声问我，这是最后一次了，唱吧……
"我要为另一个姑娘唱了，她不仅有勇气跟我谈情说爱，也有勇气嫁给我。我说。

"我明白我这话比刀子还厉害,它最早割伤过我。这也是最后一次了,是以血还血的唯一机会。李娜走了。从此以后,她不会再有幸福了。"

朦胧的灯光下,水泽像远处浮来的荒岛,带着苍凉,带着野蛮。我喜欢上了他。

阿丽慢慢地移过来,靠着我的肩。她在发抖。

"那星梅又是谁呢?"她怕听,又想听。

"她是我另一个不成功的恋爱。她真心跟我好。有一次,她送我,从鹤翔镇到县城,她整整伴我走三十里地。我俩在一起教书,又在同一只信箱里取信。每天,总是她先去开启信箱,她好像老在等待着什么喜讯。她活泼得像一粒炒豆子,蹦蹦跳跳的。水泽水泽全是水泽!有时候,她会抱怨地把取来的信一股脑儿全扔给我。终于有一天,我把一封火烫的情书悄悄塞进信箱。她还会抱怨吗?没有一个女性能够抵御得了我的情书,有些人虽然离我而去,但那些情书,她们要读一辈子……星期天,星梅常常伴我回县城,她不嫌弃我那个穷家。可我母亲嫌弃她。老太婆正在更年期,见了星梅就瞪眼睛。我们只得一整天逛在外面。城里那个明代花园,叫秋园的,那时候还没有整修,一片荒芜,它成了我们的伊甸园。真是疯狂的爱……有时候,晚了,没车了,她回不去,我便带她到附近一个老朋友家去借宿。那朋友在上海交大念书,也是星期天回来一趟。我们彼此给对方介绍过对象,但都没成功,可友谊却更深了。他家有五六间房,很宽敞。他有一个小妹妹,比星梅年岁小,星梅就睡在她房里,两个女孩子很合得来。后来星梅每次来县城,都是宿在他家的。再后来,星梅开始避着我了。再后来，怎么说呢……爱情就是这样残酷，它毁灭一切：友谊、忠诚……我头一次知道她和我朋友的事，我真想跟他们撞死。那一段日子我不能上课，整天躺着，迷迷糊糊地骂人。一天我喝了酒，我走了三十里地，我不乘车，我是想看看沿途的一草一木，我熟悉它们。星梅也熟悉它们。可是，星梅呢？我去找她，她不开门，我一脚踢开了门，只见她一个人蹲在地上哭，她大概已经哭了很久了。我把自己往地上一掷，我连我自己也不要了。我也哭……她忽然吐了一地。她说，你明白了吧？我说，明白了。她说，来世我再变女，你再变男。我说，好的，来世。我们像隔着一条大河，我们谁也看不清谁，我们连手也没拉一拉，我们分手了……我母亲笑我，说我连个女朋友也保不住。我真想杀了她。母亲说，那小子倒好，马上要毕业分配了，就找个上海郊区的老婆……哼！她冷冷地咽下了另一半话。我顿时恍然大悟，到底姜是老的辣。我连夜提笔给交大党委写信，揭露那小子的丑恶灵魂和卑鄙目的，整整六大张。我不能让小人得意，三天后，交大党委就来信约我去面谈……后来，他被分配在湖南一个山沟沟里教书。临走前，他揍了星梅一顿。"

"星梅呢？"阿丽泪汪汪地问。不知怎么搞的，我心里也不痛快。

"他俩后来结婚了。后来他调回上海了。再后来她发疯了。再后来，她上吊自杀了。"

"为什么自杀？"三个人犬牙交错地问。

"不知道。"

一窝子人一起叹息。分不清谁沉重，谁深长。谁也不想动一动,谁都不能动一动,屋子里游荡着李娜、星梅,游荡着她们的歌声笑语,游荡着她们的爱和恨……这些美丽的灵魂!

水泽征服了我们。或者说是水泽征服了我。我拿出咖啡壶。我想留客的时候,我便请客人喝咖啡。

2

一幅梵高的《向日葵》。金色的火焰旋转着、燃烧着……画贴在墙上,四周用锌条框着,像美术展览厅那样的玩法。一幅高更的《塔希提妇女》,装饰性极强,透出一种粗犷原始的部落气息。一排从驾驶员那儿搞来的汽车软椅。这就是水泽的工作室。一个仓库管理员的工作室。原先和凡平站在外面的荒野草径上,看着这旧民宅改作的小仓库,脑子里闪过的,除了阴暗还是阴暗,我都不想进去了,漆痕斑斑的廊柱,湿漉漉的青砖地面,陈旧的板壁,五花八门的杂物……还能有什么呢?想不到水泽安排得这么好,一个多么温馨的小厢房。

仓库不大有人来。他一个人。大门已经关了,门上有块牌子,是水泽挂出去的,上面写"外出有事,稍等片刻"。

"叫他们去等一辈子吧!"水泽滑稽地缩了一下脖子。凡平嘎嘎嘎地大笑起来,我怀疑他鸭头颈吃多了。

"阿丽没有来?"水泽有点遗憾。

"没有女人,吹牛皮可以不用打草稿!"凡平挺潇洒挺豪气。不过他眼睛老往墙上瞟,塔希提妇女袒露着巨乳。

阿丽此刻正在发脾气跺脚吧?那扇小门可别让她踢破了,这是我艰难人生的最后一块挡风板。那晚水泽还讲了爱的小屋，一次风流艳遇。他说，哎呀，她做爱的方式奇妙非凡，令人着迷……他说得吞吞吐吐，阿丽听得羞羞答答，我也烦躁起来，凡平傻乎乎地催着水泽，你说呀，你说下去。水泽摇摇头，说，有些细节不适宜女士。凡平急不可耐地说，我们阿丽很开放的，她跟世文就像你跟星梅，已经突破三八线了……凡平这小子，我七窍生烟，一个饿虎扑羊骑到他身上。凡平挣扎着乱踢乱蹬，像头蠢驴，水泽忙着来拖，三个男人滚作一团。阿丽捧着肚皮笑。

这次我们下决心甩了阿丽，我们三个犯不着为女人打架。我随身带着酒和花生米。男人不能没有酒。

墙角的小搁板上有一只陶瓷小猫，不过盈寸，造型夸张，拙朴中透出灵秀。小小瓷品闪烁着独特的艺术追求和神秘的美感。我不由得把玩着，爱不释手。我赞叹艺术家的想象和大胆，我腻烦了那些仿古复古的陶瓷雕塑。假如这只陶瓷小猫搁在我的几案上该有多好！每每殚思竭虑之际，赏玩一番，岂不美哉？水泽惊喜地望着我：

"你喜欢它？"

"岂是喜欢？恨不得窃为己有！"

我做了一个怀抱的手势，水泽激动地一把拉着我的胳膊，很伤感很动情：

"好长时间了，这个说不像，那个说难看，这些话真叫人眼睛滴血。知音难觅呀……只有你说喜欢……我高兴，酒不醉人话醉人，来来来，干杯，为艺术干杯……"

水泽提着酒瓶的细脖子，那模样，就像酒吧里的老水手，又亲切又洒脱。

我不由得热血沸腾,我喝他递过来的酒。这是我带的酒,却洋溢着水泽的热情。我们听他讲陶瓷小猫的故事——

这小猫是国内外有名的陶瓷雕塑家章婉教授的作品。她的作品国内流传很少。我在有关杂志上见到过她作品的照片,我认定她是国内最有才华的动物雕塑家。不久前,她在香港举办了一个小型的艺术展览,展后她的作品被抢购一空。人们惊叹她的艺术,称她是中国的马蒂斯。我一直留意着,想要得到她的一件作品。半年前,上海中山公园举办过一次陶瓷雕塑展览,其中就有她的作品。这只陶瓷小猫(水泽说着,边轻轻转着手中的瓷猫,让我们欣赏它的有悖常规的造型),它在国外的卖价折合人民币八百元。我是在中山公园买的,花了五块钱。为了这五块钱我老婆差点抓破我脸皮。我是花了九牛二虎之力才买到这小猫的。展览会开幕的第一天,我半夜就动身了,我骑自行车,手电筒隔夜就准备好了,绑在三脚架上,摸黑赶路。从县城到上海中山公园,六十六里地,我花了两个小时,一路上倒也优哉游哉,广漠的世界里就我一个。到了上海,只有五点钟,展览会要八点钟开门,我啃着隔夜的羌饼,坐在门口等。我以为有部分作品会出售,估计数量不多。我很得意,我占了第一名。可是,我大大地失望了。展览会不出售任何作品。听说,烧白木耳要先放在清水里泡一天,我也就在那里泡一天。我跟讲解员聊,跟经办人聊,天南地北海阔天空,我能吹,他们爱听。可我话头一转到我的本意,他们就立即摇头,一个个都说不行。没办法,到展览会关门,我才依依不舍地退出。第二天,我骑着自行车,还是五点钟到,第一个等开门,我不死心。展览会经办人是宜兴一个陶瓷工厂的技术厂长,姓王,八点不到,他来到展览厅门口,看见我一愣,他知道我家离这里有六十六里地,来回脚踏车。他跷着大拇指摇头:"佩服!佩服!"可是他表示爱莫能助。章婉女士的作品,一般是一只模子铸好后只制作一到两件,模子就封存起来了,非经她本人许可任何人不得复制。"艺术品呵,岂能滥制!"王厂长叹息着安慰我。我与他一回生二回熟,这天,两个人十分谈得拢,他对我丰富的陶瓷雕塑知识和对章婉教授作品的理解感到惊异和敬佩,他本人也是章婉教授作品的崇拜者。我们两个人谈了一整天的章婉,我说章婉的动物雕塑比韩美林的那些动物画不知要艺术多少倍了。他说话不能这么说,当然章婉的作品是不比韩美林的差,可章婉的名气哪有韩美林响呵,不过他们两个人挺要好,都是搞动物的,艺术是相通的。在一次全国美协的什么宴会上,韩美林提着酒,大声问:"谁是章婉?"章婉站起来说:"是我呀!"两个人就这么握着手,不说话,动人啊……第三天,是展览会的最后一天了,我依旧第一个等在展览厅门口,我还想再看看章婉教授的作品。我已经不再奢想得到一个,哪怕是瓣残片。王厂长来了,他见了我一时竟说不出话来,许久,他才说了句:"伟大!"不知道他是指艺术的伟大还是指我精神的伟大,也许兼而有之吧。他终于破格卖给我这只陶瓷小猫,"我准备去向章婉教授负荆请罪了。不过我要告诉她,关于你……"

我把小猫放在这搁几上,我把它介绍给每一个来这儿的人,可他们瞪瞪眼,咋咋呼呼的,"一点儿像……""五块钱?值吗?""我家一个大的仿古唐三彩,也不过五块钱,水泽,你受骗了!"……天哪,我真想有一支冲锋枪,一梭子送他们归西天。

终于,有一天晚上,我对着搁几上的小猫,给章婉教授写信,我心中充满了对艺术的理解和热爱,我对人们的曲解感到愤慨和痛苦,我需要交流。三天后,章教授的回信就来了。她说她知道了关于我的故事,这故事已经在他们那里流传开了。她说香港的巨富们买她的作品,是出于收藏,而你是出于热爱,这才是对艺术的追求。她因此而感动。她说看我的信就知道我是一个阅历丰富的人。"对艺术的理解有时候需要修炼。"她这样说,她还说她从未给人写过这么长的信,满满的一页。我接着写信给她。我告诉她,我曾经是个社会的宠儿,一个名牌大学的高才生,学生艺术团的小提琴手,大学生画展中的佼佼者。1958年我辍学回家,此后,厄运一直跟着我,听说我档案不好。我当过代课老师、修路工,我至今还是个合同工,我身无分文,我仅有的一套西欧美术画册在1984年被我老婆一把火烧了。没有艺术的生活泯灭不了我一颗热爱艺术的心。我热爱她的瓷雕艺术,"这样的作品要走向世界!"我预言。我写了整整五张信笺,我谈变形艺术,谈黄金分割比例,谈夸张,谈不对称……我说我还有一个奢望,就是想再能得到她的一件作品,或者说是再购买一件她的作品。我这个人对艺术从不吝啬,我有一些小收藏都是"文革"期间冒着危险从旧货商店淘来的。我把伙食费克扣下来,积了钱去买。那时候,我还看见一只德国的啤酒杯,是一只马头形的瓷器,真是件杰出的艺术品!售价二十块。半个月的工资啊,我买不起,我天天去看,我希望不要有人买。我还希望它跌价，这样，它就可以属于我的了。可是它终于不见了。看着那空了的搁架，我觉得我失去了它，我眼睛湿了。我把马头杯的故事也写信告诉了章教授。章教授很快又给我来了回信，她说她愿意满足一颗热爱艺术的心，她将特地为我烧制几件作品，我只要付一些成本费给工厂就可以了。她对马头杯的故事特别感兴趣，她请我凭记忆画一张马头的草图给她……这一次她写了满满的三张信笺，再以后是四张、五张……我们谈人生，谈追求，谈艺术，也谈家庭、婚姻，谈为人处世之道，真是心心相通，无话不谈，你看……

水泽捧出一大叠信来，他把信像开展览会一样铺开，雕塑家独有的刚健果断、瘦鸥般的字体映入我眼中。我说：

"这些字也是艺术品啊！"

水泽说："是呀，这些信我都编了号码的，将来值钱得很啊！"

水泽说话的神态又认真又不认真，有点古怪，逗得凡平大笑起来。水泽看着凡平，也忍不住笑起来。

"喝酒！喝酒！"水泽干了一杯又一杯，不时地晃着身子，像在和着什么节奏，尽管周围并没有音乐。我望着水泽，我先是笑，接着是沉默，再接着是严肃，我突然跳起来：

"水泽，你干吗不写章教授的报告文学啊！"

水泽吓破了胆似的，身子筛糠：

"我，我写报告文学？……这、这能写吗？"

我看过水泽写的东西，他的诗誊写在一本精装笔记本上，第一页还有他的自画像,很有点普希金的风度,第二页是目录:《活的坟墓》《美丽的绝望》《不安静的黎明》《吉他的悲哀》《爱的小屋》……挺像回事儿,你看:

我等待／在有星和没有星的夜幕下／在梦的湖畔和湖畔的梦／我渴望久久地被你等待久久地／等待你

还有一首是写给 K 女士的,写得温情脉脉:

亲爱的,不要伏在白色炎夏的窗下／写那些长长的从不到达我的信／那条弯曲的小路,你不能忘却的／野玫瑰,野玫瑰／燃烧在夜色和汩汩的水中……

我挑了两首寄给阿陀。阿陀是上海一家青年刊物的诗歌编辑,我们挺哥们的,我想帮水泽的忙。

此刻,我见水泽惶惶然,从1958年起,他没挺过腰杆,我哀其不幸,怒其不争,我扑过去,拉出他的抽屉,提将着翻转来,哗啦啦。所有的东西都倾倒了:五光十色的信,诗集,通讯录,各种杂志上撕下来的世界名画,自己题诗自己摄影的风景照、静物照,美轮美奂的时装模特儿画片,一本香港出版的、装帧精美的×××摄影作品集,还有两篇豆腐干的书评文章……我又抖了抖,我怀疑还会不会掉下一张英格丽 褒曼的明星照片,因为我老听水泽说褒曼,说《卡萨布兰卡》,他会唱那歌。我朝着水泽吼:

"你为什么不能写?你能搞这一切!你有才能,你能写!"

凡平也激动地振臂高呼:"这报告文学绝了!大刊物打头条的!水泽,上!"

"谁帮我发呢?"水泽呆了老半天才说了这么句窝囊话,我恨不得扇他耳刮子。

"只要你写出来，我求爷爷拜奶奶，赤膊上阵！我好歹也有个三朋六友的。"我拍着自己历历可数的肋骨。

"好，上！"水泽像玩命一样立正回答。

凡平在一边欢呼，这小子疯了，他把酒朝我和水泽浇过来，小厢房里顿时灌满了郁金香和水仙花一样芬芳的空气，连方格子门上的绿玻璃也醉眼蒙眬地闪着幽幽的光。塔希提妇女从墙上默视着我们，袒着巨乳，她莫不是也提着酒？我拍着手，凡平唱起歌来了，水泽在一旁"嗬哎——嗬哎——"嚎着打培司。男人们在一起真痛快。

3

爬到四楼，不知哪一层哪一家在播放日本电影《狐狸的故事》录音。老橡树的旁白：小狐狸们憎恨炎热夏天的这个日子，今天这个日子。菲力普的声音："再见吧……孩子们，今天你们可以哭个痛快，但明天要坚强，生活从此开始了……"接着便是快乐的悲哀的歌声，我们三个人好容易爬到了七楼。凡平赶在头里，他熟悉水泽的家。水泽的家门大开，那恼人的逗人的音乐正是从这里一个音符一个音符地蹦出来的。我们三人排着队，像操练一样，穿过厨房，到了水泽的卧室门口，眼前真是一番奇情异景：五尺宽的大床上堆满了蓝色的纸盒，还有满桶的糨糊，水泽光着上身，穿着短脚裤，像俘虏兵一样半举着手，一只手拿着只蓝纸盒，一只手擎着把小刷子，人像个钟摆一样快活地晃着，幅度很大,和着录音机里的音乐,半疯半癫,半痴半醉,如梦如幻,似醒非醒,出神入化了。

我听凡平说过,他们一家一年四季糊纸盒子,这是居委会照顾他们生活困难,别人家还轮不到呢!我望着那些漂亮的靛蓝色的纸盒,又看着水泽那骚动的身子,我不知应该欢乐还是应该痛苦。

在离水泽头顶不远的半空中,悬着五六只木雕小人,一个个不是头大就是鼻长,或是耳朵像两把小蒲扇,或是嘴巴像只大飞轮,在激荡的音乐声中,它们微微颤动着,像是有灵性的小精灵。阿丽伸出手轻轻拉了一下悬着的长鼻子匹诺曹,那拴着匹诺曹的原来是根极细的弹簧,于是匹诺曹滑稽地抽搐起来,一上一下。后来我听阿丽说这些玩意儿是她们木雕厂的出口产品,不知道水泽是怎么搞到手的。半裸着身子的水泽闻声回头,见了我们很惊喜很窘迫,他胡乱找了件老头汗衫套上。那件汗衫年头不少了,薄薄的透出稀疏的经纬,他胸脯上的胸毛清晰地显露出来。这是我第一次看见剽悍的水泽,想来多年前他就是这样站在河滩头上唱歌的,也是这样永久地迷住了凡平这些孩子们的。他也不叫我们坐,却拉开通阳台的门,只管叫唤:"美贞美贞……"

没有回音,他索性跑到阳台上去了。一个女人的声音在责备水泽:"吵什么吵!老母鸡下蛋下了一半,又被你吓进去了!"接着是水泽嘀嘀咕咕的声音,隐隐约约的只听见"世文、作家"等几个字。过会儿,一个女人出现在我们面前。一个非凡的女人,一个能够拴住水泽廿七年的女人。她也五十多岁了,可看上去要比实际年龄年轻一点。她躯干挺拔,精神焕发,眉目清秀。她大方地轮流着跟我们握手，像在正式的社交场合一样，寒暄着客套话。她让我想到撒切尔夫人，一个坚强的女人。我们一个个手忙脚乱，点头哈腰，礼仪一番。她随即给我们端来一杯杯金黄色的饮料，是菊花晶加冷开水混合体，我没敢喝。阿丽也不喝。只有凡平仰头就饮，简直像水鸭子，咕咚咕咚。美贞微微笑着，朝着我说：

"作家，喝吧，这是正宗的生字牌菊花晶，上海咖啡厂出品的……"

我看着她那薄薄的瓜壳儿一般的嘴皮子，我不明白她怎么一下子就看透了我？我难为情地端起杯子，我满满地喝了一口，鼓着腮，看着美贞，算是"痛改前非"了。阿丽也喝了。美贞这才美美地走了，进了厨房，不一会儿，端了一个托盘出来，托盘里搁着两碗冒热气的水滚蛋。她先搁了一碗在我面前的方桌上，又搁了一碗在阿丽旁边的茶几上，嘴里亲热地催着我们：

"吃点心，吃点心……"

凡平的眼睛一直追踪着美贞，见盘子里空了，便撒娇说：
"怎么欺侮我？"

美贞咯咯地笑了。她和凡平倒挺随和：
"你又不是头一回来！不过，也少不了你的，你吃两个，意思意思。"

我和阿丽一人四只，这不用数就知道了，法定的，早听凡平介绍过了。这是美贞接待新客人的规矩，你若不吃或少吃，她就要不高兴。这倒颇有村民的遗风。我和阿丽像熟读了那些礼仪小册子的出国留学生一样，是空了肚皮来水泽家的。"那么，你们自己呢?"我看凡平挺心满意足的样子,不免为水泽抱不平。出于礼貌,我用了"你们"这个词。

"水泽嘛,也有一个。"美贞静静地看着我,告诉我。

我又想,水泽廿七年前是否也吃过美贞的四只水滚蛋?我边想边呷了一口汤,是咸的,美贞放的是盐。以前我的老外婆也爱煮水滚蛋,也放盐。我又发觉,汤面上浮着层白花花的荤油。放盐、放油,这是一种很古老的习俗,它意味着尊贵和富裕。城里人早时兴放白糖了。我幸灾乐祸地偷窥阿丽,只见阿丽欢天喜地地把一只水滚蛋囫囵地往嘴里塞。她爱吃甜食。她刚放进嘴里,两道眉毛便一下子竖了起来。她欲吞不能,欲吐不得,只好斜眼看看美贞。美贞正坐在一只高木椅上,绞着双臂,像商店里的反扒队员,居高临下地盯着我们呢。阿丽只好咬咬牙,忍气吞声地咽下了嘴中物,她还得竭尽全力继续战斗呢。我还挺可怜水泽和凡平的,他们碗里清汤寡水的,没甚可数的。水泽低着头慢慢地品着味。凡平却老朝着我看。我知道这小子巴不得我"国际主义"一下,可我不想得罪美贞,我正襟危坐,君主似的尽情享受,边吃边看着热情有礼的美贞,我觉得她身上有一种文化味儿,她读过书,五十年代的老高中生呢,这在五六十岁的老太太中,可算是寥若晨星了。我见惯了那些个臃肿无神的老太太,我喜欢这个精干的老高中生美贞。

音乐悄悄地湮灭了。我说:

"水泽,你喜欢日本音乐?"

水泽得意地晃了晃头颅:"这《狐狸的故事》音乐好,画面美,解说词更是妙语如珠!"说着,水泽便捧出一本装订得很精致的手抄本递给我,只见封面上写着魏体大字:"《狐狸的故事》(电影文学剧本)",四周还用水彩笔画了些很随意很抽象的线条。阿丽一把夺过去。

"哎唷,你老来事,老有心相的嘛!"她翻了一页就朝着水泽赞不绝口。

水泽有点轻飘飘了,他问阿丽:"你看过《狐狸的故事》吗?"不等阿丽回答,他的演讲欲又来了,他滔滔不绝地说着,"……影片以老橡树为叙述人,表现了北方狐狸菲力普一家七口的悲欢离合和生存竞争中的奋斗。影片的高潮是亲子告别仪式,也就是老狐狸把成年子女逐出家门,悲壮,残酷……你看这个解说词:小狐狸憎恨炎热夏天的这个日子,今天这个日子……再也不能待在家里了,你们都应该离开。菲力普发疯一样地赶它们去……这是对我们人类的重大启示!"

水泽以一句概括性很强的话结束了他的演说。我可是不耐烦了,我说:你抄得挺认真嘛!水泽昂着头说:

"我是听了十五遍录音整理出来的!"

阿丽和凡平中魔似的连呼:"伟大!伟大!"

"我还有《流浪者》《卡桑德拉大桥》的录音整理,你们要看吗?"水泽高兴地转着身子,像只炫耀自己的非洲火鸡。

"伟大个屁!他就肯花这个烂功夫!"美贞愤愤不平地指责水泽,她站着,两手相握,挺拔庄严。这有点突然,屋子里顿时哑场了,谁也不说话。水泽悻悻地收起本子,面子上又挂不下来,便轻蔑地哼了一声:

"你懂什么呀!"

"我懂什么？我一日三顿服侍你，让你吃饱了饭听录音机，你才不懂道理呢！你还有良心吗？"美贞手向前点着，冲着水泽嚷。

水泽也相应提高了分贝："你只晓得老母鸡今天要下蛋了，一只蛋三角钱……"

"你百万富翁呀？你一月给我多少钱？哪一次奖金不是我先打听到了，你再交出来的？这一点点钱哪能够开销？"

"啥人叫你抢购了？味精买了十斤，十年也吃不完。自来火、洋籼米、粗盐细盐……你哪一样不抢购？吃东西都是吃发霉的、生虫的！"

"你这只猪猡，你家里百事不管，还要来骂我呵，你不晓得物价飞涨呵？"

屋子里像斗鸡场，水泽和美贞站在屋当中，两只乌眼鸡似的对峙着，恨不得你吃了我，我吃了你，美贞是气壮如牛，一声盖过一声，最后动了真情哭了：

"你这个骗子呀，你骗了我廿七年，你明明是个临时工，你骗我说是正式工，结婚第二天就有女人吵上门来，你，你玩弄女性，你这个流氓！流氓！……'文化大革命'，我伴你吃了多少苦头……人有良心狗不吃屎……"

凡平一会儿拉拉这个，一会儿推推那个，挺热闹地劝着："不要吵了不要吵了。"这家伙嘴上说着，眼睛却朝我挤着，挺乐的模样。大凡有吵架的地方，他总是挤在前面的。

当着客人的面，水泽下不了台。他沉默了一会，突然像头狮子一样吼起来：

"你要我怎样？你毁了我还不够，你还要我死吗？！"

"我要你怎样？我要你吃官司吗？"

"差不多了……'文化大革命'我吃你苦头，你把书上交到居委会，第二天就抄家……上次精神污染，你又神经过敏，把那套西欧美术画册烧了，我这套书东藏西藏，躲过了'文化大革命'，却还是没有躲过你！你这个专制的害人精！害人精！"

"既然是我害你，你就滚吧，你去找不会害你的女人好唻！"

"好，我滚！这日子我早就过腻了，社会上的管制分子都摘帽了，我在你手里，死脱也不会平反了！"

水泽跺跺脚，果然冲了出去，蹬蹬蹬地下楼。美贞奔着追出来。这美贞原来是嘴硬骨头软的焖鸡仔。

出乎意料的，美贞冲着水泽的背影竟接着骂："你滚吧！你有种不要回来！我明天就去告你！你不要进这个家门。你只配进牢门！"

水泽怔了一下，竟返身上楼，打进家门。他追着美贞，满屋子疯跑，抓着了美贞的头发便往墙上按，咚咚咚，像鲁智深一样，擂得山门响。我看情势不妙，便一个鱼跃扑过去，对着水泽的脊梁骨来了个大拥抱，一边喊着：

"水泽你没出息，你打老婆你没出息！"

这家伙失去理智了，连"作家朋友"也不认了，他用屁股撞我，这准是从哪一家法制报上学来的护身术。他依旧抓着美贞的头发不放，美贞哭着喊着："你打死我好啦你打死我！我变了鬼也要来寻你偿命的，我要告你，我要告你……"

阿丽吓得背贴着墙，像个纸人儿，一动不动。凡平张着两手,像老鹰赶小鸡一样,嘴里说的还是那机械的两句话:"别打了别打了",却不上来拉,眼看着美贞吃亏。这小子,少吃了两只水滚蛋便怀恨在心。我朝着凡平骂:"你木瓜啊,你快来拖住他呀!"凡平这才冲上来,死命抱住水泽,水泽小孩子一样手足乱舞,有一下挥在凡平的脸上,凡平恼了,抡起拳头就捅。我也没占什么便宜,腹部让水泽撞了好几下,阿丽见我吃亏,老母鸡护雏一样打水泽,美贞混杂其间,毫无立场地拉着我和凡平,一时间,五个人不知谁在揍谁,谁在护谁,好一场世纪之战……

静下来,一屋子的人全都筋疲力尽,躺着的,坐着的,站着的,一时竟没了话说。阿丽抚着美贞凌乱的头发,梳理着。

"你的两个女儿呢?"阿丽突然问了一句。

美贞哇的一声哭了:"我还有女儿吗?呜呜呜……她们都住在学校里,他不管她们的,他说他要学电影里的老狐狸,把女儿赶出去,一个不留……呜呜呜……"

邻居们没有来劝架的,甚至都没有一个人出来观看。兴许他们都惯了。随你闹得天翻地覆的,他们依旧在他们自己的屋子里玩他们自己的事。

4

老有水泽的电话来:常常的,思绪刚陷入一种迷乱和癫狂,眼看着要创造出一些不朽的文字来,电话铃响了,总是水泽。他问我:阿陀那里有消息了吗?或者是:什么时候去采访王牧师呀?我说,我忘了,我没兴趣,可接着还是忍不住海阔天空地跟他聊起来。他说他连着看了四部意大利电影，从下午一点一直到晚上十点，夜里就宿在汽车站。我说我通宵电影没看过，通宵喝酒倒干过。他嘀嘀嘀地笑了。那次他跑了一趟阿严家，在电话里折腾了我老半天。阿严是上海有名望的老作家，我是在浙江的一次笔会上认识他的，他对我挺厚爱，他先我而归，临动身时提着套竹编工艺品，碍手碍脚的。我为报知遇之恩，答应帮他带回上海，可都几个月过去了，那东西还搁在我的旅行包里。水泽是无意间看到那些竹编的，听说是阿严的，他挺来劲儿的，他问我为什么不送去，若嫌麻烦，他当我听差。我说我实在没时间去。我是个黑吃黑的无赖。水泽叹了口气，看着满地的稿纸，同情地摇摇头，"要不，我为你跑一趟？"是呀是呀是呀，我连连拍着大腿，这主意绝对行！我找出通讯录，让水泽抄下阿严的地址，又在水泽的口述下写了张条子："今有我好友水泽来访，托他带来您的竹编，他是个世界语诗人，也写中文诗，望多多关照。"我又给了他路费，虽说来回六七十公里，五块钱而已，别人可能不在乎，可是水泽不同，他是个"汤司令"。水泽也不推却。他从阿严家一回来，就挂电话给我。

"你知道阿严在干什么吗？下午两点钟，干什么，你知道吗？呵呵，我在他客厅里等了足足一个钟头……"

"我说你兜什么圈子呀，直话直说，别弯弯绕了。"

"你猜猜看……"他还逗我。我咯嗒挂了电话。我坐下来，我拿起笔，可我一个字也写不出。阿严究竟在干什么呢？我困惑不解，我只有重新拿起听筒，按了号码，那边有人"喂"了一声，是水泽。这家伙还在。

"刚才断路了。"我撒了一个谎,又接着问,"阿严他怎么了?"

"他结婚了,嘻嘻嘻,他在困觉……新娘子二十岁,比他小三十岁,很时髦,嘿嘿……阿严说他不喜欢那种博大精深的女性,他说她们不是女性,只是男性世界的补充……他说他喜欢他的菲菲……"这名字有点像狗名,"我跟阿严谈了整整十个钟头,我在他家宿的夜,我们是一见如故。我们都是五十年代开始发表诗作的,都是大学肄业,都有过不幸的婚姻,都是五十岁……"这倒是对离奇的双胞胎,可以上《世界博览》了。我心里想着,竟有点妒忌,好像失去了什么。

渐渐地,水泽不来电话,我便感到寂寞了。为了水泽,我还得罪了阿丽。

那天,阿丽来看我,她给我带来一只小木雕,是只小猫,跟水泽的那只陶瓷小猫有点像,我当时没留意。我他妈的真是个马大哈。我们聊了一会,突然的,都没了话说,四周很静,静得令人发慌,我们怔怔地四目相对,我们想干惊心动魄的大事儿,我们拥在一起,我们年轻得可以打碎一个世界……突然,电话铃响了。阿丽用眼光求我,别去接。可铃声固执而响亮。我去接了。是水泽。

"世文,你一个人吗?"

"唔……是的。"我不好意思说阿丽在,因为此时的阿丽已经不是往日的阿丽了,她不再是那个明朗活泼的阿丽,而是一个神秘诱惑的阿丽。"你在哪儿?"我问水泽。

"在邮局值班室,别处没地方打电话。"

我看表,快十一点了。

"跟美贞吵架了?"

"我要离婚……呜呜呜……"水泽哭了。

我深受感动。"你过来!"我命令他。

搁下电话,我转身望着阿丽,她就站在我肩后。我可爱的阿丽,你回家吧。邮局到我这窝,不过十来分钟的路。阿丽你快走,哎哟,阿丽,我舍不得你。阿丽不说话,静静的,苍白着脸,勾着脖子,像姑娘们喜欢的那种石膏像。她走到门口,捏着我的手,她说:"我恨他!"她甚至还笑了笑,只是很凄惨很滞重。阿丽走了。假如我知道从此以后,她总远着我,我不会放她走的,让水泽见鬼去吧。

水泽来了,秋夜,单衣衫裤,大概是被美贞从被窝里赶出来的。他一进门就疯狂地发作,他说:"我要离婚!我恨死这个女人了!我一生都毁在她手里,她抄了我的工作室,连墙上高更的画都撕了,比'文化大革命'还要'文化大革命',她是疯了!神经病……"

水泽语无伦次地骂着,叙述着,我好容易才听明白,昨天水泽自行车后面坐了一个女的(女同事?女朋友?呜呼!),偏巧让美贞看见了,她当场拦下自行车,揪着他打耳光,这还不算,她还撕拉那个女人的头发,边闹边骂,再难听的话都骂出来了。环城路上围了个人山人海,比正月十五的庙会还要热闹。于是捉奸的神话也出来了,不胫而走。今天美贞又闹到厂里。

"县城就这么大,以后我还有脸面在街上走吗?"水泽哭鼻子抹眼泪的,一副活腻了的模样。

美贞太过分了。我说：

"水泽，你对朋友，七花八花，一个个都被你花得团团转，你对老婆怎么就不肯下功夫了呢？女人嘛，就吃男的花功……"

"没有用的，你待她好，她反说你做贼心虚，另有所图，神经兮兮……"

水泽狠狠地骂着。我无言了。清官难断家务事，谁管得了那么多呢！我替他铺床叠被，我有点沮丧，我想我的阿丽。这一夜，水泽长吁短叹，搅得我也难以入梦。我踢踢他，问："睡不着？"他又没声息了。过了一会，又叹息起来，就这样翻来覆去的，我迷迷糊糊地只打了个盹。天不亮，水泽就要走，说去透透气，待会儿还要上班。我想也好，男人有时候需要孤独。我送走了水泽，看着他孤单单的瘦影消失在雾蒙蒙的暗色中，我不知道他会晃荡到哪儿去。我困极了，我纳头便睡。我看见一个女人悄悄地伸进脑袋，鸡蛋调吗？我挣扎着起床，我眼下正经济危机，没钱买鸡蛋，我招招手让她进来，我翻箱倒柜寻粮票。那女人蜷着身子，眼睛飘忽着四下打量，他妈的别是个贼，我警惕地逼过去，她更慌了，拼命后退，"你……你想干什么？"她的恐惧提醒了我，我蓦然明白她害怕我，她当我是个强奸犯了。这恐惧激怒了我，我打开门要她出去，我说，滚，你这个性病患者！我还使劲蹬了那肥臀一脚，随后"砰"地关了门，我累极了，我还真有点儿想……咚咚咚，敲门声持续不断，一会儿手捶，一会儿脚踹，我爬起来，摇摇晃晃的，好容易摸到锁，开了门，门外站着美贞。我不知道这是怎么一回事，我揉揉眼。美贞惊异地看着我：

"你怎么了?"

"没……没什么,我在做梦。"

"水泽他来过吗?"美贞说着,眼睛直往我身后睃。

"来过的,又走了。"我堵住门,我不想让她进屋。我有点得意,你现在知道找水泽了?

"赤棺材在作死呀!"美贞恨恨地顿了顿脚,眼圈竟红红的。我心一软,便侧过身,让美贞进了屋。我这个早晨算是完了,我索性伸脚把地上那些可恶的稿纸撩开,辟出一条小路,美贞小心翼翼地走在这小路上,她在沙发上坐下来,她只坐了一个边角。她还没说话,便先哭了。

"廿七年了,我受苦廿七年了,我跟他相识三个月就结婚了,他逼着我的,他说我不跟他结婚他就去自杀,他天天上门来,你不睬他,他在外面哇啦哇啦叫,弄得隔壁邻居都知道……我要面子啊我要面子……结婚第三天,我就陪他打官司,人家把他告到法院去了,要不是他告诉办案的那个女人是地主出身,他早进班房了,他还说我害他,亏他说得出口……他一跟外国人通信,公安局都备了案的,1964年公安局就勒令过他,不许跟国外通信,他吓得要命,还不是我安慰他!这两年他又糊涂了,香港、美国、日本……我看他迟早要出事……我也不要他发迹,有了钱,他还会睬我这个老太婆?他连亲生女儿也不会要的。我为了两个女儿受了廿多年苦了,我日子不好过,我也不会让他好过的,我就是要管他,坏他名气……"

我沉默。我从未知道一个妻子竟会如此厌恶其丈夫。她看他是透明的,他什么也瞒不了她。她五十多岁了,不可能再有第二个春天了，然而水泽不同，他骚动着不安的灵魂，渴望生活。他还有活力。多么可悲的现实。

"你不要太过分了，你把他逼急了，万一他……"我只能这样劝她。

"我不怕的。我手里有东西，他敢……我就告他，告他玩弄女性、思想反动……"

美贞腰板一挺回答我。上次在水泽家，就听见她隐隐威胁过水泽，什么家门牢门的，那疑团困惑着我，难道水泽真的干过什么……眼下就我和她两个，我不能错失良机。我故意不屑地问：

"你不要假的当真的，法律能让你胡来？"

"东西在家里，晚上我就拿来给你看。赤棺材的思想下作透了！"

白天我一个字都没写。我等着美贞来。我的好奇心跟女人一样。

美贞来了。她轻轻地敲门，又贼头贼脑地东张西望，问：

"赤棺材来过吗？"

"没有没有。"我急急忙忙回答，心急火燎地请她坐。我把她按在写字台的藤椅上，那里靠窗。我自己情愿站着。

美贞也不多说话，掏出一大叠硬卡片来，卡片跟火柴盒般见方，用橡皮筋扎着。我们像看小人书一样，一张一张地抽着看，她当讲解员。

  W：你那摇曳着火的眼睛，你那牛乳一样苍白的手的温存，还给我年轻时候的勇气……

"W是王敏，脸长得黑黑的，难看透难看透……他跟那女人看过好几场电影，电影院里被捉出来，不要面孔……后来我要他指给我看，我打了那女人两记耳光……"

C：我等待你，小红点我世界里的火，钥匙在老地方。

"C是小陈，一个跟他学过摄影的小姑娘，还叫过他老师呢。我阑尾炎开刀，她天天住在我家。那时候，我女儿还小，说是照顾小孩。他在医院里陪我，回到家里就陪那个小姑娘，哼。"

X：还记得吗，那三十里地，云和月……

"这是一个叫什么星的姑娘。老早年轻时候跟他谈过恋爱，人都死了，他还在写她。神经病！"

给我翅膀，我寻找我的国土
我知道最终我会找到的
自由，我毫无责任和怜悯

"他这是想出国，他连国家也不要了……"美贞说着又抽出一张。我不再看了。我只是感到恶心，我为自己感到恶心。美贞在念：

"梦里醒来，亲爱的，寄一片草叶或是一粒火种吧，不要这样，总是空白的等待……"

我说："你不要念了，美贞。"我无意间看见了一颗赤裸裸的心，就像少年时代，看见一个赤裸裸的异性一样，我惶惑，我畏惧，这是一个陌生的可怕的世界。我想，人们是不是也会这样窥探我？

美贞还在抽着，念着，像放幻灯片一样，只是我走神了，我什么也没听清，我只是茫然注视着她。突然的，她像沾着火一样，慌乱地收起卡片，胡乱塞进内衣口袋。她颤着声朝着窗口努嘴：

"世文，赤棺材来了！"

我抬头望去，只见迷蒙的玻璃窗上映着一个黑影，那刚硬的头发像吃人之前的狼一样耸着，我本能地感到那黑影沉默着的仇恨。我跳起来，我拉开门，水泽站在我面前。他一步一步地踱进来，他什么也没对我说。他和他妻子互相仇视，默默地、残酷地较量着。时间在嚓嚓嚓地逃遁。男人和女人都无法忍受的嚓嚓嚓的寂静。美贞退却了，她假笑着，像是跟我打招呼："你们谈你们谈吧。"说着她便想往外走。

"急什么！"水泽冷冷地掷话了，"再坐一会么，想必你——们也有许多要说。"

"没什么好说的，没什么好说的。"美贞谄笑着，倒退着走。

"世文，这两天美贞对你特别热心么！"水泽咬住不放。他神经搭错了。他妈的，爬到老子头上来玩了。我本来就烦得要命，我心里立刻起火了，我跳起来，我的喉管充气了，它在大声咆哮：

"昨晚上你像个鬼,今天倒像人了!我没有请你们来,我这里不是派出所,不是居民委员会,不是调解小组,你们都给我滚!滚滚滚……"

我拼命地一脚一脚撩着地上的稿纸,那些薄薄的沾满了字和脚印的稿纸蝴蝶一样飘着飘着……那两个狗男女蹦着跳着,渐渐没影了。他们是你争我夺还是狼狈为奸?我不知道。怎么剩下我一个人了?我也不知道。我只是躺着,头枕着纷乱的稿纸,望着窗外的星星,望着,望着……

5

有一个星期了,水泽没有来,也没有他的电话。凡平来过。他见过水泽,他说章婉教授已经答应让水泽写她的报告文学了。这是好事。凡平的情绪很低落,他说几年来他老吃退稿,他不想搞小说了,他想去做生意。他本来就不是写小说的料。他的丈母娘挺疼他,他应该待在家里做个好乖乖,写小说是坏种们的事,我小时候就差点进感化院,现在说不定还有人想把我送进疯人院。天才和疯子,据说只是一纸之隔。我家里人从来不来看我,他们瞧不起我,三十来岁了,光棍一条,无业游民,写什么狗屁文章,欺骗政府欺骗人民,骗了稿费胡吃乱喝,富翁是我,瘪三也是我。其实两袖清风有什么不好,况且我也不至于真的穷困潦倒,我眼下有一篇好小说,只等构思成熟,起草成篇,寄到《人民文学》或是《收获》《当代》《十月》什么的一炮打响,得个头奖二奖三奖的,他妈的,我就不会在这狗窝里干这冥想苦索的勾当了，我也不会被人列入什么三流、四流的小说家行列了，那时候约稿信、请柬会像雪片一样飞来，那些给我铅印退稿信的编辑们会来舔我的屁眼，国内国外，我要好好风光风光，叫你们气不死也得胀死。

阿丽也不知去哪里了。我打电话找过她，她不在。

那电话哑了似的。我拼命地写。我写的是水泽、阿丽、美贞、凡平。我想念他们。

我特想水泽。我的直觉告诉我：水泽会来的。

电话铃响了。我抓起听筒，我听见我心跳的声音，我轻轻地期待地问：

"谁？"

"我，水泽。"那边的声音好轻松好快活，莫不是他拾到个金娃娃？"世文，今天我请你吃饭。"

这可是西边出日头，破天荒。我又问了声：

"什么？"

"请你吃饭。在秋园迎宾楼，下午五点，一定要来。"

"还有谁？"我当时不至于那么蠢，以为他会单独请我。

"还有章婉教授。她今天到的，现在在我家里。她给我带来十件她的作品，举世少有的艺术品。我成了最富有的人了，哈哈哈……"真是春风得意呀。看来，他和夫人近来相处得不错。

"恭敬不如从命，我一定来。"我搁了电话，兴奋了好一阵子，为了那即将降临的一顿美餐，还有章婉教授，真是久仰其名啊。今晚水泽要破费了，想到这，又不免暗暗高兴，早就想着要喝他的酒，可他滑得很，老叫我破费。我说比例失调，他却说生态平衡。没法!

晚宴挺丰盛。凡平在。还有一个是秋园的负责人,叫阿杉,我们在一块聊过,他对古建筑、园林艺术颇有研究,还写得一手好书法。我见水泽也对那类玩意挺痴迷的,便把他介绍给了阿杉,他们果然一见如故。后来我才知道这顿晚宴的开支全由秋园包了,因为秋园要通过章教授搞些仿古瓷雕摆设厅堂。阿丽也来了,偎依在章教授的身旁,真不知水泽是怎样找到她的。阿丽对我很冷淡,不过我也顾不上领略她的这份冷意了,因为章婉女士非凡的风度吸引了我。她也有五十来岁了,她的手粗壮有力,这是一双雕塑家的手。她看着我,一双眼睛带着女性的温存,她拉拉我的手,我涌起一阵淡淡的冲动,我忽然感到自己还很小,我多么渴望着撒撒娇,或是大声地哭喊,宣泄积郁着的闷愁。我挨着章教授落座,我细细地打量她,我觉得她对我怀着亲切,我觉得她高贵而迷人。她说她跟工人农民一样,是重体力劳动者,工人还有自动化仪器,她的工作室里可全部是手工操作哪!她的诙谐一下子使我们熟悉起来,我觉得我真喜欢她。可她老一个劲儿地谈水泽,她说水泽的艺术修养很高。这倒是事实。她还说水泽理解她的艺术,水泽是个人才,音乐、美学、文学,他无一不通,他那些富有文采和哲理的书信装订成册就是一本精彩的散文集,出版了一定会畅销,她一个人就要买五百本……我惊诧地听着,这样一个伟大的人物近在眼前,我竟没有发觉,我自惭形秽。

"我拒绝过好多人,我不想匆匆忙忙地作传……但是水泽说服了我。我没有办法,他是一团火呵,一团热情的火!"

章教授提了几个人的名字，我说我知道，都是写报告文学的老手，出了名的。水泽，真该妒忌你！水泽"嘀嘀"笑着：

"世文早就动员过我了，我考虑了很久，才跟你提的，我想我掌握的资料……国内没第二个了！"

章教授亲切地笑着，朝着我："原来你这个小说家还是个伯乐哪！谢谢，谢谢！"章教授高兴地举杯，满座皆欢。

水泽拿出了游戏卡片，这是他的老节目了，颇添雅兴。我联想到美贞手里的那套卡片。真是集欢乐、痛苦于一身。他请章教授先抽了一张，上面写着："在座的诸位你最喜爱谁？"章教授不假思索地回答：

"我自己！"

历来人们都教导我们爱祖国爱人民爱集体爱家乡爱父母爱他人，从未有人教过我们爱自己，我们都快忘了"自己"算什么玩意了，就为了这，章教授，我向你三鞠躬！你不仅是个杰出的艺术家，你更是一个伟大的教育家。

"下面一个……"水泽环顾着，他在犹豫。凡平、阿丽、我，三个都怕轮到自己，我们知道后面没好货了，我们约好了似的喊："水泽！水泽！"

水泽挺高兴，认定我们都在捧他场似的，他随意地抽了一张，上面写着："跳迪斯科。任选一位伴唱。"大家一边欢呼，一边心里明白这是个出洋相的节目。水泽选了阿丽伴唱。阿丽偎依在章婉教授的肩旁，像个娇女儿。她唱得很轻，但很有乐感。那天她很美。水泽这迪斯科蹦得跟蛤蟆跳一样好看。接下来，还有一些挺有趣的把戏，像凡平的"女声独唱"，阿杉的"芭蕾舞"，都乱套了。

从秋园出来,照例往水泽家里去,今晚他是主人。夜风水浪一样,阵阵袭来,真叫人舒服。小城早就睡了,深黛色的夜气浓浓的,缠着我们,我们走着,游鱼似的,在空寂的小路上搅出一圈圈无形的涟漪,又渐渐消失……

站在水泽的卧室门口,眼前像开博览会一样,光彩夺目,众人无不惊叹。正面墙上挂着章婉女士的大幅工作照,章婉女士身穿工作衣头戴工作帽,像个手工作坊的老女工,她的手下是座未完成的雕像。水泽说雕像是章教授自己。小书橱里闪着节日彩灯,十座瓷雕错落有致地摆放其中,老水牛、小狐狸、波斯猫、叭儿狗、顽皮猴、花田猪、雪豹、笑面虎、哭泣骆驼、贪得无厌的大黑熊……一个个都似像非像,神似而形不似,在节日彩灯的照耀下,闪烁着美丽的光彩,真是非凡的、无可比拟的神话境界啊!那只卧在红木小几上的波斯猫特别可爱,绿莹莹的身子,绿莹莹的眼睛……写字台上摊放着各种画报,甚至还有《小朋友》《儿童时代》,都刊登着介绍章教授作品的文章和照片,还有几本是艺术学院的学报,刊登着有关章教授作品的评论,其中有两篇是国内享有盛名的美学评论家写的。此刻,我才真正了解了章教授本人的成就。我看着眼前的一切,我觉得我这是步入了章教授的天地,我为她高兴,她的确找到了一个知音,一个最理想的撰稿人,我真想拍拍水泽的肩,叫他一声:老兄,你真行!我正这么想着,肩膀被人重重地击了两下,原来是凡平,他朝我眨眨眼,模样挺神秘,他把我引到一边,指着喇叭箱上搁着的一只瓷碗说:

"你看这东西怎么样？"

那碗灰不溜秋的，要不是它搁在一只精致的小木架上，我会以为是美贞喂鸡用的呢！我说：

"不怎么的。"

凡平又附着我耳朵说："这可是文物呀，这盆子是我家祖传的，小时候我过十岁生日，我妈用它盛了生日面送到水泽家去的，等到他回给我妈时，碗盆却换了个新的。当时没留意，事后也不好意思再去讨了……"

怎么还有这等下流事？我不由把碗拿过来细看，说不准，它真是个宝货呢。正琢磨着，水泽过来了，美贞也在一旁。水泽满嘴喷着酒气，他晃着脑袋，高兴得忘形了。

"怎么样，看不懂吧？"

"是呀，是看不懂，啥玩意？"我装傻。

"说出来叫你吓一跳，这是一千年前的玩意儿了，价值连城哪！'九秋风露越窑开，夺得千峰翠色来'，这瓷碗就是唐代名窑——越窑的产品！"

我说："我家有个祖传的，跟这倒是一个模样，明天我过生日，你要不要凑对儿？"

水泽悟出了话里的味儿，他忙着把瓷碗收起来，想搁到什么暗处去。这家伙，刚才准是乐昏了头，把赃物也拿出来亮相了。我说：水泽你急什么，我花钱买它怎么样？水泽说：你拿出五位数来我也不给。他看出我是胡搅蛮缠，脸上有点沉不住气。我说：你别是想用它换港币吧？他说：再怎么着也轮不着你的份。我说：你别欺人太甚，你这玩意本来就没花一个钱，你是贼骨头。水泽说：不花一个钱的东西多了，眼前就有十种，还是人家自己送上门的呢！他说着就转过身去。我们酒喝多了。我冲着他骂：你装什么蒜？他撅了下臀。他妈的，这个下流坯！我怒起一脚，踹在他那挺温情的屁股上。他站不稳，打醉拳似的一晃一晃地朝小书橱撞去。美贞叫起来，章教授和阿丽在水泽女儿的房里不知絮语什么，此刻也闻声出来，不由也惊呆了。小书橱里满是章婉的艺术品哪！没有人能拉住他，没有人能来得及拉住他，他撞上去了……我真想闭起眼睛，我等着那哗啦啦毁灭艺术的巨响，章教授，我对不起你了！

什么也没有发生，四周静悄悄的，水泽他不知用了什么定身术，竟然刹住了，只是两手伸展得大大的，连同身子贴在书橱上，像是拥抱什么，两条腿抖索着，像抽了筋去了骨似的，他大汗淋漓……我终于明白，艺术需要水泽。水泽需要艺术。

"喝醉了，都喝醉了，水泽他呀，沾滴酒就要醉……"美贞过去扶着他，毕竟是多年的夫妻，关键时刻见衷情。章教授见水泽醉后还如此深情，不由眼眶湿润，她掏出丝质手绢，轻轻地抹着眼角。看着那只古瓷碗，我忽然也伤感起来，凡平，物有其主，这是命定的！

两天后，水泽来看我，他像忘了那回事，依旧谈笑风生。相比之下，我便显得小家子气了。好在他年岁大，若要太平老让小嘛！他带来了几幅画，说是上海一个美术界的朋友画的，托他推销的，推销掉十幅就免费赠送他一幅。

"我这也是好玩，也算是帮帮朋友的忙……"他笑呵呵地说。他指着一幅《钟馗》，说这幅画在香港要卖一万港币哪，我说那干吗不卖到香港去，他说哪有这么容易，海关不让好东西大量外流。他说：你出个二十块钱吧，半价，我到朋友面前讲讲好话，他不会在乎的，你这房里该挂幅画了，没有一点文艺气息，我帮你做镜框……

我贪便宜，我爱虚荣，我糊里糊涂地让水泽骗去了二十元，事后我才知道那《钟馗》是他自个儿的，我懊丧不已。

水泽又给我一篇稿子，是介绍台湾旅美诗人琴心的。我告诉他《读书通讯》明年图书馆不准备办了，没有经费，今年还有一期，稿已满了。他听了，神色黯淡，说：这篇稿子你无论如何排上去，帮帮忙了。我说：那当然。我又问他章教授的报告文学开始动笔了吗？他支吾着，说还缺材料，就是关于章教授考进中央美术学院的确切年份，还有她完成第一件作品的年份……我说你这是在搞文学还是在搞编年史，我都有点火了，我预感到某种不妙的结局，我要他最晚两个星期内给我拿出初稿。他说他近来很忙，《乡土报》约他写写上海郊区的民俗风情，章教授的文章准备安排在明年开春动笔，现在尽量积累些素材。我气得要命，我说，你就这么东抄西摘的做一辈子二道贩子？你就不想有自己的东西？你有时间写什么狗屁文章去舔报屁眼，你还有时间给 X、Y、Z 写莫名其妙的信（我看你二十六个英文字母不够用）……你要不把章教授的报告文学搞出来，你就不要来见我了……

水泽蔫蔫的，垂着头，一副挺好说话的老实相，许久，他叹了口气，说：

"不是我不写，我是担心，这报告文学能自己投稿吗？没有刊物约过我写，到时候我去找谁？从来只有名家写名人，或是名家写无名人，然后无名人再出名，哪里有无名人写名人的呀……到头来，劳而无功，跟你这满地的稿纸一个样……"

他的话触痛了我，我自己碌碌无为，我有什么能耐责怪水泽呢？他已经五十岁了，他不愿意像我这样浪费生命。这样没完没了的，他浪费不起。

我把阿陀的地址给了水泽。阿陀是刊物编辑。他或许能帮帮水泽的忙。

6

我匆匆地走着，一路上怒气冲天。水泽这家伙做事太不漂亮，太损了！傍晚时分，我接到阿陀的电话，他说他马上要到我们县来，我问他来干吗，要不要我来车站接。他说来讲课，不麻烦我了，叫我待会有空到县师范学校去一趟，见个面。我问谁请你的呀，你认识我们县的什么学校的什么人呵？他说是水泽兄呵，他的那个诗歌沙龙，你不知道？我们编辑部都知道了，还不是你把他介绍给我的，他没跟你说？我支支吾吾的，我不愿让阿陀以为我老遭人冷落。阿陀说水泽兄此刻就在他楼下等，还有小车，马上出发。我搁下电话，我想了老半天，我这脑子不行了，我闹不清阿陀和水泽怎么称兄道弟起来了，还有那个诗歌沙龙，是什么玩意？两个月不见水泽，他又闹什么名堂出来了？再有他不够朋友，他请阿陀，怎么事先不透个信息？他这明摆着是甩我了。我成了服装店里被挤在一边的过时货，车间里被丢弃的烂手套，小孩子都讨厌的破玩具……他妈的，今天我非找水泽算账不可,把他揍变形了,让他去艺术吧!

初冬的夜风吹着我,扇着我心头的火,我越走越快,不时的,有大卡车强盗一样风驰电掣般地驶来又远去,忽明忽暗的,还夹杂凄厉的鸣声。我讨厌它们的打扰,每过一辆车,我便朝着它怒骂:混蛋!轧死人你去坐牢!我朝它们扔石块,我真想横在路中,让车从我身上碾过,用我冷却的血在这儿凝筑起一道鬼门关,让夜行货车不再来扰乱我们城市的宁静。不会有人来哭我的,不会,阿丽她大概不在这个城市了。我到木雕厂去找过她,他们说她辞职了。谁也不知道她去了哪里。我不知道还能在什么地方找到她,我不知道她父母的地址,我不知道她的兄妹、她的朋友,我只知道她这个人。可是她走了。也许我总叫她失望,也许她另有所爱,可是她为什么要不告而别呢?

七里路,我步行了近一小时。我总算摸黑找到了那校门,我从角门里摸进去,门房的老头儿睡得在流口水,此刻掐他脖子他也不会醒的。我在校园里东撞西闯的,只要有灯光漏出的窗,我都要去敲敲。

"喂,知道诗歌沙龙在哪活动吗?"

"什么丝瓜冬瓜的,这里不是自由市场!"窗"砰"地关上了。

"同志,知道阿陀吗?"我小点了声,我尽量讨好别人。

"阿大?哈哈哈,是不是刚才盯女同学梢的流氓?正要找你算账呢!"

话未落音,便有空罐头、烂橘子、牙刷柄,还有一些不知什么的东西胡乱扔过来,好一次密集型的空袭,我吓得抱头鼠窜,跑了好一阵，渐渐的听不见骂声了，才停下来。我喘着气，惊魂未定，斜刺里又有一扇门洞开，刺眼的灯光泻出来，我眯起眼，赶紧往暗里躲，心却别别跳，别又是那帮小娘们，惹不起也躲不了！我看见一大群披光溢彩的男男女女，一个个气宇轩昂，像刚从国际航班上下来，有一个男中音大声说了句什么众人便笑起来，从那团嘈杂的欢笑中，我辨出了水泽那"嗬嗬"的笑声，像培司一样，于是我认定阿陀也在其中。可我没戴眼镜，我只能茫然地朝着那堆人大喊：

"阿陀！阿陀！"

人群立时静了。"噢——"一个洪亮的声音在夜气中起来，带着亲切，带着惊喜，这正是刚才那个男中音，我早该辨出他的声音了。我走上去，人群散开来，阿陀迎头就捶了我一拳："你这小子架子好大！编辑部也不来走走，甘心当隐士了？"

我也捅了他一拳，骂了一声"他妈的"，便什么也说不出了。我这人还挺脆弱的。幸好是晚上，灯影斑驳的，阿陀没看清我脸上的丑样。他握着我的手，聊了三两句，便有人来喊：上车吧上车吧，司机等着呢！他松了手，我又握着他，真是聚散两依依呵！人们簇拥着他上了小车，小车冒着烟滑走了，阿陀从车窗里伸出头来，不知喊着什么，大概是水泽兄水泽兄世文兄世文兄吧。他够朋友。

人们散尽了。我怅然步出校园，月亮像片菊花瓣，绿莹莹地闪着微波，它安慰不了这广袤的黑暗的世界。我走着，我听见后面沉重的脚步声，我知道那是水泽。他老穿一双大头工作皮鞋，老发出那种脚步声。我依旧走着，既不回头也没加快步子。我知道他在追我。我依旧走着。终于，他和我并行了，他不吭声，我也不看他，两个人埋着头咔嚓咔嚓地赶路。路边水渠里在放水，水声亮亮的，激荡着夜。已经很晚了，不再有车飞过了。世界又柔美又安静又凄凉。水泽轻轻咳了一声，他唤我："世文！"

我没理他。

"世文，你讨厌我了？"他颤着声又问。

"讨厌什么？"我收住脚步，停下来凝视着他。我原来既不洒脱也不豁达。我动了真情，我真想哭。

我依旧走。水泽又追上来：

"世文，别误会，别误会……阿陀来，我不是存心的、存心不告诉你的，不是的……我是疏忽了……我来不及通知你了，我没想到……"他忽然说不下去了。

"是没想到阿陀会打电话通知我吧？"我冷笑着，我一泄积郁心中的怨恨，"你是怎么认识阿陀的？你这是娶了媳妇忘了媒人。疏忽？谁信你那一套，你这是故意的，你怕我跟阿陀说话，碍你事了，你那些崇拜者也会看低你了……你知道我跟阿陀什么关系吗？哼，随你怎么称兄道弟的，你这辈子甭想挤到我前面去……"

我越说越离谱了，像个吃醋的女人，差劲透了。水泽只管点着头：我不好，我不好，恕罪，恕罪。这时候，我骂他祸国殃民，他也不会还价的。看着他那副诚恳改错的模样，我觉得又好气又好笑。我骂过了，气也渐渐消了。两个人走着聊着，不知怎的又说到了章婉教授。是水泽先提起的，他说章教授的一个最得意的学生来看过他了，是章教授委托学生来看他的，那学生看到水泽家十件熠熠闪光的章教授的作品,惊讶得说不出话来,他好一阵沉默,似有不快,搞得水泽摸不着边际,以为什么地方怠慢了他,临分手时,一再打招呼,那学生才告诉水泽:"我是在妒忌你!我跟了老师十八年了,只得到过她的一件作品,而且是件残缺的报废的作品……你真幸运呵!"

"你想想看,一个最得意的学生仔,只得到她一件作品,而且是残的……"水泽感叹着,言下之意是章教授如何看重他,章教授的作品又是如何珍贵,他有着一笔多么惊人的收藏!该拔刀子给他放放血了!我说:你知道吗,你的报告文学一天不写出来,你就是一天的无赖,骗子!水泽跳起来,他说:世文你别血口喷人,我跟章教授已经成了知交,朋友之间是不在乎一篇什么文章的,你不要皇帝不急急太监,多管闲事多吃屁!这家伙触到他要害了,他便疯了。我哈哈哈笑起来,笑出了眼泪笑断了肠,我说:我才不会狗捉耗子多管闲事呢,只是那晚在秋园跟章教授见过面,想必章教授当我们是一窝的呢,明天我就发函给章教授,声明我跟你非亲非友毫无关系,顺便奉劝她几句……怎么样,老兄?水泽傻眼了,他双手抱拳朝我作揖,他说:"世文,你就高抬贵手,放我一条生路吧!"两个人都笑了。就这样笑闹着,走着,时间过得倒也快,不知不觉到了我那窝门口。我开了门,水泽依旧跳脚尖舞一样一跳一跳地进来,他怕弄脏了我的稿纸。我那么多朋友,只有他这么珍爱它们。

我看着他坐下来,他扬起头,给我一个微笑。哦,水泽,我们毕竟是朋友。

俗话说:言多必失。那晚水泽兴奋得很,想必阿陀此行为他增色不少,他从阿陀谈到当今诗坛,又生发到海外,不知不觉地谈到了台湾诗人琴心,他说他跟琴心已经是朋友了。这着实吓了我一大跳。琴心现在旅居美国纽约,跟他能有什么牵连?我摸摸他的额头,怀疑他别是发高烧说胡话了。水泽他讳疾忌医,推开我,继续说胡话。

"上次你不是发了我一篇稿子吗?介绍琴心的。我把它从《读书通讯》上剪下来,寄到了纽约,地址我是通过阿陀打听到的。半个月以后,琴心就给了我回信,我也没想到这么快。上次我给顾城写过信,他睬也不睬我,架子大哩。琴心对我的文章表示感谢,他说我是第一个把他介绍给大陆广大读者的……"天晓得,一个县图书馆的铅印小报,免费赠送本县读者,印数充其量是五百份。"我收到琴心的信后,我写信给友谊出版公司,我建议他们出琴心的诗集,本人是琴心的好友,愿意提供资料,协助联络。友谊出版公司很快回信,他们是踏破铁鞋无觅处,原来他们无法得到琴心的原版书,求我助一臂之力,于是我又火速给琴心去信……现在,琴心的诗集即将由友谊出版公司出版,到时候,世文,我送你一本……我还要送你一本我的诗集……我那81首诗寄给了琴心,他们那里也出版大陆作家的书,一旦海外出书成功,我就反攻大陆,风靡全国诗坛……"

这梦我也做过,原来我们还是一路货。我想着,便歪着脖子迷糊了,水泽显然还在说着,我耳边嗡嗡嗡地响着他的声音,只是我听不清了,我仿佛步入了一个幻境,我觉得自己的头发每分每秒都在茁壮生长,我头上有无数把长剪刀在挥舞,咔嚓咔嚓,头发长了又剪了,剪了又长了,没完没了。我对那些穿白大褂的先生们说：我要走了，这功课怎么老做不完？他说：没关系，今天是免费服务，晚报都排头版头条了，就等着你的传真照片了。我说你这玩意不行，嗡嗡嗡的分贝挺高，震得我头皮发麻。他说这刈草机是美国进口的。我问他什么牌，他玩了一句洋文：MADE IN CHINA。怪不得效果挺佳，原来是名牌，我朝他跷大拇指直夸，夸他真是好学问，博大精深。他哈哈哈仰天大笑，声震五岳，那嗓门真是特大，跟"一百响"爆竹一样，连续不断：砰，嘣！啪啦！我赶紧双手掩耳，赶明儿《世界纪录大全》中又该添上一笔了。怪事儿，怎么是水泽在笑，他笑得像只出了故障的电玩具，颤抖不已，他的一只手抖罢，另一只手又在抽搐了，他衣服上的扣子也乐得脱了线，晃荡着要蹦下来，他的两只脚像踏水车一样玩个不停……他笑呵，笑得像片风吹散了的云，他全身的骨架都脱了臼了，他笑呵，他忍住开心的眼泪，他一个字一个字地使劲儿说：真——是——谢——谢——了，谢——谢——我不明白他这是在谢幕还是在致开场白，我只是觉得他疯了。他确确实实地疯了。

7

水泽再也不来了。他远远地见了我就逃，我老追他，问他反攻大陆的事儿合计得怎么样了？他吓得见了我就像见了便衣警察。渐渐地，他在我的生活里销声匿迹了。可我忘不了他。我挺想他。

新年前的一天深夜，美贞来找过水泽。她说水泽一夜未归。

她说，白天他还好好的，在家糊纸盒子，晚上不知什么时候便开小差了，她说他穿一件藏青哔叽夹克衫，脚上穿双小方头皮鞋，刚擦过，挺亮的。我说你这些特征可以写一则寻人广告了，明天去贴在电线杆上。她匆匆来了又走了，又不知去敲哪一家的门了，反正是过年，大家都等着好运气。

这次美贞有点鬼，她轻轻地推开门，伸长脖子东闻西嗅的，悄无声息。她问我琴心是男还是女，我说你干吗你，你吃饱了饭没事干，又搞黑材料整人了？她在沙发椅上坐下，只坐了一个边角。她很安详很平静，像在说一个不相干的人。

"水泽和琴心的关系不正常，他们写信称呼对方只用一个字。泽，琴；落款又总是：你忠实的水泽，永远爱你的琴……这些信我都收起来了……"美贞说着，模样很阴险，我不由又想到了她手中的那些卡片，那些录下了心的轨迹的独语，我想到它们对于美贞的价值，总有一天，它们会坦陈在阳光下被许许多多目光浏览，那些目光亵渎它们就像亵渎女人的生殖器一样。我想地震、车祸、火灾、饥荒，怎么就死不了她？我搜肠刮肚寻着刺她的话，我恨她。我说：

"你怎么不吃章教授的醋？章教授不就是女人吗？不过章教授不同，她给了你们价值万元的礼物。别忘了，那玩意儿只能去卖给香港人、美国人，中国没人肯花这个冤枉钱！"

美贞神色黯淡，凄然一笑：

"我不吃章教授的醋，她是个没有子宫的女人，她开过大刀，她没有子女，没有丈夫，她不幸……"

我跳起来，什么什么，我大叫。章婉教授，艺术真有那么沉重？

美贞困惑了："阿丽没有告诉你？"

"阿丽？阿丽在哪？"我冲过去，我捉住她的头发提将起来，"快说，阿丽在哪？"

"阿丽在章婉那儿，她跟她学瓷雕去了……阿丽走的一天，水泽去送了，他说你也去车站的……"

又是水泽！这个撒旦！我疯了，我冲着美贞嚷嚷，我说：你滚吧，你这个巫婆、丧门星、妖妇、吊死鬼，你怎么老说败兴的事！你让我一个人待会，一个人一个人……

第二天我给水泽去电话，我跟他说了一句话：今后不要在任何朋友面前提我的名字，我不认识你。水泽那边什么也没说。

这以后我在阿严的家里看见过水泽的名片，名片上印着："县诗社社长、县师范学校文学社顾问——水泽"。我都快恶心了。阿严见我迷迷茫茫的模样，提醒我说：水泽是你介绍来的朋友，这人很有才华，又热情，常来信。我说我不记得了，我好像没有什么叫水泽的朋友。我也想去印张名片，上面要有："中国作家协会会员……"算了，别卖丑了，这套头儿跟水泽的也差不了多少，况且这头衔还不知在哪一年的天空上飘呢！我不如水泽。

那天春夜，我受不了孤寂，我从我那"古堡"里溜出来，我到处游荡，漫无边际。"古堡"是美贞说的。她后来又来过几次，都被我撵跑了。我告诉她，我要出远门了，我还拿出澡盆、浴罩，她吓得掉头就逃。她说，你这狗窝你这发霉发臭的古堡，你是古堡幽灵……其实她很疼我，我知道她疼我。她而且寂寞，她的世界里需要男人,由她打、骂、疼、爱……这只有水泽行。

我在街上无端地跟人打了一架,无端的。我精疲力竭。

我走着,拖着我倦怠的影子,走在这倦怠的春夜里,这倦怠的小城里,倦怠的残月,倦怠的夜风,倦怠的世界。我不知道这夜还有没有头,我多么想走出这世界。我看见一扇小门,这是我那小窝的门,我没用钥匙,我轻轻踢了一脚,门就开了,它真乖。我的脚踢着了什么,我拧亮灯,我看见一本薄薄的小书,一本《水泽抒情诗选》!我默默地拾起它,装帧精巧别致,小32开本,是美洲华人文化中心出版的,封面上,一轮浅浅的圆月,真大,像太阳一样。一个浓浓的剪影,清逸秀雅,我无言地看着,我觉得世界突然离我很遥远很陌生很古老……我弯下腰,轻轻地把书放在老地方,它应该待在这里,我这小窝的门口。我望着我的窝,它只有稿纸,漫山遍野的雪也似的稿纸,我慢慢地走进去,我忽然有了一个好主意,我把稿纸一张一张全捡起来,这次我没有选择,我给它们随意编了页码,从第一页到第一百页,然后装订成册。我看了第一页第二页,我就笑起来,牛头不对马嘴,下文不接上文,他妈的,实在好玩,这真是最荒诞最合理的小说了。这样的小说我一共订了十二本,我干了五六个小时,神速极了。接着我又把抽屉翻转来,搜罗那些名片,我记得其中有一个是什么中国对外友协上海分会的副秘书长,我想他准能帮我的,那次乘轮船,他网兜里的苹果散了一头,我见了,我一个一个拾起来的,那会我以为这东西没人要了。他朝我千恩万谢,连我的布兜也一并儿夺走了,只留下这张不能吃不能喝的名片。后来他找过我,我懒得理他。没想这次被我想起来了。老先生来头不小，找一个海外华人的什么出版公司在他还不是举手之劳！他妈的走向辉煌原来是这么便宜这么省力，到明天我就能叫全国的同行们刮目相看，可我终究没能找到那张名片，我搜遍小窝，我连我自己也搜遍了。我想放一把火，烧了它们，让它们也痛快痛快，可我找不到火柴。我无所事事，我盘腿而坐，也许该像佛门子弟一样圆寂了⋯⋯

我听见敲门的声音，我坐着不动，我等着它自己打开，门一寸一寸地后移，像漏光的岩隙，太阳出来了，万尘纷飞，旋转，我似乎又落入了昔日的梦境，我看见没有尽头的旋梯，我不知道这次我又将坠向何处。门开了，是凡平。

"世文，我带来一个新朋友——石地！"他把一个大个子介绍给我，他说石地也写小说，近来在写一个能震动文坛的好小说。我看石地很粗壮很挺拔，像个种田郎、同志哥、倒爷。我说：你为什么写小说，你去摆水果摊都比这强多了。他说：我这是要出名，我一辈子让人瞧不起，我一辈子想出人头地。我说：你看过小说吗？他说他看哲学、美学、心理学、伦理学、犯罪学，他不看小说，他有他自己的谱。我说：你写什么？他说他写准小说，写他感觉到的世界，神秘的简单的荒诞的世界，他的世界。"不是你的，也不是他的，而是我的！"他指着我和凡平，轻轻一挥手。

我拿出电咖啡壶。我想留客的时候，我便请客人喝咖啡。

我希望这一天漫长得没完没了。

1986 年 12 月

四季风景

她在潭边的竹林里寻了很久,她没找到。她不明白她为什么要找,她对他的记忆早已平静,甚至淡漠,可她还是想看到那行他亲手镌刻的字,他用钥匙的牙齿刻画的、那行歪歪斜斜的字:运霖和吉美。不知道为什么,她去寻找。

所有的竹子都呈现出一种苍黄,一种成熟的悲哀和美丽。竹影斑驳陆离,和记忆一样迷蒙。她坐在长椅上,坐了很久。

吉美,他一边念一边用钥匙的牙齿在新竹上刻画,然后是他自己的名字。她先是不在意,她不觉着这样的留名有什么好,她甚至觉着有点矫情。但当她看见竹林里无数陌生情侣留下的"篆刻"时,她感动了。她说每一对都有一个故事,一定的。

你又写小说了,他说。

她其实不写小说,她在单位管档案。她弟弟吉强写小说,他写小说,确切地说是学着写。她仅仅是喜欢,可他和吉强都认为她行,比他们行。她替吉强改写的一篇小说得过"萌芽奖",还拍了电影,这足以让吉强和他佩服得五体投地。

他刻完了,握一握她的手,给她一个温柔的笑。这名字会跟着竹子一起长大的,他说。让熟人看见会怎么样?她说。他们会大吃一惊,他说。没那么巧,他又说。

那时候他妻子去西藏办学了。跑那么远干什么,他说。好玩,他妻子说。他妻子活泼、美丽贪玩。县教育局正儿八经一个援藏名额,让这个孩子气的女教师当作旅行支票了。

她也有家。丈夫、女儿都在浙江富阳,一个美丽的小城。她三十岁才成家,千寻百觅,结果嫁了一个外省人,人们觉着不可理喻。我也不知道为什么,那时就是不想在本地找男人。她和他在城郊散步时,她说。

黄昏的城郊寂静而美丽,她和他最初是无意的邂逅。她嫌城里空气太陈旧,他是小说吃退稿赌气闷头乱走,两人不期而遇。
明天还来吗?相伴着说了很多的话,分手时,他问。
她一怔。
他们本来就是一个生活圈子里的人,常见面。他年轻活泼,还有点馋,假如你饭桌上有酒,让他撞见就完了。他对酒似乎有一种特殊的喜好。明天还来吗?她默默地走回家,心里竟总是这句问话。她想起早两天,他们在乡下划船的事。她和吉强,和运霖,和菁菁。

划船是漂亮而能干的菁菁一手策划操办的。菁菁是她最亲密的女友,三十三岁了,独身。两年前,听了她外嫁富阳的打算,菁菁开心得直蹦。最好嫁个天上的牛郎,一年一夕,菁菁说。菁菁是个好走极端的女孩。

那天春意料峭,还有淅沥的时断时续的雨,菁菁强令他们全都换上了春装,四个人抖抖索索地划开了深黛色的村河。一开始没抓住要领,船老在河湾里绕,老不往前,两岸的农人看他们受罪的模样,开怀大笑。

小船漂出村庄,来到广袤的田野,因为下过雨,田野升腾起一片迷蒙的地气。水雾中,远处的桃林一片绯红,浓得化不开似的,而金黄色的油菜花如火如荼地燃烧在田头地边。菁菁一会指点着左岸,一会指点着右岸,嚷嚷着喊,美,美。她却低着头,手里捻着朵顺水漂来的野花,想心事。

县政府里的朋友透露说,县里有一批人才引进的名额,她要不要替丈夫争取一下呢?婚前想着的分居的种种好处,现在看来也未必,逢年过节来来回回地跑,她已经腻烦了,可是天天聚在一起,又令人望而生畏。她原来和菁菁是志同道合的独身主义者,后来迫于各种压力退了步,没想到一步退步步退,她最终还得退进那古老的生活模式。

她这样想着的时候,忽然觉着膝头被谁捉住了似的,她望过去,原来她和运霖相对而坐,膝盖紧挨着膝盖,竟如一对。她本能地收拢腿,避开他一点,哪想到她的举动反提醒了运霖,他先是诧异地看她一眼,继而又挪过来,依旧抵着她的膝盖,紧紧地,然后淘气地凝望着她。他因为有意地做了一件近似于调情的事,异常兴奋,他感受到一种属于男人的快乐。事后他对她说,那时她神情拘谨、慌乱,又捻着朵花,拈花微笑似的动人心弦。

黄昏的时候,她不由自主地去了郊外。走出城区的时候,田野的美色扑面而来，桥头上依稀有他的身影。

这算不算幽会？她想。她想的时候也有点淘气的意味，她也觉着快乐，一种属于女人的快乐。

菁菁认识的洪老师要带班去游佘山，洪老师因为某种特殊的原因想讨好菁菁，他邀请了菁菁，菁菁又来邀请吉美。

最好有个男士，吉美提议说。吉美说完了才发觉她其实想要他去。

对，洪老师他不会管我们的，他要照料他的人还有情人的儿子，菁菁愤愤不平又兴致勃勃地说。

洪老师的情人是学校里的广播员，洪老师带着她满城跑，都快家喻户晓了，偏偏就瞒住了他的老婆。洪老师的老婆和菁菁也有点儿交情的。菁菁她一个人住的公寓钥匙就放在窗台下的墙缝里，菁菁不在家的时候，朋友们也会跑到那公寓里去玩。这钥匙的秘密不知怎么让洪老师知道了，他带了广播员在菁菁的公寓里幽会，让菁菁不意撞见。菁菁因为和洪老师、和洪老师的老婆都是朋友，便觉得两难。菁菁唯一的措施便是堵了那墙缝，这让朋友们都没给洪老师好脸色看。

菁菁提议找运霖做伴。这家伙有骑士精神会讨好女人，菁菁说。菁菁在走进吉美的陷阱，小小的可爱的陷阱。

吉美听了心扑通扑通跳着，既有正中下怀的喜悦，又有难以言喻的冲动。她说好，我们打电话通知他。

这时已是晚上九点了。菁菁说打什么电话呀，去跑一趟，让他准备好照相机、果珍、话梅、开心果。

菁菁说完了就笑，吉美也笑，还没占着便宜两个人就开心得忘乎所以。

他跟她说童年的故事。他说他最不喜欢他的妹妹，他妹妹老是勾引他的同学，挑拨父母和他的感情。他所有的好朋友后来全跟他反目成仇，成了妹妹的同盟军，父母也对他冷漠至极。他说只要父母不在，他就跟妹妹打架，他总是边打边哭，他因为孤独和被遗弃而哭。他说他十六岁的时候就不回家了，他未来的小妻子收留了他，或者说是小妻子的母亲，一个善良而有知识的女人收留了他。他叫她好妈妈。

我真想把一切都告诉你，包括我的尿布时代，他跟她说。这是黄昏降临的时刻，城外的河远比城内的清澈和明朗，沿岸盛开着数不尽的蓝色小野花。黄昏很美很单纯。

带着一点点遗憾，吉美登上了去佘山的旅游车。昨天晚上，运霖不在家，他的好妈妈说他去演出了。他会弹吉他还客串指挥。便宜这家伙了，菁菁说。

那个漂亮的广播员抱着一个四五岁的男孩坐在司机旁边的单人座上。菁菁和吉美上车时，广播员回眸一笑，也不说话，洪老师紧跟着她们上的车，因此菁菁说广播员是笑给洪老师看的。

车子开动以后，大家胡乱地说着话，慢慢地有人打起了哈欠，又有人伏在前面的靠背上打盹，车厢里一点一点地沉寂下来，菁菁歪着头靠在吉美肩上睡着了，菁菁的嘴张得大大的。吉美觉着人睡着了，要多丑就有多丑。可是有一个人不丑，她斜斜地歪倒在座椅上，双目微阖，那种慵懒、优雅、曼妙令人心动，她便是广播员。吉美怔怔地看她许久，待回过头去，又撞着了洪老师的目光，他正看得发痴。吉美想，恋人是不会睡的。吉美还想，爱创造了美丽。

吉美发觉自己变得细心和敏锐起来。

他要她去办公楼。你来看看我的工作室，你来吧，他说。他要借一本画册给她。

你的同事……他们不会有什么想法吧？她犹豫着。

这年头，谁管谁呵，我们办公室的方正，找他的女孩，一天少说也有十几个，谁也没说他的闲话。他说。

她知道方正，画画得挺好，还搞时装设计，女孩子们总是一大拨一大拨地去找他。

工艺品厂是这个小城最美丽的工厂，而他们的美术设计室更是别有洞天，它是一幢古老的二层小楼，雕花的落地长窗、回廊，饰有花带的扶栏，画架，横陈的颜料管，宁静而久远的书卷气息徐徐袭来，檀香似的沁人心脾。她穿着素色的长裙，光亮的长发绾在脑后，她随着他走过一间间房，他的画室在最里面。她款款而行，脚步轻盈仪态万方。她觉着吃惊，为自己突如其来的气质风度感到吃惊，曾经有过的自卑、怯场手足无措、小家子气，忽然全都烟消云散。

她大方、洒脱，和他所有的同事颔首微笑，她从他骄傲的目光里读到了自己的美丽。

拾级而上，佘山教堂的尖顶庄严肃穆。

连着下了三天的雨。运霖天天来看吉美和吉强，他带了个名叫水泽的男人来串门，菁菁也来，他们称这是沙龙。没有人知道，沙龙里有两颗心两双眼睛在这雨季中期待着放晴的黄昏。

嫌吉强的屋子不艺术，他们躲进吉美的房里。吉美、吉强他们住的是一种类似于北方四合院那样的房子，坐落在河边，一入夜就静得出奇。吉美住在西屋，南屋是吉强的，他们父母住东屋，还有就是堆杂物的。院子里花木扶疏，很有情趣，尤其是那棵桂花树，一到秋天，花香不知飘得有多远。这房子说了好几年了，要拆除造宾馆，来察看的人不知多少批了，可就是定不下来。

水泽有五十多岁了，五十年代末在外国一本世界语杂志上发过一首诗，世界各地的读者来信雪片一样飞来，他自此成了国际诗人，饮誉海外，也因此而毁了锦绣前程。他后来被驱逐出大学校园，当过代课教师、临时工、仓库管理员。不过他很执迷不悟的，形势一有点松动，他又跟那些外国读者通信联系了。他的朋友遍天下。

水泽在运霖眼里，自有他独特的价值。他们是邻居。运霖弹吉他学画画练嗓子写小说，所有的艺术的梦，似乎都是因为水泽潜移默化熏陶的结果。

吉美有个同学是水泽的顶头上司，一厂之长。

黄昏的邂逅已经成了经典式的节目。

我要带你去看一条河,童年的河,一条大河。有一天他说。她跟他走了很远,他们找到那条河。这是条古老的护城河,离城区很远,河面很窄。

它可真是条大河,她笑着揶揄他。他也笑,他说我那时候太小眼光太短,可不管怎样它是条河。

夏天的时候我和小伙伴们在这河里游泳,他说,我的邻居水泽常常独自一人在河对岸走,赤着膊,穿条短脚裤,站在河滩头,他唱歌,唱《鸽子》,唱《星星索》,唱《三套车》……

他跟她讲童年的故事,她知道了他生活中还有一个水泽。他跟她说这些的时候,手不由自主柔情地扶着了她的腰,她不敢动,怕惊动了他的童年的梦,那飘扬着古老民歌的梦。

水泽是自来熟,他的衬衫领子有点儿脏,脚上套着油腻的工作鞋,后来才知道他的行头全由他妻子保管,穿一次还得打报告申请批准。可水泽谈吐不凡,一见面他就大谈摄影、雕塑、音乐,他还带了很多画页,大都是从旧杂志上撕下来的,有俄罗斯的风景画,有法国印象派的作品,还有梵高、毕加索、马蒂斯的,这些被人随手丢弃的、印刷差劲的画页经由水泽的手,竟成了令人羡慕的艺术收藏。吉美想,很多年前,他就是这样永远地迷住了运霖的。

那天晚上,水泽讲了他青年时代的爱情故事,爱和被爱,弃和被弃,冤冤相报,恩怨难分。吉美听得泪眼婆娑的,她斜坐在沙发上,遥遥地对着运霖,手托着腮,伤感而优雅。她触着了运霖痴痴的目光时,忽然想到了旅游车上的广播员,她的脸绯红起来。

在去市区的车站里,她和他劈面相逢。

你真的来了,她说。虽然有几分把握,她依旧感到吃惊。

你别想甩我。他一副常胜将军的派头。

他们俩一交流就开国语,有些话用沪语不好说,用国语就流畅多了优美多了。她是去市人事局办事,她决定把她远在富阳的丈夫办回来。春天的马拉松,她在给丈夫的信中为调动工程起名。她看不见终点在哪儿,可她总得办,就像当初结婚成家一样。这就是生活。

登上巴士,有一个空座位,可是他们不愿分开,眼睁睁看着别人占了去,他们谁也没觉着心疼。并肩而立,年轻、朝气、潇洒,这比什么都好。昨日黄昏分手时,她随口说了今天要去市里,他就跟了来。猜不出他是怎么跟好妈妈请假跟工艺品厂请假的。无暇去猜,重要的是相聚,是一日比一日难舍的相聚。

办完事,她和他看电影、吃馆子、逛夜市,玩个够。

走进暗无天日的电影院,他便紧紧抓住了她的手。她跟着他,心里有一种安慰和满足。小时候,有一阵子父母开会游行常常一夜不归,她和吉强躲在伸手不见五指的角落里,听着屋外桂花树狞厉的鬼祟的窃窃私语,他们丧魂落魄胆战心惊。从此,黑暗中,她总渴望有一只手,一只有力的温暖的手。

她对他说她不喜欢她的母亲,一个女人随着汹涌的人潮从县体育场步行到市区的人民广场,沿途振臂呼喊口号,这形象让她想起来就恶心。他说我看见你母亲就想逃之夭夭,她孤僻、冷漠，拒人于千里之外，她的一双眼睛戒意太深她一定受过什么伤害。她说她不知道。黑暗中他和她的脸颊互相摩挲着。并不是常常可以找到互诉衷肠的朋友的，她想。就这样肩靠着肩，她可以和他一直坐到灯亮，很久。不管这意味着什么，她觉着快乐。就在这时，他吻了她的耳垂，柔软的敏感的耳垂。他们后来都不说话。

银幕上在放映《复活》，一部老片子，黑白的。聂赫留朵夫和玛丝洛娃在树丛后接吻。音乐是明亮而柔情的《致艾丽丝》。

漫长的世纪之吻。

他们又去城郊。春天已经走到尾声了，绿肥红瘦，大自然慢慢地寂寞起来。

给你看一首诗，一首给你的诗。他有点羞涩。

你不写小说了？她问。他为她写诗，他把生活当小说写了。她想。她为自己居然在这样美丽的时刻胡思乱想感到吃惊。

诗是这样写的：

> 请答应和我一起播撒种子
> 一起走那寂寞的村路
> 一起寻找清澈的泉水
> 时时回忆
> 那条初春的河
> 那时什么都还没有征兆
> 记忆中却飘浮着你的音容笑貌

不知道那一刻就是永恒

就是无数岁月的辛勤准备

命定的，灵魂要与你相会

答应我，和我一起走

  她叹口气。你在想什么？他问。他的国语抑扬顿挫，仿佛是在电影厂的配音室里。

  我们不能再这样单独见面了，她说她明白他们已经走近了禁区，谢绝参观的标牌赫然在目。她不是一个什么也不忌讳的女性。

  他愕然地望着她。为什么，他脱口而出。

  她有点不高兴，他竟问为什么。一切都是不言而喻的，他们能走下去吗？她突然变得客观起来。

  我喜欢你，他说，那天在船上你可怜巴巴地缩着身子，我忘不了你这模样，晚上闭着眼睛，看见的还是你，我管不了我自己，我以前也爱过，可像这样强烈的心灵震动，是头一回，吉美！

  跟所有的小说描写一样，当女主人公犹豫徘徊时，男主人公适时地发起了进攻，而且总是无往而不胜。她垂下了头颅，而且没有勇气拒绝他慢慢伸展的双臂。

  我们不会妨碍什么人的，谁也不妨碍的，我们都很聪明，我们不会干傻事的。他把她拉进怀里，轻轻拍着她的肩，像跟小孩子许诺一样说。

我比你大两岁，我当你姐姐。她不愿意舍弃又羞于接受，她挣扎着建议说。

我不要。他噘着嘴摇头，我十六岁的时候就走进社会了，我十六岁的时候就老了。

看完电影他们走进老正兴菜馆，地板、八仙桌、硬木椅，家一样的温馨简洁。

等着上菜。一时没有话说，两个人只管相视而笑，宁静、自然、起自内心的微笑，诗一样美丽。同桌的一位外地客饶有兴趣地看着他们。

无法置之不理。

出差？他老练地搭讪着问。外地客点点头说，是来讨债的。什么债，情债、赌债、陈年旧债？他挺逗。外地客一展愁容扑哧笑了。她也笑。

你猜我们是什么关系？他问外地客。她吓了一大跳。他后来跟她说他实在是按捺不住自己，他想问他、她，问每一个对着他们微笑的陌生人：我们很单纯我们没干什么坏事我们很幸福，我们是谁我们何幸有之？

新婚夫妻。外地客不假思索地回答。

哇，他拉拉她的手，他给外地客斟上啤酒以示谢意。是的，既没有热恋情人那样的亲狎，也没有老夫老妻那样的淡漠。亲切而自然，豁达而大方，这是他们展示的优雅仪容。无师自通，他们彼此塑造了或者说发现了另一个自己。

替丈夫办调动的事，似乎有了一点眉目，县建筑设计院愿意考虑接收，但要一大堆证明文件。她去菁菁那儿，菁菁在单位里搞收发、电传、程控，现代化通信设备一应俱全。

你的全优工程奖状、华东六省一市建筑设计奖状、同济函授文凭，你他妈的全电传过来，我这里的电传号码是336699，她拨通了程控，说着说着，忽然觉着烦，语言粗俗起来。

菁菁在一边笑。要打一架才有趣呢，菁菁煽风点火。两个女人莫名地大笑起来。

他执意要找一座桥。桥下石墩上有古老的碑刻和花纹，环洞的洞壁里有神秘的古符。她和他，两辆自行车飞出城区。

暮春的阳光把世界渲染成一个美丽的伊甸园，古老而新鲜。

你带别人去过那地方吗？她笑意盈盈地问。笑声里含有无穷的潜台词。她笑完了才发觉自己失言了，她不该问他这样微妙而敏感的话题。

你真不是个好女人，他说。

她一怔。是的，我不是一个好女人，她忽而伤感起来。

我也不是一个好男人，他赶紧又说。他们都变得细心变得体察入微了。

她回头看他。这是等待了很久又拒绝了很久的一瞥。有什么东西从心里飘逸出来，恍恍惚惚迷迷糊糊，她眯起眼，她觉着阳光在她的耳垂上，柔软而敏感的耳垂上燃烧起来，她忽然怕和他肩并着肩车把挨着车把，她使劲一踩，车载着她脱弦而去，呼呼的，竟有了风。

你疯了。他追着她喊。

她想她大概真是疯了。

初夏的时候,她去市档案馆参加为期十五天的培训。头一天,她又在车站见着他。

我去市里购买颜料,还去美术馆看一个画展。他洋洋得意。

你去你的美术馆,我去我的档案馆,我们是黄牛角,水牛角,各归各。她说,她笑吟吟的。

别那么狠心那么残忍。他逼近她,鼻尖碰着她脸颊说。

她无力抗拒他的气息。她心里明白她其实想要他去。他们相约在放学以后。

傍晚,匆匆走出档案馆,她在外滩的江堤上找到他。远远地迎着他,她不由自主地绽开灿烂的笑容。无论走到哪里,都有一个熟悉的亲切的面影,这是幸福。

在江边的一家餐馆里,他请她吃了游龙戏珠清蒸河鳗。很贵。

用你的钱真心疼。她说。结账的时候她坚持付了一半。他拗不过她。哪一天我发了大财,我要送你很多东西。他说。我老听见吉强对妈妈说这话,然后他就心安理得地饭来张口、衣来伸手。她说,说完又笑。她笑得很柔静。

你呀你,你怎么就不饶人。他张开右臂绕着她肩用力一挤,这是惩罚。两个人都笑出声来。

江岸霓虹缤纷,江面上仿佛有无数流萤,明明灭灭,灿若星空。

因为远离小城,他们像一对真正的情人在都市的夜幕上雕刻他们的剪影,每一划刻痕都连系着梦幻的情感。后来,有一天,他要她的时候,他告诉她,那晚,在江边,他紧紧拥着她的时候,他就想要她了,可他不敢,他让自己燃烧的热情慢慢熄灭,他在大漠般壮美的寂静中,在缄默的辉煌的极致中品尝孤独、忍耐和痛楚的快感,他永远忘不了这铭心刻骨的一瞬。

她回报他平静的微笑。她努力笑得从容、大度、美丽。

热线代替了黄昏的邂逅。一个在市中心的档案馆,一个在远离都市的小城,三十公里的距离因为电话电缆而缩短了。上午她踏进档案馆,他的电话已经在等着她了。课间休息,她的电话追踪到了他的画室。中午,他在家里兢兢业业地守着电话机,此刻家里没别的人,他是中午的主人。十二点,她的电话准来,而每次她撂下话筒,铃声便继之而起,他那头又续上了。乐此不疲,疲而不倦,日复一日的,以至于两个人但凡听见铃声,诸如门铃、电铃、小孩玩的摇铃都会神经质地跳起来扑向电话机。

晚上她从市区乘车回家,提前两站下车,他总来迎候。他伫立在朦胧的夜色里,仿佛忠实的路灯闪着一笼光明。然后他们手拉着手,数着月影、村舍、清风,走十里地回家。

有一回下雨,淋湿了,两个人索性让哗哗的雨水淋个开心。夜行货车疾驶而过,溅起的水珠打痛了脸,两个人还笑。

这个雨夜后来总在她的梦里出现。

他把她搂在伞下的时候,他称这是"我们的方舟"。

运霖、吉强和水泽在菁菁家聚会。一周一次的沙龙活动,菁菁和吉美轮流做沙龙女主人。

吉美不在,她参加档案管理培训。十多天了,吉美老是末班车,末班车又老是出故障,今天除非是大仙显灵,她能来。吉强咕咕哝哝地说。

水泽乏味地沉默着。运霖情绪特好。来来回回替菁菁张罗着端茶倒水、挑音带,把菁菁的音像架倒腾得一塌糊涂。

运霖,你开心什么?菁菁狐疑地看着运霖。

他和她手拉着手,大地主宰似的,徜徉在方圆十里的王国里。

这是水泽的工作室,他说。一个仓库管理员的工作室,低矮、简陋,窗对着公路。窗帘透着一条缝,黑暗中渗出光亮。

水泽加夜班吗?她问。想起他的那些缠绵不尽的爱情故事,想到他栖身在一个类似庵棚的工作室里,她觉着人生有如一场幻梦。

水泽哪里是加班,他是逃避家庭。他说。他告诉她,水泽的老婆正在更年期,常常和水泽闹,他老婆查抄他的工作室,撕烂他收藏的那些裸体半裸体画页,截获他信箱里的密件,随时检查他的财务支出,严格保管他的出客衣服、皮鞋什么的,水泽生活在一个女人无所不在的阴影里。

真想走进去,他说,走进水泽的工作室,我想把我的欢乐、幸福分送给他一半,我甚至愿意看见你伴他走一段路,让他知道人生还有多么美好的情致,多么可爱的异性。

你有一百个不幸的朋友,你舍得把我送走一百次吗?

我会。他发誓。

走出老正兴菜馆的时候,天色已经黑了。外地客给他们留了姓名地址,欢迎他们以后去旅游,他免费提供住宿。

无拘无束,海阔天空,我们去。借着酒劲,他大胆地提议。夜色温柔,霓虹处处,酒意朦胧的他痴痴地凝望着她,她脸上也燃烧着如火的醉意。

你不怀好意,恕不奉陪。她不回避他的挑逗,拒绝中糅和着温情。

他搂紧她,豪气满怀的。你逃不了,他说。她沉醉地靠着他,什么也不说,静静地微笑。

龙潭,小城唯一的花园。

他们去看那行他刻的字。它没有长大。

中午十二点的通话。她在档案馆附近的传呼站里。外线没空,她只好跑出来。

我找了好几个传呼站,到处都是拨电话的人,这世界发疯了。她对着三十公里外的他比画着抱怨说。我求之不得,他大笑。你唯恐天下不乱,她说。这电话是按时计费的,我身边没多带钱,我撂了,她又说。别,别,你缓期执行,他央求说。他告诉她,好妈妈出门去了,好妈妈的丈夫也出门去了。今晚我一个人,你来陪我,好吗?他说。她没吭声。你说话呀,他催她。来干什么?她说。说完了她觉着自己很蠢。来说说话,我心里有许多许多想跟你说，完了你回家，我送你回家，他求她。没法拒绝这样的邀约和隐隐的诱惑。她迟疑着说，好吧。

哇！他在那一头欢呼起来，我替你准备好冷饮：果珍、冰块、粒粒橙！

是《致艾丽丝》。远远的她便听见了，这旋律对于她具有特别的意义。她推开菁菁的房门，她听见水泽惊喜的声音：大仙显灵了！越过水泽的肩头，她和他四目相对，他的凝视让她觉着灼痛的快乐，她朝菁菁飞过去，她抱着菁菁在她的脸上吻了又吻，而在她眼帘中旋转的依旧是他的眼睛，明亮、灼热。她听见菁菁咯咯咯笑，菁菁说，告诉你一个好消息，你要的富阳的电传全来了。

莫谈家事，水泽说，今晚听《卡桑德拉大桥》电影录音，这是文学剧本，我听了十五遍录音整理出来的。

令人叹为观止的伟大业绩。

水泽万岁！吉强欢呼着。运霖唱起歌来，菁菁和吉美笑着和水泽拉手，水泽答应替她俩翻录。菁菁当即给了他两盒最好的TDK空白带。这时，运霖碰翻了茶几上的酒，运霖对于酒有种迫不及待的渴望。空气里飘扬起迷人的酒香，沙龙聚会开始了。

聚会的高潮是跳舞，运霖拖着吉美蹦跶了很久，运霖是小城的国际交谊舞大师。

一步一步，精灵似的上到三楼，她心里明白，她在走向某种命定的因果，但她又对自己说，什么也不会发生，不会。

很久以后她问自己，在内心深处她是否渴望发生点儿什么，渴望体验那种神秘的无可言状的狂欢和痛苦？当她叩响未知的门时，她不会知道她将面对的尴尬和无可解释的忧伤。

他准备的饮料简直可以办展销了：冰激凌、可口可乐、以罗橙汁、德国莱茵堡啤酒、玛斯巧克力。那些进口货是他用兑汇券在涉外商场买的，他说他忙活了一天。

然而她最需要的不是高贵的饮料。也许与情绪有关吧，初夏的气温出乎意料的闷热，况且她下车伊始，风尘仆仆，她需要洗澡、梳头，把自己弄得清新整洁，而不是眼下这般陈旧不堪。

热得难受，她说。她不直截了当提洗澡，她是个矜持的、还有点儿害羞的女人。

他并不愚蠢。

我为你放好了洗澡水，我的女王。他让她去卫生间，又递给她一件白色浴衣。这是我的，他说。他替她合上门，他扮了个鬼脸，消失了。

谢谢，她说。她感谢那件浴衣，感谢他没有粗俗地把他妻子的找来给她，还感谢他想到了放洗澡水。温柔的快意浴遍她的身心。

披上白色浴衣，她没有料到，一股熟悉的又非常甜蜜的气息顷刻间无边无涯地覆盖了她，软软的，她想她完了。

八月。培训班结束，他们又恢复了黄昏的邂逅。

明天我不能来这儿了，"她"傍晚的火车。他说。是他的小妻子回来了，他十六岁时的情人回来度假。他没多说什么，她也没问。

他们从来不深谈自己的家庭，从一开始他们就回避，她很想他开口问问，关于富阳的她的家，关于那个有一天要来小城工作的"他"。可是他没有。从一开始他们就错了，他们后来失去了彼此理解的机会。

她笑着看他，她告诉他最近这段日子她很忙，档案室工作要上等级，还要跑"他"的调动，这散步的节目暂时中断了吧，她征询他，并且微笑。她明白此刻自己要做怎样的努力，才能保持她的柔静的微笑。她做得很好，她显示出非同寻常的豁达，冷静。

他看她良久。你呀你，他说。他在责备她，还是在赞扬她？她无从猜测。

过了明天，我还会来这儿，不管你是不是在。分手的时候，他说。

他把灯光调得很暗，他说这朦胧的底色配上你的白浴衣，没有比这更美的了。

于是她在这底色里走动，飘逸得如同白色的精灵，品尝一切精美的饮料。

他给她看一首诗：

你
一颗爱的种子

在我心的土地
蔓延着爱的根须
我
以我厚实的胸脯
滋润着你每一片
催生萌发的绿叶

她说，这首好，朴实自然亲切随和。她说了一半，他截住了她。

正儿八经的，你让人受不了，他说。他抽走了那首诗，逼视着她，他的眼睛在暗色里闪烁着斑驳的光亮，仿佛渐渐移近的火焰，消融着她。他吻她，她合起双目，她所有的矜持、犹豫、半推半就的花招都远远地隐退了。

黄昏，她去了城郊，没有他的影子。

她跟他说过她不会来，可她来了，她想给他一个惊喜，她不想他孤独地一个人散步。她慢慢地寂寞地走。以后的日子她还会来，但她永远不会对他透露：她曾经愚蠢地等待过他，她把生活当小说读了。

回去时，她路过邮局，瞥见水泽趴在大堂的方桌上贴邮票，不知道他又在给哪一国的朋友飞鸿传书。

微光下，白色浴衣仿佛一团纯洁的火焰，燃烧着。

她等着，她似乎等了很久。她不明白这是怎么一回事。她放弃了最后的忸怩作态,鼓起勇气舒展自己,她迎合着他,非常兴奋又非常羞怯,她闭紧双目头颅深深地后仰,极度欢乐又极度痛苦。只是不知道怎么的,他似乎离她更远了,恍惚中她听见他在说话。

你不要急,不要乱套。他拉着她蹦,他说。菁菁在一旁跟水泽对舞着,说着什么。

要有节奏要有感觉,要和音乐融为一体,他又说。她亦步亦趋,和着音乐晃荡,慢慢地有什么东西膨胀起来,久蓄在心又仿佛失落了的情感突然变得触手可及,朦胧而又明朗,她仰脸看他,他健壮英俊、威武能干,她忽然觉着自己很小很小,有一种深深的快乐的依赖攫住了她。她的心里浮起一行他的小诗:命定的,灵魂要与你相会/答应我,和我一起走。她垂下眼帘跟着他旋舞,和着心的鼓点,她把自己交付给他。

天热,让人心烦,他抱怨说。还有,你折磨得我太久,你使我紧张,他又说。她困惑地睁开眼睛,她看见他的沮丧的无所作为的脸庞,她没法子明白,发生了什么,她被他的没有血性的表白弄得愧疚起来,她从未有过这样的体验,她不由自主地把他和富阳的丈夫作了比较。这比较很荒谬也很单纯,她生活中再没有别的男人。丈夫挨上她便是雄性勃勃情欲如炽,丈夫从不说天气不说紧张,他怎么啦?

我不行了。她终于听见他说话。

所有看过的、听过的有关知识在脑海中迅速云集,她突然明白了她该做些什么，面对现实她勇敢起来，她抛却了最后的矜持，在一瞬的时间她成熟为一个完全的温柔敦厚的妇人。

我帮帮你，她轻轻地说。

他点点头，于是他们一起努力。

他带着他妻子来参加聚会，年轻、美丽、活泼。一个十六岁男人的梦和一个三十岁男人的插曲，吉美看着他妻子，灵魂则忧伤地看着她自己，慢慢地心里生出梦和插曲的比喻。

他妻子来了就走了，说是去附近看一个同学。

水泽带来了几幅国画，是他上海一个美术界的朋友画的，托他私下推销，每推销十幅就免费赠送他一幅。

运霖你有事？你看什么表，今晚不过十二点你别想走。水泽很专横兴致很高。运霖无奈地摇头，他说你不知道你们不知道的。他最终没说出什么道道来。

水泽很认真地把画挂在墙上、摊在书桌上茶几上，花卉虫鸟、仕女隐士，屋里顿时显得古色古香起来。

他妈的要有人收购小说手稿就好了。吉强借题发挥骂起娘来。他写了八年小说，他至今一事无成他吸烟老吃伸手牌。

水泽说，这幅《竹林七贤》在港澳标价是两万元，收藏书画是眼下最聪明的保值办法，哪个朋友有眼光？至于价格么，水泽说，内外有别，自己人好商量，给五百吧。

五十卖不卖？菁菁问。

天哪，当我这里是拍卖行了！吉美一反常态地嚷嚷起来。她和菁菁两个人沉瀣一气，把个好端端的书画展销搅糊了。

水泽，你录的《卡桑德拉大桥》呢，都一个月了。菁菁突然想起来问。

明天送上门来，明天送上门来。水泽张着手，很洒脱的样子，然后转过身去。水泽是杰出的外交家。

运霖，你不是说要出国吗，你搞几幅不吃亏的。水泽说。

吉美一怔。从没听他说起过有出国这回事儿。菁菁说好哇你要叛国事先也不打招呼呀！

运霖说，刚提起的事，水泽你吹什么呀你，我老婆在拉萨找的门路，万水千山的他妈的比到美国还远，这牢靠吗？我都不信！你这画还是留给港澳同胞吧。吉美听出这是说给她听的，或者是解释。她端详着《竹林七贤》她装没听见。

水泽说，有这么容易吗，我这朋友的画是禁止外流的，否则能轮着你吗？

你明明知道这画带不出去，你还想坑我让我破产吗？运霖说着上去要掐水泽的脖子，大伙儿跟着吵吵嚷嚷地起哄，菁菁说今几个真好玩真好玩。菁菁笑弯了腰。

她的心却在一点一点地下坠。

你责怪我吗？

我不责怪你。

你对我失望了？

不。

还喜欢我？

喜欢。

她和他并排躺着,他们放弃了一切的努力,月色悄悄地苍白了夜,时钟滴答,漏尽灯残。

握着我的手,她深情地梦幻地说,我只要你握着我的手。静静地一起凝望黑夜。没有比这更美丽更令人渴望的时刻了。

天亮的时候,晨曦初起的时候,她的身子从黑暗中一点一点显影出来的时候,她悄悄地哭了。

他来电话了。他的声音从听筒的孔隙里跳出来,在空荡荡的档案室里显得清晰而短促。你好吗?他说。如同任何一次通话一样的开场白然而彼此都有些异样的感觉。这是他们头一次,自那个黄昏的邂逅开始,连续三天没有约会,没有电话,其间只有那个混乱不堪的书画展销会。她有一种久违了的颓丧心情。

忙。你呢?她不置可否,她忽然觉着自己有点傻气,似乎很在乎什么似的。她没问他怎么不来电话不来串门了,她忍住没问。那失去了的矜持在一点一点地回来。

他也没说他为什么不来电话不来串门,他应该解释,可是他没有。也许他们都在等待,等待中失去了勇气。他说他刚做完苦力,菁菁买了一百斤西瓜,找我和水泽当高级搬运工,水泽这家伙刚开了个头就溜了,害我不浅。

他大叹苦经,说完了又哈哈哈笑。他没事似的,她想。

是你把水泽挤对的,怕他妨碍你什么吧?她等他笑完了,说。这话有点像调味品,要在平时,说的和被说的至多一笑了之,然而此刻,却显得别有深怨。

他停顿了一刹那。不要那么尖刻,他很温柔地叹一口气,说。

她一时竟没有说话,心却一刺一刺的,有点难受。

晚上去菁菁那里大啖西瓜,怎么样?把吉强、水泽都找来。他说。他没提他的妻子,可她知道,届时他妻子准来。

你们去闹吧,她说,我明天一早要到市里,劳动局、人事局、建设局、公安局,我要跑十个衙门,求爷爷拜奶奶,我得养精蓄锐。

她等他说点儿什么,诸如你逃不了的,我也要去市里看一个画展,等等。她等着,等了很久。

她提前两站下了车,默默地伫立在夜风中,她等他。她说她不打算参加西瓜会,于是就有了今晚的节目。上帝在这儿关了门,又在那儿开了窗,她解嘲地想。她一个人在市区的大街上胡乱走着的时候,她想过,她为什么不直截了当要他一起来市区玩玩呢,她为什么不说。

郊野的夜色空旷而神秘,远处的村庄、乡舍仿佛一幅毕加索式的抽象画,简洁得不可思议。她听见自行车铃声由远而近,她没有回头,驻望着这熟悉的风景,她有一种参禅的恍惚。

夜,绵绵不尽无边无涯。

她和他先是合着把小花伞,茫茫夜雨中造起两个人的孤岛。阒无一人的城郊,田野苍茫、神秘。

你知道吗,她说,洪老师出事了。

谁是洪老师?他问。

洪老师就是洪老师，他是谁无关紧要，他已经不做老师了。他和他学校里的广播员在广播室里调情，不知怎的，声音从喇叭里跑出来了，闹得满城风雨，狼狈极了。他老婆吵着要离婚，要他天天写认罪书、保证书，洪老师已经写了一百张认错悔过的保证书了。

她不知道她为什么要说这一些，在这个美好的雨夜。他先是笑，他忍不住要笑，广播室的故事确实有点滑稽令人啼笑皆非。要是我就干脆离婚，他后来说，他边说边抹着满脸的雨水，然后突然扔了伞，把她搂紧了，他说，我真想，真想。雨声恢宏。

我来晚了，他说。他拨着铃，送出一串一串愧疚的铃声。他们慢慢地向前移。

令人奇怪的是他打着赤膊。这天气打赤膊本不为奇，奇怪的是眼下这场合。小城的人再怎么不修边幅，也不至于会在男女约会的时候光着半截身子。

一个拉萨的朋友来玩，谈了点外面的情况，乘末班车走的，他说，我把他送走，没回家就过来了。

她勉强一笑。她说，假若你回家你就无法请假出门了，是吗？没准送人的差事也是你拍胸脯争取来的，要不，你怎么过来？

你呀你，你的一张嘴呀，他说。他挨近她，撞她一下，所有的柔情蜜意因了这碰撞突然地漫过了心坎，她挨着他，她忽然真想跟他聊聊人事局、劳动局，聊聊她和一个个接待员千篇一律的对话，聊聊她的苦恼、疲惫，倾诉委屈。她想，他怎么不问。

他把车子停在路边，拉着她拐进一条田间小路。

你听这雨声，他说。雨正不顾一切地扑向大地，无遮无拦无边无涯。这世界再也容纳不下别的什么了。

大地溅起无穷无尽的白色泡沫。

你看这铺天盖地的泡沫，她说。

你知道吗，泡沫是一切激情的象征，维纳斯就是诞生在泡沫中的。

小路细细长长，野草盖没了脚踝。他和她坐下来，于是，目光所及，竟全是莽莽苍苍的野草了，仿佛置身于原始丛林。照耀着这丛林的，是一轮奇异的红月亮。朦胧的温情的月夜。

他要她。她想说不，我们不要这么匆忙，可她被这月色迷惑了，她什么也没说。

他并没有进入她的体内，他喘着气问，你喜欢吗？

她点点头，困惑地睁大眼睛，有一种类似于满足又类似于失望的情绪慢慢爬上心头，又下坠到了心底。她很想听他说说，关于拉萨的朋友，关于"外面"的情况，关于出国，或者说那条童年的河，河里流淌着的水泽的歌，说那座桥，那座刻有奇异碑文，没准是箴语的古老的桥，它飘浮在他的童年记忆里，谁也找不到它了。

这一切的对话都在她的唇边，只要他开一个头，他们就可以滔滔不绝倾心相谈，直到月亮西坠，可他没有。他只是急切地抚摸她，拥吻她，她无法抗拒。她被他吻得心神恍惚，她似乎又在灯火阑珊处娇慵地走动，她不再柔静、矜持。她在被激情淹没的瞬间，心里闪过一丝沮丧，她想他是不是在回避什么，在这两情缱绻的时刻，一切话题似都成为多余和不合时宜的了，他是故而为之还是他真想要她？

她后来什么也不想了。

一个陌生的女人敲开了吉美的房门。我是水泽的妻子，那女人说。

水泽的妻子告诉她，水泽在仓库里跳舞，和两个十三点女人跳舞，引得全厂的人都在外面窥视，那芦苇棚千疮百孔赛过一只只透视眼，水泽浑然不知跳得疯疯癫癫，还表演了不少出轨的动作，现在厂长已经勒令他停职检查了，弄不好要开除出厂。你帮帮忙，你找厂长说几句好话吧，水泽的妻子求她说。水泽的妻子五十来岁了，很文气很温和的。

水泽大概是太无聊了吧，吉美想。她答应帮忙，有没有把握她说她就不知道了。

他把我害苦了，水泽的妻子哭起来，谈恋爱的时候他瞒住了他是临时工，结婚后第二天就有女人吵上门来，骂他玩弄女性，二十多年了，他没有一天太平过，只有"文化大革命"时他才老实点，这两年他又糊涂了，香港、日本、美国，到处写信，我看他迟早要出事的，他害了我一辈子，他怎么不被汽车碾死火车轧死呀……

吉美沉默，她无法理喻，求她帮忙开脱水泽和诅咒水泽死的竟全是这个女人！相濡以沫又相互仇恨，这就是夫妻就是生活吗?

县建筑设计院的调令已经发出了。两天前她去富阳跑了一趟,方方面面请客送礼,所有的人都拍胸脯应允,保证成全他们夫妻。一个人的她却有点儿恍惚,仿佛这个吉美不是自己似的,她觉着陌生。

夜色阑珊。

她和他坐在练功房的地板上,练功房很大,因为没有人更显得大而无当。体协请工艺品厂设计装潢新落成的俱乐部,运霖接了这个差,又灵机一动想出约吉美来这栋空房子私会的点子。

他们已经有十来天没单独在一起了。他说他很忙,先是送妻子回拉萨,接着又是送那个拉萨的朋友回美国,然后是去市公安局咨询出国事宜,忙得焦头烂额,分身无术。

她至此才明白这个拉萨的朋友其实并不在拉萨工作,他在西藏旅游在八角街和运霖的妻子邂逅,他或者应该称作美籍华人。

假若这时候,她开个头跟他说说这个美籍华人说说拉萨,他也许会跟她说说他初涉汉口路出入境管理处的心态,他已经递送了护照申请书,他亦开始了他的马拉松之役,他们会和先前一样无话不谈,可是她不,她固执地沉默着,为了他一连十来天不来找她不来电话。她又一次失去了介入他生活的机会。

生气了?他问,然后他叹口气,说,她盼了几个月了,想回来好好玩玩的,我总不能让她失望吧?而且她越对我好,我心里越难受,良心受谴责,就想多陪着她……你总能谅解我的吧?

她一怔,无言以对,他突然地提到了"良心",这是他们交往至今始终回避的话题，他的国语又特别流利，富有韵律，这些话便显得温婉富丽，令人自惭形秽。她挣扎着想，他怎么就不问问她的内心感受如何，当她面对她的富阳的丈夫，还有孩子？从一开始他们就不提这一些，都小心翼翼唯恐伤害了对方，今天是怎么回事？

她郁郁闷闷的，她仍然沉默，她对他热情的抚摸也无动于衷。

他叹口气，他说没想到你这么小气。

过了很久，响起了她细细的哭泣声。

菁菁在电话里骂娘，菁菁说水泽这老痞子垃圾一个，给过他两盒 TDK 磁带录《卡桑德拉大桥》的，他妈的水泽拖了一百天，他若直说他要了，占为己有了，我承认他潇洒，我服，可他不是，每次见面他都说明天给明天给回头就没声了，真是个老无赖。他盘算我会腻烦会丢开这两盒磁带，我偏不，昨天我一口气拨了十个电话，通令他即刻送来，要不，我拿他留着的《竹林七贤》作抵押，他这才颠颠地送了来，讨走了画。

吉美在电话另一头听了笑，吉美说水泽他功劳没有苦劳还是有的，你什么时候过来，别忘了带《大桥》来，我还想听听。

《大桥》个屁。菁菁越发胡来了。吉美怔怔的，继而又笑，菁菁就是这么个散漫的女孩，她想。

你还有心思笑，菁菁说，水泽他以假换真他还来的两盒磁带全是杂牌货伪劣商品，满盘是杂音！

吉美倒吸一口冷气。眼前闪过水泽那老往邮局跑，趴着在国际航空信封上贴邮票的情景,想不通他怎么就舍得花那些钱。

有个女孩要学吉他,明天我们带她去找运霖,给他创造一个艳遇。菁菁在那头笑。吉美搞不懂她怎么又突然想到了运霖。

我没生气,她说。练功房里回荡着她柔柔的女声,夜气被搅得温馨和伤感起来。和所有恋人的争吵一样,眼泪消融了一切的怨艾、隔阂,他们似乎又和好如初。她偎在他怀里,心里又隐隐觉着自己离他很远。远处楼房的灯影在练功房的地板上摇曳。他让她躺下来,灯影便落在了她的身上,斑驳迷离。我只想和你待一个晚上,说很多很多的话,黑暗中她睁大眼睛。她觉着自己真的很想。

他摸索着,周围静静的,静得动人心弦。

回家吧,像在一张试卷上加分似的,他吻她。他说,回家吧,好妈妈在等我的。

她坐在练功房的地板上,眼睛一闪一闪地望着窗外,她希望他不作声希望他静静地看她,让长夜一点一滴地流失。很久以前她就这样渴望过。

可是他说回家。他的好妈妈是个忠实的守夜人,她寻思。

好吧。她站起来,她本来想说不的,可是开口便管不住地矜持起来,似乎她家里也有个守夜的睁大着警惕的眼睛。

他没有说明天,没有说明天会有电话还会有黄昏的散步,她也没问。就这样怀着对明天的迷茫,她跟他说再见。

那个初夏的晚上,美丽的黄浦江边,他们在都市的夜幕上初演爱情时,他捧着她的脸,久久地深望。这是你的脸吗,他说,就在我的手里,这么近,这么美?她静静地微笑,眼睛一闪一闪的,把霓虹把水色,把他活泼的笑脸尽收眼底。

永远?他问,他祈祷。

她无言。微笑,允诺一切的微笑纯净安然。

档案室很静。除了偶尔地抬头看一眼那只沉寂不语的电话机,吉美忙着整理资料,分门别类,登记入册。工作台上文件堆积如山。

电话铃响,吉美扑过去。喂,她很温柔很伤感地,她发觉心在咚咚咚跳。

是吉美吗,档案管理上等级的工作计划,我上报公司了。是企管办主任打来的电话,吉美嘘了一口气。我申报的是二级,行吗?主任很婉转很民主。

行。吉美不动声色,她心里有点失望。

没说的,吉美,我高枕无忧了。主任在那头呵呵呵笑。

吉美叹了口气。放下电话,她索性钻进满地的资料堆里去了,那只绿色的电话机孤独地留守在办公桌上。

这是你的脸吗,这么近,这么美,永远?她分明听见他在说,她回过头,只有疏斜的秋阳悄然降临在室内。

她心里生起苦涩的怨艾,她想她是不是太傻气太认真了。

菁菁和吉美带了那个弹吉他的女孩去运霖家,或者说是好妈妈的家。

好妈妈是个很可爱的女人,她喜欢和年轻人凑在一起玩,每次菁菁她们去,好妈妈总兴致勃勃自始至终积极参与。记得有一次在这里开家庭舞会,跳华尔兹,头一对起舞的便是运霖和好妈妈,放音乐的时候菁菁按了自动返转钮,那旋律便没完没了,运霖搂着好妈妈陀螺一样转得停不下来。那一晚玩得真是开心。

运霖他很忙的,他教不了的。好妈妈拒绝得很干脆,她甚至都没问一声运霖,她的眼睛总盯着弹吉他的女孩看。女孩很活泼,坐着也仿佛在舞蹈,充满活力,笑起来又甜。

她会一点的,她不会占运霖很多时间的。菁菁不以为然地说。菁菁觉着今天在女孩面前很失面子。

是啊,不是从头学起的,不会弄得很忙的。吉美在一旁帮腔。她看运霖哼哼哈哈的,不说好也不说不好,只管和调,她觉着惊异,陌生。他们已经有好几天不单独在一起了。

运霖他要读外语、打护照、工作,他又不能分身的。好妈妈还是摇头。

那么就一两次吧,菁菁不再坚持,她只是想挽回点面子。吉美无言,她被那个外语、护照什么的弄得情绪很灰。

是这样的,我女儿不在家,运霖的事我要管一点儿的,我希望我女儿幸福,我做一切的事都是为了女儿,我要管运霖的。好妈妈说得很艰难,可是她毕竟说明白了。

吉美长长地吐了一口气,然后把身子靠在沙发上,有气无力的。

喂，我要找吉美。

是他的电话，她等了很久的电话。他知道她期待了多久吗？一天，两天，三天……每一天她都在月历上画个叉叉，十五个可怕的叉叉。

在那些个等待的日日夜夜，她想象着和他通话的情景，从安然柔静说一声好，到犹豫不决、耍小脾气到转怒为喜，再到灰心失望沉默无语，反反复复的她把自己折磨了十五个白天和黑夜，等到期待的铃声终于响起来的时候，她竟有一种了悟的感觉，仿佛阵痛以后的平静，她什么也不想了。

吉美不在，她说。她挂了电话。坐下来，双手托着腮，心里迷迷茫茫的，她不明白这是怎么回事儿，她做了什么？

他怎么样？他猜出接电话的是她吗？他还会来电话来找她吗？她盯着电话机看，遥遥的，她仿佛听见铃声，于是她知道她其实并未平静，她感觉到一种令人心痛的诱惑，她后来索性把话筒摘了。切断了和外界的联系，不再存有任何希望和想象，她走进资料堆里，她想她可以这样一直到永远。

到我家里去，我们会餐。吉美说。菁菁无言。从好妈妈那里出来，菁菁便沉默着。

一个很简单的故事和一个错综复杂的世界。

运霖听命于好妈妈，吉美想，好妈妈给了他母爱给了他婚姻，给了他舒适的新房，于是一切便理所当然。

我约好了和人去玩玩，我要走了。弹吉他的女孩说。她蹦蹦跳跳地走远了，快快乐乐，她根本没把好妈妈的话当回事。

出人意料，推开门，运霖已经在院子里等着了。菁菁和吉美只管往房里走。

你们走到哪里去了，我追出来就不见人影，运霖笑嘻嘻的，怎么，生气了？

男女主人公都不悲哀，管我们甚事。吉美跟菁菁说话，似乎眼下根本没运霖这个人。

哎呀，好妈妈是过分了，我道歉，喏，运霖说着朝吉美和菁菁弯腰鞠躬。菁菁避之不及，就笑，吉美沉着脸，只管往里走。

时间在缓缓地流失。心，落日一样艰难地沉坠。再过五分钟，他就要下班要离开画室了，他后来还来过电话吗？她困惑地想。她没法不想，所有的挣扎、努力在这最后的时刻忽然都变得无足轻重变得软弱了。

她不觉着自己有什么错，她对他说吉美不在，她不会再去赴他的约会响应他的呼唤了，她不会。可她想知道还来过电话吗，想听听他的声音，沮丧的无所作为的声音，仅此而已。

喂，我找运霖。她终于拨通了电话，她还想好了理由，比如矜持地通知他，她不能做沙龙的女主人了，她很忙；或者跟他说说那个弹吉他的女孩，他究竟有没有勇气做女孩的老师？然后她要冷嘲热讽，问问他，好妈妈的托儿所管吃管住还管人际交往，够不够星级？

运霖不在。是方正的声音。就是那个会搞时装设计，有许多女孩子簇拥的方正。

我是吉美。她说。她大大方方，她在运霖的朋友面前，保持着她雍容大度、坦然自若的大姐气质。

你好，吉美，你怎么不来画室看看了？方正热情起来。他显然记住了那个春天的吉美，飘若天仙仪态万方的吉美。

谢谢。运霖他下班了吗？她不习惯和半熟陌生的男人在电话里聊天。

你不知道？运霖他出差了，他去浙江金华了，今天下午三点的火车。

她懵了，她不知道她是怎么挂了电话的，也不知道方正还说了什么，她就想着"三点的火车"，算起来，她跟他说吉美不在的时候他已经在火车站了。她期待了那么久的电话仅仅是一声告别？在候车的寂寞中他跟她通话，他把她当成了点歌台、应急热线？

你呀你，你的一张嘴呀，你怎么就不饶人？恍惚中她觉着肩头被他环住了，她的心一抽抽地疼痛起来：

也许他真是忙不过来，行色匆匆，他还想着说一声抱歉？

春天的时候，他们去找一座桥，一座古老的桥，他们走了很多的路他们找了很久。

他邀她去浏河的长江口玩。

我们玩一天，玩个够，说个够。他在电话里许诺。

她只是不说话，他刚从金华回来，她能说什么呢。她已经倦怠了在电话里玩捉迷藏的游戏。

从汽车站到江边沿途，水杉夹成的林荫道长路悠悠，似无穷尽，他们走进了绿荫。她注意到他什么也没带，果珍、粒粒橙、可乐，他的饮料展销会呢？他的那份殷勤劲儿怎么就荡然无存了呢？她悲哀地想。

他请她上馆子也似乎不那么慷慨和频繁了，倒是有好几次，他来看她和吉强，没少摸过酒瓶子，连吉强发了块屁股眼儿大的文章也没逃过他的税。

可是她在乎吗？她问自己，她在乎那些饮料那些佳肴吗，她在乎过吗？她痛心地责备自己，她想她是不是也有点儿变了，变得平庸和小家子气了？

江边。长长的江堤上只有她和他。初秋的阳光明丽而温顺。

去年，也是这个季节，有两个大学生来这儿游泳，是对情侣，男的戴眼镜，游的时候，男的不小心眼镜掉水里了，辨不清方向了，他越游越远，再没有能回来……他说。

以后呢，那女的？她问。

她疯了。他说。

她痴痴地望着江面，因为多云，江面上明明暗暗的，水色斑斓。她很久没有出声。

活着真难。她忽然说。

我不该说这些。来，高兴点儿。他捧起她的脸。

你当这里是你的乐队了？她静静地看着他，她没笑。

你又来了，他松了手，不无沮丧的，他说，你以前不是这样的，你变得惹不起了。惹不起还躲得起么。她一意孤行说着伤人的话，她心里并非没有一点儿懊恼，可她管不住自己。

我不跟你吵,我知道你烦我,我们以前多好,我们从头开始吧。他看着她,捕捉着她的眼神。她无法回避。

究竟是谁赢了谁?她合上双目的时候,竟有一种被缴械的感觉,她迷糊了。

他忽然说起了水泽。

水泽近来频频出现在附近一所大学的咖啡屋里。他在那里吟唱他自己的诗,或者说是分行的散文、辞藻华丽的人生格言,他迷住了那些新闻系的、艺术系的、心理学系的甚至还有物理学系的女大学生们。他喝她们的咖啡吸她们的烟,和她们高谈阔论,他说的最多最出色的是人类的死亡意识、流浪意识,他说三毛的死是三毛最优秀最完美的作品,他说到这儿的时候,女大学生们全哭了。他成了她们的布道牧师。

现在轮着水泽来分一半幸福给你了。她笑着说。

他一怔,他忽然想起了那个初夏的晚上,他和她手拉着手徜徉在十里王国,他对着水泽的工作室发誓的情景,这确实有点儿好笑。

你呀你,你的这张刀子嘴呀。他无奈地摇头,忍不住也笑起来。

长江口很静,托盘似的托着他们的笑声,现实的世界渐渐地远了。

他们没有找到那座桥,那座古老的桥。他们骑着车,在乡舍田野间漫无边际地寻觅。它对我很重要。他说。小时候他见过它便永远记住了它。它后来总在他梦中出现。他在梦乡里在古桥上失落了某种至关重要的东西,仿佛是信物,是前缘,是轮回中的印记,但他怎么也回想不起来了。他做一百次梦他同时也遗忘一百次。

我找到这座神秘的古桥,我就找回了我自己。他茫然若失。

我想我能,我们能找到这座桥。她说。风吹着她的秀发,火焰似的绽开在田野上。也许一无所获。他说。

寻找的过程便是收获。她说。

她换好了游泳衣。

他在水里游,在弥漫着阳光、水腥味的江里游,他的足后簇拥着水花。

来呀,下来呀,他喊她。他从水里站起来,满身是水珠,闪烁着晶莹、生气、美丽,他笑着等她。

她蹚着水,走近他。水慢慢地淹过了腰肢、胸脯、脖颈,漫过心灵的,则是他的那句许诺:我们从头开始,好吗?她向他游去。

世界很静,静得天真无邪令人心醉。云块遮阴下的水面透着阵阵凉意,他们游到阳光下,水温暖起来,闪着迷人的光亮。他从水里站起来,水落在他的肩下,然后他拉她,她踮起脚站在水里,江浪一波推一波的,她摇晃着她有一种恍如水草的感觉,整个的要漂浮起来,心也轻漾起来,当最后一排江浪涌过来的时候,她便落进了他的怀里。

两条人鱼。

我喜欢你这样，不挖苦人不使小性子，善解人意。他拥着她。

她静静地微笑。然后她游。彼岸遥遥的，水天一色，身后的此岸绵延无尽。一个很单纯的世界，离现实很远的世界。

飘起了细雨。被灰云遮掩了的太阳不时地露一下脸儿，追逐着飘柔的雨丝，阳光温顺而不炫目，江面浩瀚。

水，亮光，细雨，一切都仿佛是抚摸，温馨动人的抚摸。

再做鱼好吗？他充满激情地问。

他说过他在浦江边拥着她的时候就想要她了。

被人发现了怎么办？望着他眼睛里的五彩霓虹，她和这城市一起走进半梦半醒之间。

那才好呢，我们干脆打乱了，重新组合。我们会处得很好，你可以帮助我，帮我写小说。我们一起努力。他心血来潮地描绘着他和她的美妙前景。

她摇头。她说，我不行的。

你替吉强做过，你做得那么好，你有灵气有才华。他说。

她不说话，她把脸伏在黄浦江的江堤上，城市最美丽的风景线上。他就是在这时候捧起她的脸说，这是你吗，这么美，这么静？

这是夏天开始的时候，她在他黑而发亮的眼睛里读到友谊、爱情，还有忠诚。

他抱得她那么紧。

吉强把自己关在斗室里，写一页，扔一页，他屋子里满地是废稿，他孤独而疯狂。运霖找了一个外籍女教师在恶补外语，还在一个豆腐作坊里学做豆腐，据说中国豆腐作为一种美容食品近来正风靡欧美。至于水泽早就没影儿了，他和那些女大学生们来往密切，他一如既往一个劲儿地跟老外们以诗会友，他身边还簇拥着一群女中学生，国外某家世界语杂志刊出了他的诗歌专辑，称他是中国诗坛的巨星。

伟大的作品就要诞生了，还有美利坚合众国的新公民，首届诺贝尔诗歌奖的得主。菁菁正儿八经地预言说。她看大伙儿各忙各的，她有一种飞鸟各投林的悲哀。

吉美淡淡地笑，她刚写完了七个童话，为她女儿写的，她不喜欢那些现成的儿童故事，大灰狼小白兔诸如此类的，她不喜欢。

吉美托人把女儿从富阳带到了身边，女儿一岁半，会在玩具钢琴上弹哆咪咪……

听到她要自己带孩子，丈夫很惊诧。是我不好，让你一个人，孤零零的，一年四季他抱愧地在电话里说，很快，我们就能合在一块儿了，互相照顾。他是指调动的事儿，有关公文在富阳和这个小县城间往返了无数次，其中波折不断，他的同济的函授文凭据说是非正宗的，差点儿让人给搅了，后来又雨过天晴风调雨顺起来，现在就等市人事局发文了。

吉美没多说。她不知道说什么好，她自己也不明白怎么突然想带孩子了，她并非不喜欢女儿，可她害怕带孩子最终会淹没自己的生活，结婚的时候她就和丈夫约法三章，生了孩子交给婆婆管。现在她改变主意了。

滩涂上，生长着一大片紫红色的蕨草，在淡淡的阳光的映照下，有如红毛毯。他合着双目躺在这美丽的蕨草上，她坐着，让他枕着她。远处的江水静静的，静得动人心弦。这是最好的时刻，她期待了很久的时刻，她愿意永久地守着的时刻。

他睁开眼，看表。她有一种被伤害的感觉，很深很痛。

想回家了？她问。她脸上挂着笑，洞悉一切的淡淡的微笑。

是这样的，下午有节课，是上海外语学院的老师来辅导托福，我想去听听。他说。他仔细地看她。

她很含蓄地笑。我们玩一天，玩个够，他是这么说的。她不屑于提醒他。

假如你要我陪着……算了，不去听了。他像是下了很大的决心，挥挥手说。

她看他一眼，他做完了人鱼的游戏，他就想走了。他其实什么也没做成，他说过她是个魔女，他碰到她就不行了。那么他究竟想要什么呢？

她知道明智的做法就是让他走，她应该做得温柔、大度，她曾经努力做过，只是此刻她有点儿心灰意懒，她对他感到失望。她什么也没说。

他们在深秋的田野里走，夜色清澄而寂寞。

约她的时候，她挣扎过。自浏河一别，他竟销声匿迹了似的，听吉强说，他的去澳大利亚的签证没成。她想，没准好妈妈关他的禁闭了。

她说，没有必要了吧。她看着月历，她已经不在这上面打叉叉了。

别这样，他说，我知道你不高兴，可我总想着你的，你相信我。他说。

我要管孩子，我走不出来，你上我家来玩吧，吉强也想你。她平静而客气。

我有重要的话跟你说，我还在老地方等你，你来。他求她。他说他此刻在上海办事，路过档案馆找了个地方给她打电话。他没说档案馆和电话之间有什么必然的因果，但又似乎什么都说了。

以后吧，今晚真的不行。她觉着自己快坚持不住了。

你一定要来，真的，我真的有话说。他不达目的誓不罢休。

他总能达到目的。

风，和着寒飕飕的夜气，凉得渗人肌肤，她抱紧双肩。她决心跟他说分手，明明白白地说，而不是这样缓慢地拉锯式地由时间来杀死感情。长痛不如短痛。

我本来不想来的。她说。漠然的。不看他。

我就怕你这样冷言冷语的，他说，星期一、星期二、星期三……每天我都想找你，每次我又都担心你……想到这些就觉着累，就烦……

所以就不来电话不和我见面了？她替他把话说完，冷着脸。他在责备她，他要她无论什么时候，都是一个快快活活可心温柔的情人。可她不是。她是吉美。

小路上的野草疯长了一个夏季，高过了膝盖，又被秋天的疾风吹过了，仿佛老人的胡子，失却了青春的光泽和柔软，却多了一份生硬，手拂过去，扎得人心痛。她细心地让手掌在草尖上掠过，微微的刺痛澄清着心灵的苦涩。她不说话。

没意思。他说。他很沮丧，仿佛一个出门玩耍的孩子，看见所有的游乐场都关了门，他感到巨大的失望。

是，没意思。没意思。没意思。她一声声说着，心里有什么东西在无情地下坠。完了，她平静地想。

我哪里得罪你了？

我算什么，得罪了也无关紧要。她说。她不生气也不开颜，保持着她高傲的矜持。

每一句应答都是一把刀子，他们同时戕杀自己。

不要这样，我错了，好不好？他忽然不再坚持与她理论，举手投降。他屈服了。

她啜泣起来。我们分手吧，她说。

灯光调暗的时候，她的眼睛羞怯地闪亮了，她穿着白色浴衣，整个儿地沉在沙发里，由着他握着她的手，他们什么也没说，又似乎说了许多。

后来，他跟她说水泽的事儿。他说水泽结婚后老是门窗紧闭，把自己和新娘子关在新房里，仿佛越冬的蛹。他那时十五岁他和伙伴们掰着门缝看，他看见水泽和新娘裸着身子在屋子里来回走动，互相抚摸，在朦胧的光影中，新娘异乎寻常的美丽，他说他那时候觉着掰着门缝看他们比看一切的风景都有趣都令人销魂。

这是他的最后一桩童年旧事，他说他从未对任何人说过，他想起来就觉着可耻难以启口。

为什么对我说？她温柔地摩挲着他的头发，丝丝缕缕，牵得她心醉。

不知道，他说，什么都想对你说，也不怕羞，也许你与众不同，也许你有魔法？

也许你会怕我，她微微地笑。

怕什么？他看着她，像要看进她的心里他突然抱紧她，所有的胆怯、试探、犹豫、担心被拒绝的难堪忽然都消失了。

你怎么说分手，你怎么能，你想了多久，你呀你，你就不肯饶人。他大为震惊，似乎她说的分手很唐突也很荒谬，他最后那句责备她的话蕴含着缕缕温情，撞开她企图关闭的心扉，唤起她往日的美好的记忆，她扎进他的怀里，命定的灵魂要与你相会，她哭。

在秋天的田野里，眼泪冲开了矜持、沉默，她敞开心扉，告诉他，她等待过一百次，她也下过一百次分手的决心，她说她每次到市里去，她都怕乘黑回家，怕车子驶进那十里王国，她还说她去过护城河，他的童年的大河，她在河岸边走了很久。她从未说过这一切，她以为她永远不会说。她说完了这一切她才明白她陷得有多深。

以后我加倍认真，他说，我不知道你想过一百次分手，我猜你会胡思乱想,可我没想到你会想得那么远。我知道你对我好,我就有点儿任性,可我人不坏,不滑头也不死板,你说,是不是?他感动他自责他保证以后待她好。

他温柔地拥着她,在深秋寥寂的夜幕下,她显得比春天的时候还要飘逸动人,带着忧伤和眼泪。

你为什么不给我打电话不来找我,你想到我的时候?他责备她,刮她的鼻子。你不要老是等,你怎么想,你也可以怎么做,你不要老以为男人很潇洒,男人也希望被人邀请被人设计被人爱,他们老是出击老是进攻老是去爱,他们累。

他说得很随意。她听得很用心。

菁菁约吉美去海上世界,说那里的风衣棒极了,说运霖为他的小妻子买了一件胭脂色的,媚而不俗,雅极了,帅极了。

算起来运霖买风衣的日子正是他路过档案馆给她打电话的那天。吉美的心一沉。一种很深的悲哀袭上眉头。

他究竟专注于电话还是风衣?她想。她不知道,一片迷惘。

她因为他在选择风衣时没想到她而感到屈辱,还因为他竟在同一天分别完成了丈夫和情人的角色而感到愤慨,他心里的天平究竟是如何权衡她和他那个小妻子的?她不敢再想了。

海上世界在民航售票处附近,菁菁买了件靛蓝色的漂亮风衣,吉美看中了那件胭脂色的,可她没买。她替她丈夫买了只很精致的日本制自动剃须刀。把玩着剃须刀,她心里想,他知道了又会怎么想呢?她巴望他知道。

应该讲冬天的故事了。冬天，运霖去广州出差，他去的前一天来吉美的院里告别，他是下了班骑车路过，犹豫了一下拐进来的。

朋友，吉强说，我还以为你失踪了呢。

你出了大名，说这话也不迟。运霖擦起脚，把吉强扔地上的稿纸撸到一边儿去。

你没听说水泽上了《世界名人大全》？眼下他正在接待一个世界语旅行团，不久他就要走向世界了，吉强说，看起来，这世道就得里通外国，跟洋人调情。运霖，跟水泽学着点儿。

他学得还少哇。这时吉美进来了，她不阴不阳意味无穷地说了运霖一句。

吉美，你这张嘴，运霖嘿嘿嘿笑着，他又突然想起来似的说，对了，明天我要去广州出差了，你们要买什么吗？

买是买不起的，你想着给就施舍包烟啦什么的。吉强挺逗。

吉美尖声笑起来，吉美说，你是他什么人，老爹呵?！吉美笑得很丑，吉美有点儿失常。运霖深深地望了她一眼，没说什么。

运霖急于要走，吉强不让，他捣鼓出一瓶王朝，说喝点儿，喝点儿。运霖嗅到酒香裹足不前了，他兴奋起来，他坐回沙发。对酒他有一种莫名的亲情，没准他血管里淌着的全是酒分子。

把睡熟的孩子挪到东屋母亲的床上，她拉开院门一个人沿着河边的路，慢慢地走。不是很晚，正是情人们幽会的好时光。远远的，河栏边偎着一对情侣，和着斑驳的树影、潺潺的水声，冬夜的风景安静而寂寞。

他要走了,他要去南方,十天半月的,他竟然不跟她单独说一声再见,哪怕是一个电话,一个给她的电话。自那个秋夜散步,他就没约过她。他怕和她单独相对?她仰面远眺,寒星寥寂,它温暖不了这广袤的世界,涔涔的泪冲破掩饰了很久的沉寂,默默地流。

不知不觉地来到了他的住所,三楼,数过去,找到了他的窗口。亮着。灯光无言地渗进漫漫的黑夜,牛乳一样柔和温馨,这灯光也照过她,照过那件美丽的白色浴衣、她的轻柔的脚步。凝望着被窗框装饰了的灯光,灯光又装饰了过去的故事。一切,不可思议的遥远、朦胧。

心突然地宁静、空虚,了无杂念。

这是我们的方舟,他说。他把她拥在怀里,另一只手擎着伞,或者说那伞就绽开在他和她相缠的颈项里。此刻的伞已失去了挡风遮雨的意义,它是两颗年轻心灵栖身的小屋。

这是我们的方舟,她答应他。他们相拥着,不再出声。周围是广袤无比的雨、田野、黑夜。

这世界的一切都寂静了,仿佛某种回归,某种永恒的瞬间,唯有雨在记忆的风暴里无声地飘扬。

他敲门。两下,一个停顿,又是两下。她听出是他。她一个人在家,他知道什么时候她一个人在家。她坐着没动,静静地听他的声音,熟悉,陌生,遥远,亲近,她想起在他窗下流泪的那个冬夜,她想她已经走到尽头了。她坐着没动。

待到他走了,她才站起来,走到窗下,隔着低低的窗帘,她能看见他越走越远的背影。

只要她唉一声,他便会回转来,然后是争执或是冷场,再以后是忏悔、道歉、和解,然后是分别……她清晰地看见这一切,一幕幕栩栩如生。她站着,岿然不动,很久很久,直到他消失,直到日落月升。

水泽被他妻子毁了。水泽被邀请参加世界语之友在波兰华沙举办的年会,一切费用由邀请方面承担,这消息把小城的人都震慑了,天哪,没成想这个老往邮局跑,又爱在工厂仓库里蹦跃乱舞的脏老头,竟然还有这么一手绝招!水泽欣喜若狂,他先是郑重其事地在县城新建的宾馆宴请了吉强吉美菁菁运霖,还收了厚礼,又乐不可支地跑精品屋,寻觅那些价廉物美富有民族色彩的雕塑、泥塑、手绘彩巾,打算用它们去拐骗老外们的电器产品。他正忙得开心,没成想突然被通知说,经有关部门审查,他属于不宜出国的人士。这当头一棒差点没把水泽给弄死。

后来才弄明白是他妻子告的密。他妻子先是找了市外办的一位女处长,说水泽和好几个女大学生女中学生关系暧昧,是个性欲狂,一旦到了国外,他会如鱼得水丧尽国格人格。女处长当即在有关文件上打了个"?"。她接着又跑到公安部门,把水泽跟一家海外刊物主编的全部往来信件如数上交,关于这家刊物的政治背景,她的描述令人头痛。公安部门宁可信其有不可信其无,水泽的出国就这样成了泡影。水泽这辈子算是完了。

菁菁约了吉美、吉强、运霖去安慰水泽。水泽住在六层楼。

六层楼公房曾经是这个小城最高的建筑，是小城的骄傲，然而现在随着高层建筑群的崛起，它已经显得猥琐和陈旧了。很难想象，当年小城的人对它顶礼膜拜的胜景。

菁菁，记得有一次你在电话里把水泽骂得一文不值的，这会儿怎么又猫哭老鼠假慈悲了？吉美说。

原来菁菁也给吉美通过电话的，运霖说，菁菁你也许还给吉强、洪老师，所有知道水泽的人通了电话骂过他吧。菁菁你真尖刻。

水泽这家伙也真够贱，他和那些女大学生、女中学生搅和在一起，他有拐骗无数女人的功夫，他怎么就哄不转自己的老婆！吉美冷笑着说。她的话语里有一种刺耳的近似于粗俗的意味，她从来不是这样的。

水泽的老婆也该反省反省。运霖退了一步，他离吉美远了点儿。

菁菁狐疑地看着他俩，菁菁说你们吵什么呀，你们想加盟水泽还是水泽的老婆哇？

吉强哈哈大笑，吉强说干脆划分两个阵线，男阵和女阵，上楼大战。

吉美和运霖沉默着。

水泽的老婆在砸信箱，她说水泽不在，你们别上楼了。她似乎不屑于接待他们。

他老是换信箱的钥匙，他还锁上加锁，我干脆把它砸了，看他再变什么戏法。他老婆恶狠狠地说。

一行人面面相觑无言以对。菁菁捅了捅吉强。

大姐，通讯自由么，都写进宪法了。吉强心领神会放了第一炮。

三个人忙不迭地劝解水泽的老婆。

我没办法，水泽的老婆忽然哭起来，我为我这个家，为两个儿女，她说。我跟了他三十年了，我还不晓得他呀，他出去就不会回来了，他发了迹有了钱也不会要这个家的，他这个人只配穷只配低人一等，他自私、贪财、好色，他同时给十个女孩写情诗他还用字母编号，A、B、C、D……他连朋友也要骗要卖的，他到处跟人索画讨字，讨了字画又转手卖钱，他的臭事我说不完……我就要管他，管到他死。

菁菁他们愕然，一时竟无话。也许最了解水泽的果真是他妻子。想到那些画，想到水泽销售它们的热情，他们觉着深深的悲哀。

这世界还有什么是真的？从水泽家出来大街上，吉美自言自语。她在等待一个人的回答。他沉默着。

面面相觑。她没想到他会来，他也没想到她一个人在家。

母亲、吉强他们，还有她女儿，去乡下姑妈家吃喜酒了，还要在那里过夜。她怕烦怕应酬，躲着没去。

彼此深望着，不说话，或者说在等待对方开口。凝固了的微笑、眼神，都为着一个等待。

怎么，就让我站着喝西北风？他投降，他一歪头，做出跟以往一样活泼的表情。眼神却有点慌乱。

她轻轻一笑，她后来才知道如果不是这一笑，他早已逃离了。她自己也不明白她何以变得宽容和温和了，她心里对他有着许多的怨艾、遗憾、责备，她应该关上门或者冷着脸，拒人于千里之外，而不是重蹈覆辙。然而此刻她跟他一样慌乱，她觉着他陌生了，她对他没有把握。

黄昏，城郊。总是她一个人。除了刮风下雨，她天天来，她在等待一个奇迹。他说过他还会来，她便在那儿等。当期待的焦虑、不安、激动消失时，等待便成了一种习惯，一种无法割舍抛弃的习惯，而奇迹的出现则变得微不足道了。

别把我想得那么坏，别不睬我，别老想到自己的痛苦，他小声地热情地请求她。他的国语流畅而漂亮，他就蹲在她脚边，温柔忠诚，仿佛他从未冷落过她淡忘过她。

她站起来，她不要他抚摸她，她尖着嗓子怨恨交加，她说为什么，你为什么又来？你究竟要做什么？你随心所欲想来就来、想爱就爱，你折磨一个人的感情，你不觉得你很残忍？你让我安静让我过自己的日子吧，你走……她咬牙切齿吐出最后一个字，她的手挥舞着发着抖，她说完了她用手蒙住脸，放声大哭。

他怔怔地站着。我决不是，决不是想来就来想走就走的男人。我确实喜欢你……我不明白，不明白我们怎么会搞成现在这样……你变了，你老是话中带刺你变得难以相处了，我想念以前的你，以前你单纯、朴实、善良、热情。吉美，你不也在折磨我，也很残忍吗？

她和他抱头痛哭。哭声中她觉着有什么东西失落在逝去的时间之河里了。他责备她的时候她就明白了。

拉着我的手,躺在我身边,别出声。她静静地说。

在红毛毯似的蕨草丛里,他睁开眼,看表。

还想着托福辅导?

不,已经过了。我是担心好妈妈。她会到处找我。好妈妈的脾气你也知道。我不想听她唠叨听她叹息。她是我母亲,我十六岁时候的母亲,她为我费了很多心血。要不是她管我,我都不敢想我会怎么样。

江风吹起了一叶白帆,望着遥远的孤舟,她想起了那个一去不返的青年学生,她嗅到了美丽的死亡。

我不要你走,她说。她偎着他,软弱无力。他握着她手,无言的。

他慢慢地抽出手。她睁开眼,静静地望着他,四目相对欲言又止,一切该说的都已经说过了。怨艾、责备、互相折磨,所有的隐痛都吐露了。

好妈妈……他轻轻地说。

她点点头。她知道好妈妈在灯下等他,在窗后张他,好妈妈会打着手电走遍全城,找他。她真正的对手是好妈妈,一个成熟温和洞悉一切无所不在的母亲。

她送他出门。穿过幽深的院子,桂树的残叶在夜色中摇摇曳曳,一地树影,网住了寂静、月痕,网住了细碎的足音。

她拔去门闩。他踌躇,他放慢了脚步。她扶着门,缓缓地令人不易察觉地推着。他迈过了门槛,然后他回过头来,他惊异地发现门已经悄然无声地合上了。

她站在院门后,她不知道自己为什么要伫立在那儿,她只是想听听,听听这世界地老天荒生生不息的气韵。外面的世界很静很沉,心的世界坠得很深。很久很久,响起了他的足音,他踩着河边街路的石子,一下一下,和着冬夜的风啸,悠远而且悲凉。慢慢的,那声音远了,远得经久不息。

圣诞之夜,菁菁张罗着开了派对,就在她的公寓里。吉强、运霖、水泽都去了。运霖的妻子也在,她结束了太阳部落的探险,她怀孕了,掐指算来也该有四个月了吧,可看上去她还是那么苗条、美丽。

初听到他妻子怀孕的消息,吉美怔了很久,他居然使他妻子怀孕了,他果然如他自己标榜的那样:绝对健康、正常。你是个魔女,他说,无论我怎么努力我都无法冷静,我总是失败,我感到羞耻。他这样说过。

促使他和她分手的也许正是因为这一切?吉美默默打量着他妻子孕后的身子,想。或许什么也不是,她又想。

过去的一切已成为一个永远无法揣度的谜。

仿佛什么也没有发生过,当着众人的面,他和她不时地说几句话,互相还调侃几句,他好几次很殷勤地给她斟酒、斟饮料,每次她都说谢谢,很开心地说,只是每喝一口,她都觉着那酒滴进了心里,烧灼着悄然愈合的伤口。兴许那伤口压根儿就没愈合过。

跳舞的时候他第一个请了菁菁。他绝对是个绅士，知道第一支曲子应该献给尊贵的女主人。水泽请了运霖的小妻子，水泽的原则是漂亮和年轻。他邀舞的时候意味深长地问这位别人的妻子，他说你行吗？

没关系，运霖他妻子笑着说，我照旧跳迪斯科、恰恰舞，没准那小子生下来就是个天才舞蹈家呢。她说着迸溅出一串甜美可爱的笑声。

水泽欣喜若狂，这种不顾一切寻欢作乐的人生态度完全符合他的个性，他缠着这个未来的小母亲一往无前连跳了五支曲子，一直到运霖出面干涉他才罢休。

运霖说，朋友帮帮忙，照应照应你未来的大侄儿。运霖说这话时是很洋洋自得的，他旁敲侧击有意无意地夸耀着自己绝对是个男人。这期间，运霖邀了菁菁跳两支曲子，其余的时间尽忙着和吉强聊天，他没来请吉美，吉美微合双目很沉迷很安静地欣赏音乐。她这样子的时候，一百个人也请不动她的。

灯光暗下来的时候，仿佛换了一个人，他不再拘谨、尴尬、装腔作势，他活泼大胆，言谈举止坦然自若，他说她像个白色精灵，他还说了水泽初婚时的荒唐故事，他朗诵他写给她的诗。她看他风度潇洒，说话逗人，不禁有些迷惑。她只是弄不明白，他后来怎么会惊慌失措一败涂地的。

有人拉灭了顶灯，房里幽幽的只有一支烛灯在孤独地闪光，音乐旋转起来。黑暗中她明白要发生一些什么了。

他朝她走过去，她依旧微合着双目，像是没有察觉他，睫毛在微微颤抖。多么奇怪，她没有看他，却能感觉到他，知道他在一步一步逼近，一种久违的甜蜜得令人伤感的气息和着屋里若有若无的灯光、黑暗一起走进她的心里。心的海面上，有什么在挣扎着慢慢沉没。

请，他说。他离她很近，又仿佛很远，模糊而又清晰，他仿佛不是他了。

她站起来，仿佛受了诱惑，梦游似的，脸上带着某种神秘莫测的表情，她跟着他步入客厅的空地，随着音乐慢慢地旋转起来，一、二、三，一、二、三……中速的旋转绵绵无尽，仿佛忧郁、高雅的百合一朵朵无声绽开又一朵朵悄然坠落、消失……旋律很长很长，梦幻的花朵开了很多很多，只是脚下依旧空白一片。

自始至终，他和她没说过一句话。

她后来很少想到他。他和他的小妻子于圣诞前夜在澳领馆签证成功，这消息他封锁到圣诞舞会结束，远处，摩士达的钟声响起来的时候。那些老外们急于回国过节，竟大发慈悲，一下子签发了一百多号人。

他的小妻子抚摸着自己的腹部，幸福地笑了。

从这以后她很少想到他。她也做了很多的事，她一直在努力，她惨淡经营的档案管理上等级的工程已顺利通过检查，只等上面发认可书了；她的富阳的家也在一年的最后一天拔萝卜似的迁移到这个大都市的边缘小城；她终于拿起了笔，她想试试换一种活法。遗憾的是，她这方面的尝试至今还是零的纪录。那些跟云彩一样飘忽的处处可见的灵感，当她刻意去追寻它们时，它们却逃遁了。

  这是凤尾竹，一簇簇地丛生着，竹上刻有很多的留名，从落款的年份看，已经有好几年没人玩这样的游戏了，这样古典而陈旧的游戏。这些过去的留名因为风雨剥蚀而显得斑驳陆离，一个个怪面人似的使人不忍卒读。竹丛中飘摇着一张张硕大的蛛网。在这里凭吊失去的情感，是很有点诗情画意的，她揶揄自己。漫无边际的柔情突然淹没了她全部的爱恨，那过去的一切竟变得模糊温和了，她又听见他的声音，他说，吉美和运霖，永远。他把它们刻在竹上。

  她找不到它们了。

1992 年春

衣飘飘兮袂举

她从水蒙蒙的浴室里走出来,她的身上还挂着无数晶亮亮的水珠,她走得很慢,有一颗水珠缓缓地顺着她的秀颈滑向高耸的乳房,在粉红的乳头上停留了一下,又随着乳房的波动滚落下来,接着又是一颗,两颗……她骄傲地走着,她知道自己很美,她冲洗过的身子微微泛着红,在奶白色的雾气中,在暗黄的灯光中,给人一种透明的质感。随着她那柔软的腰肢的摆动,她那平滑如玉的腹部、她那美妙的大腿两侧微微蠕动,她的全身透出一种韵律般的动感。她从这简陋的浴室里走出来,来到更衣室,简直是一只白孔雀落在荒草丛中,闪着无与伦比的美的光辉。淡淡的雾气追着她,她感到一种懒慵的愉悦。只有在这时,在这无遮无掩的时候,她才感到幸福,她才无需为自己衣着的寒酸而自卑。她有可炫耀的身子,这光彩夺目的身子!当她弯下腰拾取一枚掉落的发夹,又挺身站起来的时候,她水淋淋的身子就像一颗刚出贝壳的珍珠,闪着炫目的白光,人们忍不住把目光投注在她青春的胴体上。那些目光含着羡慕,含着妒忌,含着无奈。她意识到这种目光,感觉到这种目光,她有一种如饥似渴、忽强忽弱的涌动。她环顾左右,周围没有一个裸体可以与她媲美,这些人,不是胸脯平平的,便是乳房松弛得像两只空瘪的口袋,那些中年女工像怀孕妈妈一样腆着肚子,她们身体的曲线已彻底被破坏了。她们朝她睨视着,目光竟割不断似的,她又听到她们窃窃的笑声,带着揶揄,她猜到她们是什么意思。她没有好衣服,待会到路上,她们便会对她不屑一顾的。她们会故意地昂着头从她身边走过,展览似的炫耀她们美丽的衣衫,而她,却连一件像样的衬衫也没有。因此,她不急着穿衣,她拿了把小木梳走到穿衣镜前,慢条斯理地梳理着她那头浓密的黑发,她看见她的双眸同样乌黑发亮。她的胳臂抬起、放下,她美丽的乳房奇妙地颤动着,她舒展的身子像只欲飞的大白鸟,她尽情地欣赏着镜中人,她的心情好得出奇。假如这时候有一只手伸过来,向她乞讨五分硬币,她也会慷慨地给予的。她看见她师傅在朝她走过来,师傅快三十岁了,不久要结婚了,人瘦得像根芦柴,胸部像男孩子一样瘦筋筋的,数得清肋骨,乳房完全没有发育,腹部像只炒菜锅一样凹得很深。这样的身子看了叫人心酸,叫人不忍。她善意地转过身,她不愿师傅在镜中作这样残酷的对比,她已经察觉到师傅眼中闪过的惆怅和羡慕了。她跟着师傅朝放衣裳的木架子走去,她总得穿衣服,她也不能阻止别人穿衣服,这是她最悲哀的时刻。她看着别人戴上雪白的镶花边的漂亮胸罩,套上紧身的三角裤衩,于是,像变魔术似的,原先那些黯淡、平庸的身子顿时光彩起来,美丽起来。"佛要金装,人要衣装"嘛!师傅常常这样说。师傅此时出落得美极了,穿了件领子别致的的确良格子衬衫,裤子是用飘逸的印度绸做的,脚上是双黑色的丁字形尖头皮鞋,一双肉色的丝袜,整个地显得清新俊俏,纤巧苗条。她盯着师傅看,偷偷地,呆呆地。她感到奇怪,美丽的衣服竟有如此魅力,能使丑陋消隐。

"宝琴，进厂半年多了，没见你添件把衣裳，你太老实了。"前两天，师傅勾着她的脖子，亲昵地说，"天热了，去扯块料子，做件短袖子衬衫，西装领式样的，今年最流行的，又风凉。去哦，礼拜天回上海一道到南京路去兜兜，碰巧能买到打折头的，还好便宜三五角，我再介绍一个小裁缝给你，不过是暗的，插队落户没有去，他做的衣裳式样好，价钿也便宜……"

她摇摇头，又点点头，不置可否，心里苦涩。她没有钱，十七元八角四，这便是她全部的收入了。十二元得交给母亲，剩下的五元八角四，吃、穿、用，包罗万象了。她们厂离市区又远，她住在集体宿舍里，一天三顿饭就够她受了。她又特别会吃，一顿要吃四两饭，还不算那些水晶包、油煎饼之类的点心，五元八角四，管管吃就紧绷绷了。好在她还吃得起苦，到了月底，发生"经济危机"时，开水淘饭也照样吃得津津有味。她想起小时候把喇叭菜的根茎当水果啃的情景，想起参加工作前青萝卜干嚼嚼下饭的清苦，她便感到她现在简直是进了天堂了。她一天比一天丰腴起来，美丽起来，过去的同学路上碰到她，总要惊讶地赞叹一声：你胖了！天气越来越炎热了，爱美的姑娘们变着法儿在衬衫领子上制造出种种奇迹，比起沉闷的冬日来，这简直是花的世界了。冬天，在一片蓝灰色的黯淡中，一件哥哥留给她的旧军装便足以使她毫无羞色地出门了。当夏日的街头跳出了那些奇异美好的衬衫领子时，空气污染似的，她青春的体内亦悄悄萌生了对美丽衣裳的向往。宿舍里的女伴们，那个又瘦又小的小宁波，还有开口"×那"的老蛮娘兰珍，都穿起了花俏的新衬衣。只有她，穿着件遮不住屁股的布衬衣，一条吊脚裤，再放在枕底下压，也还是皱巴巴的不成样。她苦闷，她叹息，她畏惧夏日的来临，但当她隔着薄薄的衣衫触摸到自己丰腴的肉体时，她又感到一种莫名的骄傲，她体味到夏日对于女性的奥妙。她想去跟母亲说，求母亲通融一下。她犹豫了很久，一则母亲太凶，虽然她十八岁了，却常常为了一件小事被母亲连骂带打的，而且打得那么狠，好几次鼻腔里淌出血来，就是此刻，她的手臂上还留有她母亲打的乌青块；二则母亲太穷，她靠洗衣为生，为了送两个哥哥到农村去，母亲连家具都卖了。她知道母亲在拼命地攒钱，"过两年，总得让你哥哥回来趟把吧？"她还知道母亲每给哥哥寄封信，便要在信里偷偷地夹两元钱。然而她还是决心去跟母亲说，是不是每个月少交两元。我……我想添件把衣裳……母亲顿时变了脸色，她知道不妙，想逃，已来不及了。结果让母亲扯着头发打得好惨！母亲是个泼辣、粗俗的洗衣妇，骂起女儿来连邻居听了都啧啧长叹的。"人还没有像样子，就想做婊子了，想卖骚了？"母亲抽着她的耳光，她捂住脸拼命别转去，母亲又恶狠狠地一把捏着她腿上的肉，咬牙旋着拧着，她尖叫了一声，便跪下了。"我一生都败在你爷手里，这个枪毙鬼！现在轮到你来败我了，啊？"母亲发狂了。"阿姆，我不敢了，我再也不敢了！"她哭着，求着。也许是累了，母亲总算歇了手，用那根被石碱浸泡得鲜红的手指点着她的脑门："告诉你，每个月十二块，一文都不能少！将来满师了，拿三十六块，就得给我三十块！"晚上，母亲在屋里来回走着，把凌乱堆着的床单和衣服全扔进洗衣盆里，那些全是邻近厂里的单身汉们的。衣服散发出一种刺鼻的异味。她还是个小女孩时，就喜欢闻这种怪异的令人晕眩的气味了，母亲告诉她，这是男人身上的味，"你那个枪毙鬼爷身上就有……"母亲边说边抹了把眼泪，母亲年轻时，很会哭。这气味伴着她长大，无时不在，亲密无间，她觉得那是死去的父亲在亲近她。也许正因为母亲对父亲盲目的爱，才把对父亲的仇恨转移到了她的身上，经常无缘无故地把她和父亲扯在一起，毒打她。她知道母亲不爱她，她也不爱母亲，要不是两个哥哥疼她，把上海工矿的名额让给了她，也许此刻，她正孤零零地待在一个荒漠的山沟沟里呢！不要说五元八角四了，母亲连封信也不会给她的，"我生下你就想弄死你了，我把你丢在马桶里，是你大哥把你捞出来的。唉，早知今日，何必当初！我好歹也可以有个儿子陪在身边了，死了也有子孙送终！"

"快点穿呀！"师傅笑容可掬地催着她，便袅袅娜娜地走出了更衣室。她伸手去拿她那乏味的小汗衫、短裤头。她神色黯淡，她失去了原先的那份骄傲。那发黄的小汗衫一贴近她的身子，她便有一种厌憎的感觉，就像在一次梦魇中，面目狰狞的恶魔用粗糙坚硬的手爪搓揉她，她怀着恐惧，怀着令人窒息的羞怯，默默忍受着这种无情的蹂躏……

她走出了浴室，她穿得那么普通，一点也不起眼，还不及附近村庄里的乡下姑娘。也许到老，都不会有人爱上我的，她悲哀地想，虽然我长得很美，可是有什么用呢？那些个风流的小伙子们从来不正眼看她一眼，他们爱到她师傅机床边来跟她师傅开开大道，说些没有分寸的玩笑话，她站在一边羞得脸红红的，左脚换右脚，右脚换左脚，终于，她悄悄地走开，站得远远的，他们仍然侃侃而谈，调笑不已，对于她的存在与否，他们毫无感觉，她感到内心的刺痛,她对他们产生了一种愤恨和敌视。

三分人样,七分衣样。她应该有件的确良衬衫,无论怎样穿,怎样洗,总是挺括如新,而不是像她现在身上这件布衬衫,即使从水里捞出来就上衣架,一点不绞,干了以后也还是皱得树皮一样,没有一点神气。她还应该有条棉的确良裤子,一双美丽的丝袜,还有走起路来会咯咯作响的丁字形皮鞋……可是她哪儿来钱呢?阿姆我少给你两块钱好吗?我想添件把衣裳。她下意识地举手捂住半边脸,她感到灼痛,母亲那里是没有指望了。

"人生在世,吃穿两字,要想撑衣裳,牙齿缝里省!"她永远忘不了那一夜,母亲坐在昏暗的灯光下,抿着劣质黄酒,嚼着盐水毛豆最后告诉她的这番真理。是的,是真理。"有人相信吃,有人相信穿,各人相信不同,人只能顾一样。又想吃好又想穿好,天下没有这等好事!穿有什么意思,空架子,不实惠,还是吃好。你看我,隔三两天,抿点老酒,解解恢气,嘿……"母亲低低地笑了,她却直想哭。

"吃有什么意思?我就相信穿,情愿不吃,也要穿。你知道吗?一个人什么也不吃,光喝水,也能活三十几天呢,你看看,吃一点名堂也没有!毫无意义!一件衣裳,总归是一件衣裳,穿在身上,挂在衣架上,放在箱子里,它总归还在。可是吃呢,你昨天吃了一块肉,今天就没有了,没意思,一点没意思……"这是师傅说的。师傅捏着摇手柄,进刀退刀,滔滔地说得兴奋。她站在机床边,木偶似的只顾点头,看着那泛着蓝光的铁屑从车刀下流泻出来,她闻到一股浓浓的铁腥味。

你相信什么?她不由问自己,她觉得这问题很奇怪,不可思议,难道吃和穿是对立的,需要选择?她摇摇头,觉得这很荒唐,可是她确确实实感到了选择的苦恼。她不知道是不是所有的人都有过选择,有过苦恼,但她猜想师傅有过,她母亲有过,还有宿舍里的那些女伴们有过。她又想起了浴室里那些热辣辣的目光,想起了车间里小伙子们的冷漠,生动和残忍同时刺激着她的心,她希望人类永远不开化,永远裸着身子,永远不去为没有美丽的衣裳而烦恼……

她选择的砝码终于落到了穿的一头,天平倾斜了。她决心把伙食费克扣到最低水平,最好是零,这样,她这个月就能去买衬衫料子了,接下来再想办法做裤子,要做小裤脚管的,对,做条包屁股的小裤管裤子。现在不是破四旧那阵子了,不会剪裤脚管的。

那年她过了外白渡桥,折向大名路,她刚要跑进她住的那条小弄堂,身后传来一串匆忙的脚步声。"小阿妹!小阿妹!"一个女人的声音在喊。她回过头,看见一个三十来岁的女人朝她奔来,她站住了。那女人身材瘦小,长得秀气文雅,大概是坐写字间的,她那烫过的发用橡皮筋扎成了两束可笑的小扫把。她站在她面前求她:"小阿妹,我跟你换条裤子好哦?我要过桥,桥上有红卫兵……"红卫兵在剪小裤脚管,长剪刀毫不留情地从正中剪下,口子一直开到膝盖。她敏感地朝那女人的裤子望去,是小裤脚管!一条笔挺的、料子很高档的小裤脚管裤子!"小阿妹,帮帮忙,帮帮忙……"女人求着。她低头望了望自己身上那条膝盖和屁股都贴了"大饼"的裤子,正中还隐隐留有门襟的针脚,这是二哥的一条裤子改的。"我不换,我不换,你走吧,走吧!"

她冷冷地回答，未加思考，怀着一种幸灾乐祸的恶意拒绝了那女人。她跑进了弄堂，临进门的一刹那，她还探头张了一下，那女人依旧呆立在狭窄的弄堂口，身后是一片灰白的天空。不知为什么，她对那片灰白的天空记得特别牢，她还记得那女人的身影也很漂亮。

你真傻！你真呆！你真戆！她想象着那条小裤脚管包在她柔软的腰肢以下的部位上，她感到一种春风荡漾般的快意，她深深地懊恼，怀着痛苦，她叱责自己。

我要穿！她捏紧拳头，情愿不吃也要穿！她下定了决心。

"宝琴，吃饭了！"中午，小姐妹们敲着搪瓷饭碗走过她的机床边，唱歌似的喊她。

她坐在一只小木箱上，安静地微笑着："我……我……人难过，吃不下……"

"带点点心哦？""不要了，我只要喝点白开水……"她听说一个人不吃饭，光喝水，也能活三十几天。

看着她们走远了，她站起身，拿了只白茶缸，走到茶桶前，拧开龙头，用茶缸盛着。看着水滴溜溜地流进茶缸，待会还要流进肚皮。她看得专注，想得出神，直到水满得差点溢出来，她才如梦初醒般地赶紧关了龙头。她坐在小木箱上，一小口一小口地喝着茶，像捧着杯可口的饮料，她觉得这水带有一种微甜的奶味，她内心感到一种被洗涤过的快意，这快意掠过她的肠胃，溶进了她的血液里，她感到飘飘的，一切都变得轻松、透明了。从早上起，她就没有吃过东西，她感觉很好，她甚至感到懊恼，她早就可以这样做了！她站起来，她感到自己轻盈得像片云，她忍不住地转了一下,她还想唱,幸福溢满了她的心胸。

晚上,她拖着疲乏的腿,垂着两臂走出车间,远远的橘红色的灯光从食堂的长窗里泻出来,和着油煎饼的浓香。"咕噜噜",她的胃里发出一种古怪的声音,这声音蛇似的又滑进她的腹部,空壳般的腹部便久久地回荡着这可怕的声音,"咕噜噜,咕噜噜……"这含着嘲弄的阴险的声音!她厌恶地皱起眉头,她的胃部泛起一种苦酸的气味,她捏着鼻,加快了脚步。她苦恼地想,这鼻子难道有过敏症?

"宝琴!"是师傅在叫她,师傅从后面追上来,"吃饭去!"

"不,我……人难过……"她惨白着脸。

师傅拉着她的手:"小傻瓜,再难过也要吃点,少吃点,买一两饭,淘些大众汤,清清爽爽,吃下去就会适意的……"

师傅真是个亲切的好人,她懂得那么多,她教给她许许多多宝贵的人生经验。师傅的建议是极其诱惑人的,她感激地望着师傅,像小孩子一样听话地点点头。一两饭,只要一分六厘,大众汤是免费的,太妙了!她不由自主地一步一步随着师傅向亮着灯光的食堂走去。

一个星期飞快地过去了,她只用掉两斤饭票,小菜没有买过一只,点心没有买过一样。最近两天早上醒来,她常常要打嗝,泛胃酸。做了夜班就会好点了,她安慰自己。每个夜班都免费发放四两饭、一菜一汤。眼下,这对她具有巨大的诱惑力,她甚至感到了肠胃的蠕动,她准备吃掉一半,另一半放在第二天日里吃。

第一个夜班晚餐,她是一口气吃光喝光的,她饿坏了,她委屈了她年轻的身子那么久。她一领到饭菜,食欲便空前勃发,什么决心、希望、渴念,什么忍饥的苦熬,一切的一切全都不复存在,过滤下来的是一个字:吃!她连汤带水地吞下了那四两饭,最后是一块酱红色的夹花肉,她习惯把最好的留在最后品尝。最好的往往是一个人很少得到的,这个可怜的孩子。她咽下了口中最后一粒米饭,又咽了一大口唾沫,清除了口腔里的饭味、汤味、青菜味,又静了一下心,怀着最好的感觉夹起肉,缓缓地。她把它含在嘴里,她顿感齿颊喷香,她嚼着,发出"咯吱咯吱"的快乐的声响,她感到一阵欢欣和满足的晕眩。

"宝琴,今天吃得真多啊!"师傅坐在她斜对面,笑盈盈地望着她。

她也望着师傅。她一时还没有明白此时此地此人此景。她入魔了,她继续嚼着,仿佛嚼了许多年,又仿佛只有一瞬间,久长而又短暂,真是不可思议。直到咽下最后一口,她才恍然大悟,她违背了誓愿,她将前功尽弃!她忽然感到一阵脸红:我都做了些什么?我怎么又吃起来了?我怎么身不由己了?她用力按着餐桌,像困兽般地紧张绝望。她看到自己再也不会美丽了,她永远只能像一个灰姑娘一样,过卑微的、黯淡的岁月了,在最后一线理智的光明里,她的灵魂在呐喊。我要穿!

"做人么,就是要想穿点,有得吃,吃!有得穿,穿!吃过穿过,做人不冤枉!哪像你呀,一顿夜班餐要分三趟吃,真是想不穿!"挨在师傅旁边的一个女工插进来,对着师傅讲。她看见那个女工另外还添了一份菜,她望着她有滋有味地品尝着饭菜,她隐约记得这个女工平时穿着也是十分花俏的。人生在世,吃穿两事，为什么有的人能够两全，而有的人却不能呢？她苦闷地想着，感到一种沉重的疲倦，她担心自己是否受得了这种苦刑，她怀疑自己还有没有勇气继续这人生的选择。

那女工收了碗筷快快活活地走了，师傅盯着她的背影看了好一会，愤愤地说："哼，有啥好得意，还不是靠男朋友！总有一天要弄得喇叭腔，宝琴，我看得多了。没有意思的，要靠就要靠自己！"

急什么，将来有了男朋友，什么都有了。她记不起这是谁说的了，也许是母亲，也许是哪一个女伴。

她随着散工的人流走出工厂。公路两边是黑黝黝的田野。夜风，像蒙面的黑纱覆在她的脸上，她闻到一缕樟树的幽香和浓浓的泥土腥味，她觉得热，便拉开了领子。她看见宿舍里的小宁波和兰珍走在前面，她们手里都捧着只饭盒子，她知道那里面是什么，她手里也有一只，只不过里面是空的，刚才她吃得太急了，冷静之后她便意识到了这点，好在日子还长着哪，况且浪费的也不止是这一顿夜班餐，在这以前，她也是顿顿吃完的。她听见小宁波在问身边的兰珍：

"你那件海军领的衬衫借我做做样子好吗？"

"怎么，又要做衣裳了？×那，你倒会打扮！"

"那有啥，不吃点穿点活着做啥呀！"

"是呀，不吃不穿，作死呵！我家隔壁的阿婆活着时天天四两羌饼，一年四季穿双旧套鞋，死脱后还有两千元存折呐！乡下儿子笑煞了！嘿，想不穿！"

活着做啥？她想得穿吗？她想着，思绪落到了晦暗的深处，她感到迷茫。那个隔壁阿婆为什么不吃不穿呢？假如她有这笔钱……她深深地叹了口气，她想到现在自己一天三两白饭，她比阿婆还要俭省多了。希望，莫名的希望，如水一般从她心的岩壁上悄然渗出……

很快的，她有了一块衬衫衣料，是师傅陪她去买的，在四川中路的一爿一开间门面的布店里。师傅显然是常来的，不时跟那些营业员微笑致意。师傅告诉她："这爿店小，但经常有打折扣的零头布卖。你记牢这个转弯角子，便宜几只角子也好，积少成多么！"

她感激地点点头，在这一瞬间，她感到师傅简直是口取之不尽、用之不竭的深井，那里什么没有哇？！

从店里出来，她有点兴奋，她把那卷衣料紧紧捏在手里，想象着它被人裁剪、熨烫最后成衣的过程。她看见了身穿美丽衣裳的她，她甚至感觉到了新衣附在她光洁的皮肤上，她感到怡心的快意。这时，师傅对她说：

"这是小裁缝的地址。你一个人去吧，我不陪你了。"

她有点惶然，她看着师傅，她不明白，师傅为什么不陪她去了。

"我一个人去行吗？"

师傅站在下街沿，想了一下，又随随便便地说："还是一个人去好，妥当。你去吧，去吧！记牢，待人要客气点！"

她茫然地走着，一个人。她还在思量师傅的那种踌躇，那种犹豫，那种随便，那种叮嘱，她总觉得，在这种种后面还隐藏着另一种什么……

走进一条狭弄,在一排低矮的棚户前,她找到了小裁缝的门牌号码,她敲开了一扇黑色的木门。她走进去,她永远忘不了那间暗黝黝的客堂间,那里有一种异样的气氛。小裁缝热情地接待了她,三言两语的便拉起皮尺在她身上比画开了,上下左右的着实叫她眼花缭乱了一阵。小裁缝手不停嘴也不停:"布长一尺九,稍微长点,有派头……打胸裥吗?打胸裥显得出女同志的曲线,最新流行的,包你满意……不过,你应该戴胸罩……"

她的脸红红的,心里有点好笑,这个小裁缝有点十三点兮兮。小裁缝仍旧自顾自说下去:"里面穿件皱巴巴的汗衫,再漂亮的衣服也衬不出了!像你这样年龄,这样哆的身架子,正是穿的好辰光,要抓紧啊!"

她不由甜甜地笑了。她觉得小裁缝很能体谅她的心情,她何尝不是这样想的呢?她又想到了那年没有答应调换的那条小包裤,她感到了光有新衣裳没有好裤子配的遗憾,她深深地叹息了一声。

小裁缝仿佛洞察了她的心理似的,又接下去说:"做条小包裤吧,我这里有块现成的裤料,三合一的,黑颜色的,七折买来的,便宜货,看你老实相,我才好心让给你的……钞票不急的,十二块三角,你下次来带来好了……"

不知她是怎么答应的,她真是昏了头,她得两个月不吃不喝才能攒下那笔裤子钱,还不算做工!小裁缝礼数周到地请她站好,量了她的裤子尺寸,那过程可真是羞死人。说不出口的,小裁缝一条腿跪在地上,人蹲在她面前,用皮尺鼓捣了半天,好几次,她都忍不住伸过手去挡他,都被他温和地挥开了:

"你不要怕难为情,没有关系的……我每条裤子都是这样量的,碰到懂经的小姑娘还特地关照要量两次哎,准足嘛,嘻嘻……"

她昏昏沉沉地跑出了那间客堂间,夏日的阳光泻进她的眼帘,她不由得眯起眼。"老面皮!老面皮!"阳光下有声音在羞她。她索性闭紧眼。"老面皮!老面皮!"声音越来越响,越来越近。

她只得逃。孩子们在后面追她,唱山歌似的羞她:"不要面孔老面皮!男小囡裤子小姑娘穿!男小囡裤子小姑娘穿!"她逃着,她羞愤得流不出泪,她恨不能立刻化为一团雾气消失,或是轻轻地飑上天空,操场那么大,竟然没有一个容她藏身的地方!她已经躲着他们好几天了,她身上穿的是条男式背带裤,是大哥传给二哥,二哥传给她的。她曾要求母亲把前门襟改一下,其他的——那灰色的补丁、那两截颜色的裤脚管——她都不在乎。可母亲却连看也不看,命令她:"穿!"她只得艰难地把脚伸进裤脚管。她希望今天发寒热不去上课,或者去拾垃圾,做瘪三。"小人家讲究啥?有得穿蛮好了!只要屁股不露出来!"母亲没好气地数落她,"不讨饭,不拾垃圾,不做瘪三,你还要哪能?"母亲说着,边抖着手中白花花的肥皂沫。她一怵,便逃。操场真大啊,她已经好几天没有这样跑了,课间十分钟她也坐在位子上不动,她看着同学们推搡着,欢呼着跑出教室,她依旧坐着,像个无腿的孩子,路上,只要有同学迎面走来,她便蹲下来,把鞋带解开来,又结拢来,翻来覆去,直到他们走远,她才站起身,把书包移到前面,低头疾走。尽管她左防右防,费尽心机,然而最终还是被同学们发觉了。"不要面孔!老面皮!"那些调皮的男孩子像追逐小猫小狗一般地追逐着这个小姑娘,他们偏要绕到她前面,偏要看看她的前门襟,这些个恶毒的孩子!她猛地一把抱着一棵树,怀着本能,她贴上去,她紧紧地依靠着这棵树。行人惊诧地看着她,她视而不见,她从未这样动情这样绝望地去依恋过除她自身以外的任何人、物,在这炎热的夏日里,她含悲忍怨地哭了……

她的省俭出了名,渐渐地,她也不再推说人难过了,她丢掉了一切掩饰,她天天吃着汤汤水水的泡饭,喝着白开水。也许是水的调养吧,她反出落得更白皙更秀气了,再加上她那忧郁的模样,默不作声的举止,她显出一种沉静孤傲的气质和风度,她就像童话里的一只乌鸦,只要披上百鸟的羽毛,她就是最美和最尊贵的了。对于敛财,她变得有办法、有心计了:她吃得少,除了上班,她便总是睡觉,以减少消耗;逢到做夜班,白天她躺在床上,不食不饮,孵在帐子里,像只越冬的蛹,挨到临上班她才起床,梳洗一番,吃点隔夜的冷饭冷菜,匆匆而去。偶尔,她也偷着用用别人的牙膏、肥皂,只要候着机会。她甚至还拿过小宁波工作衣袋袋里的饭菜票。那天宿舍里没有人,她上中班,她去取衣钩上的工作衣时,手无意间触到了小宁波工作衣的袋袋,她感觉到里面有一捆硬硬的东西,她知道那是饭菜票,几乎没有什么思索和斗争,她的手就伸进了那只袋袋。她取出那捆饭菜票,抖着手,从中间抽了两张壹角的菜票,便又把那捆饭菜票放了回去。

她走着,手在口袋里捏着那两张菜票,汗津津的,她走不快,腿软软的,有点飘。她忽然觉得她已不再是她了,她问自己,你是什么?你怎么了?我不知道我在哪儿,我堕落了,我头晕,我陷入了歧途。

女工们有的是细心和算计,她们不是大大咧咧的糊涂虫,她们很快觉察到宿舍里有点不对头。"兰珍,我的肥皂怎么小点了,啥人用过啦?""鬼用过!我的牙膏本来估计要用到月底的,结果提早了五天。"她们在私下议论,她们决心要搞搞明白,她也仍然在候机会,双方都在暗中窥探寻觅,近在咫尺又远在天涯,宿舍里弥漫着一种神秘紧张的气氛。

直到有一天,兰珍在宿舍里大骂了一通,一切才平静了。那种使女工们恼火的怪异,从此便销声匿迹了。兰珍是宿舍里有名的"老蛮娘",凶得要死。那次她没有料到兰珍会做好手脚。兰珍在雪白的牙膏面上抹了一点点黑的、灰的什么,又在香皂上搞了一点名堂,待到这些痕迹被她在无意中偷着消灭了,兰珍便拍手拍脚地骂开了。那一天,楼上楼下,连男宿舍的人也都拥过来了,挤在她们宿舍门前,像听京韵大鼓一样听兰珍骂人。骂什么,她忘了,她记得自己蜷缩在蚊帐里,这一方只属于她的天地里,让蚊帐遮开了她和这个喧嚣的世界。兰珍没有指她的名道她的姓,可她心里明白兰珍指谁,也许别人也明白。

晚上,做夜班,她和师傅坐在长凳上休息,沉默了一会,不知为什么,她突然没头没脑地说了句:"兰珍今天穷骂了。"也许,她要师傅问问她究竟,然后责怪她;也许,她心里憋得难受,想倾吐些什么。师傅没有响,又过了一会,才低低地说了句:"她们的衣裳都是从自家嘴巴里省出来的。"

这是很重的斥责。她的心坠了下去。她坐着,失魂般地看着前面，又什么也没有看到。夜，死寂了一般，透着荒凉，透着凄楚。机床运转着，发出闷闷的声音，像老人沉重的叹息，照明灯薄淡的红光，仿佛黑暗的苦涩的微笑。慢慢的，师傅把手从她肩后绕过来，轻轻地，轻轻地，温柔着她湿润的眼角……

岁月缓缓地掀过了一页又一页，每一页都载着沉重和希望。她有了美丽的衣裳，花衬衫、小包裤、玻璃丝袜、丁字形皮鞋、羊毛衫……每当夜深人静，宿舍里没有了声息，她便会悄悄地坐起来。她倚坐在床架上，透过帐子，她看见围在四周的夜，看见那同样笼罩着帐子的一张张单人床，像飘泛在这夜色里的白色的小船，每一只船帆都遮掩着一个女性和一个梦。她也做梦：她把所有心爱的衣裳摆在面前，她的手轻柔地滑过那件花衬衣，她听到一阵细微的沙沙声，那是衬衣的声息，迷人的醉人的声息滋润着她多情的心，她愉快地闭起眼睛，一种潮涌般的快意掠过她的全身，甜蜜而令人酥软。她看见身穿新衣的她袅袅地来，又袅袅地去，忽而天上，忽而地下，影影绰绰，无穷无尽，像一朵朵美丽飘忽的云。她还看见一双双热情的眼睛追逐着她的倩影，烧灼着她骄傲的心，她载着这些男人的目光，仿佛载着阳光的热带女孩，快活地走在这绚丽的世界上。她甚至觉得，连黑夜也是那般明朗，身穿花衬衣的她走在迷蒙的夜色里，仿佛一朵温柔的花，连陌生的男人也会禁不住这花色的引诱，追随着她，走完长长的一程。第一次着实骇得她心惊肉跳，渐渐地她变得富有经验了，她知道怎样巧妙地甩掉这些"盯梢"的男人，有几次，她甚至故意和他们捉迷藏，在人流中忽隐忽现，她感到骄傲和满足。她记着那些色迷迷的眼睛，当她摩挲着这些美丽的新衣时，她的脑中同时也在展览这些眼睛,她知道是什么把它们吸引来的,她觉得,她记忆的橱窗已快盛不下这些眼睛了,她知道有一天,她会只属于一双眼睛的,但她现在决不,她需要许许多多的眼睛,她希望那些迷恋的目光总停留在她的身上,她希望四周站满了失意的女孩,就像当初她那样……因为这一切,她感激这衣裳,这美丽的衣裳!她把衣裳搂在胸前,她感到一阵骚动,一种渴望、一种呼唤从很深很深的谷底升起,像离人企盼着远帆,像烛火渴望着燃烧。她取过那件本白颜色的羊毛衫,一种强烈的毛感霎时通过手心传遍了全身,她颤抖着,她裸了上身,她故意精赤着上身,不用什么汗衫和衬衣,贴肉穿上了那件羊毛衫,一种勾魂的刺痒,一种撩心的摩擦……一种愉快和慌乱的混合淹没了她,她失去了重量,失去了意志,她不知道自己身在何处,不知道自身为何物,她有一种浮游的感觉,像一团雾,浮在田野的上空,或像片片绿藻,浮在微波荡漾的湖面上。她徜徉在这浓情蜜意的海洋中,不去思想,也不去作为,她的灵魂烟云般缭绕飘散……一个波动过去,瘫软的她轻轻地叹息一声。在这静寂的夜,燃烧着一颗不安宁的心。她重又扭动了一下身子,她让羊毛衫的绒毛重新来刺痒她饥饿的肌肤,她重又感到那种温柔的急躁的爱抚,她从未领受过这种温情,她感到四肢发颤,体内跳动着什么,她痉挛着,她咬着手指,她想哭,她呼唤母亲,她不知道欢乐的意义即是痛苦。

她站着,咬着手指,贪婪地吸吮着,眼睛一眨不眨地盯着她们,盯着一个小女孩趴在母亲的膝上发呆,她们接吻、搂抱、抚摸,她们发出快活的咯咯笑声。她盯着她们看,她瘦伶伶的身子还没有那个女孩子高,冬日的阳光照着她们,也照着她,世界并没有说:你跟她们不一样!她突然转身就跑,火烧屁股一般慌乱、急切,她跑上高高的外白渡桥,铁桥的浓影卧在铺满阳光的桥面上,桥面形成了黑白交错的网格,她小小的身子在这巨大的网格里移动,像只展翅的小鸟。她下了桥折向大名路,跑进小弄堂,她看见母亲坐在家门口,坐在一只小木凳上,脚旁是一只圆圆的大木盆,夏天发大水时,她和小哥哥曾一起坐在这木盆里漂过,她奔过去。木盆里满是床单和工作衣。她奔过去,她一下子扑进母亲的怀里,那温馨的散发着乳香的胸怀勾起她混沌时期的记忆,"阿姆!阿姆!"她叫着,她忘情地呼唤着,她全身都感到一种饥渴,仿佛一颗久离土地的种子,她投进母亲的胸怀……但是她被人狠狠推了一下。她毫无戒备,她竟像片落叶一般飘了很远,才重重地摔在地上,她茫然不知所措,她听见从遥远的尽头传来的母亲的叱骂:"滚开!滚开!吃饱了,太空了!"她没有动,她就那么蜷在地上,她无声地流泪,她只有五岁,她却一下子学会了很多,她那水火交织的眼睛里不会再有温情了!这个可怜的孩子,她一直要到四十岁、五十岁或许更老一些,她才会原谅母亲,宽容地说一声:"她没有空!"

夜在悄悄地流逝,一点一滴地流逝。她拥着她的衣裳,她美丽的衣裳,她迷迷糊糊,她做梦。她躺在白色的小船里,驶向若明若暗的黎明。初起的阳光淡淡薄薄的,轻洒在这个迷迷糊糊、似醒未醒的姑娘身上……

几年过去了,也有人叫她"师傅"了,她庄重美丽,她苗条秀雅,那些年轻潇洒的小伙子们都爱围在她的机床边,恭维她,调侃她，帮她揩揩机床，递递工具，爱开玩笑的人说她拥有一支青年服务队。她喜欢这种调侃，这种蜂拥，她跟他们快活地说笑，要是有一个常来的小伙子突然匿迹了，她便会怅然若失，但她从未作过认真的选择，她激动过许多男子的心，却还没有一个男人征服过她的心，她在他们那里得到的感觉远逊于她内心所经历过的那种骚乱。她依旧夜夜坐在白色的小船里，或梦或醒，或哭或笑，如醉如痴，或是白日里，她穿一身漂亮的新衣，像个拾蘑菇的小姑娘，来到街头巷尾，把那些男人的热情的眼睛（甚至还有女人的），拾进她记忆的提篮里，有时候，她什么也不采撷，只是那么自信地走过，像一个美丽的精灵闪过，带着骄傲，带着孤独的狂喜。幸福是不能分享的。

不过，她再也不在浴室里滞留了。她第一次做的花衬衣宽松得已经可以做罩衣了。

1986 年 5 月

蜜枣

一

刚进厂时我们二十个新工人像囚徒一样被关了十来天。十来天里我们不能上街不能回家。出操,学习,唱革命歌曲,吃忆苦饭,清理瓦砾场,我们女孩子还被逼着剪掉了长头发。

管我们的是个复员军人,叫李永兴。他瘦高个,模样挺斯文的可面容冷峻,一双鹰隼似的眼睛对年轻人尤其对我们女孩子很有点威慑力。厂领导对他寄予厚望,希望十来天后,经他的训练,二十个学生仔一个个乖乖地去做机器的主人。

那天出操时,李永兴对我们百般折磨,卧倒,爬起,向左转,齐步走,立定,再卧倒,匍匐前进,再爬起……口令喊得迅如闪电,弄得我们一个个蓬头垢面有气无力。

今天有一场操作表演,大家认真观看,写一篇心得体会。队伍解散前,李永兴正儿八经地宣布说。

什么操作表演?还不是捣弄那些铁家伙,没意思。男孩们大大咧咧地不屑一顾。我却怀着好奇默默地等待着。

表演在装配车间的仓库里举行。李永兴指挥男孩子们把两张钳工台移到中央。我们围着钳工台肃立,我发觉今天的事不同寻常:来了不少陌生人,他们有的神采飞扬,有的沉默寡言,还有的脸无表情神秘莫测。李永兴很矜持地对他们一一招呼。我猜不透他们之中究竟谁是表演者。

实践出真知，理论离不开实践。李永兴来了一大通开场白，然后他指着陌生人一一介绍，革委会主任，第一副主任，第二副主任，常务副主任……数完了头头脑脑，我发觉还有两个尚未亮相，一个是紧挨主任坐的神情和蔼的汉子，另一个是向隅独坐脸无表情的瘦男人。

好戏开场了。

这是我厂唯一的八级钳工陈师傅，他参加过上海第一辆国产轿车的会战。李永兴指着那汉子说。

我眨巴着眼看着陈师傅，他敦厚朴实神情坦然。我从小崇拜英雄，我觉着陈师傅充满了神奇色彩。十几年后我参加撰写厂史，我对陈师傅大书特书了一笔。第一辆国产轿车变速箱的几个关键零件是他用锉刀、钳子、凿子一下一下琢磨出来的，这使我现在仍觉得不可思议难以置信。

这位是王文祥，是拉床操作工，他虽然没有什么级别，但他以前是力学研究所的工程师。李永兴又指着那个瘦男人说。

王文祥的脸像旧时代女子穿的百褶裙，满是皱纹。他似乎不是很老，因此这皱纹便显得有点特别，仿佛一个患有早衰症的老小孩。

像只金丝蜜枣，我小声嘀咕。

李永兴听了竟扑哧一笑。这是几天来他头一次对我们表示友好。我后来才知道那男人的绰号果真叫蜜枣，他也果真只有四十多岁。

表演者竟是陈师傅和蜜枣。表演的内容是手工锯料。据说这是最简单的活计，每个工人都应有一手的。李永兴发给他们手锯、圆铁、锯条。没有什么精细的工艺要求，只要把碗口粗的圆铁一锯为二就可以了。

陈师傅把圆铁在台钳上夹紧，把锯条装上手锯，这一些他做得像白相一样。他微笑着看我们一眼，手握钢锯，脚迈成八字。他笃定自如。他是个大师。

他推第一下，锯齿便深深地咬进圆铁，来来回回，锯条快乐地切割着，跟切豆腐似的，声音匀称流畅，潺潺地和着节奏，不过一支烟的工夫，圆铁便一锯两断了。

众人鼓掌。

陈师傅回到座位上点燃了一支烟，他没有一点骄傲和得意，他的淳朴本色令我敬慕。

与此同时，蜜枣刚刚艰难地锯开一条口子。先前他穿针引线似的细心安装锯条，然后提着手锯拉开架势，挺像回事地往圆铁上推，没成想嚓的一声，锯齿轻飘飘地滑过圆铁，留下一条若有若无的虫子似的爬痕。我觉得那声音跟指甲划过锅盖一样，我难受了好一阵子。

满堂喧哗。人们哄笑着议论着，对比是明显的，英雄和狗熊不言而喻。

蜜枣对笑声无动于衷。他端详了一下手锯上的锯条，换了一根新的安上，然后咬咬牙重新发起进攻。这下更惨，锯齿一滑，他竟失去平衡，打了个趔趄。笑声比先前更响。

仓库门口不知什么时候已经挤满了人，他们笑得汪洋恣肆淋漓尽致,两个穿背带工装裤的女工笑得直往楼上厕所奔。憋不住了,她们喊。

蜜枣很沉着,又换新的,又狠命推。锯齿缓慢地扭曲地咬进圆铁,发出尖利的痛苦的声音。蜜枣的身子也随之而扭动,上身、腰部和腿错位了似的。我担心它们会随时分开。他脸上的皱纹挤得更深更密,汗水从那一条条裥缝里涩然而出。

我别过脸去。我对他没什么同情,他那样随意地一根接一根换锯条,表现出一种令人生厌的沉着、自负。钳工台成了他的实验室了,他明明知道自己不行可他脸无愧色心安理得,他对陈师傅没正眼瞧过。我不看他是因为他目中无人。他脸上的皱纹也让我难受。

历时两小时又十五分,蜜枣终于完成了他的宏大工程,其间他换了六次锯条,有三次是因为锯条崩断了。锯条崩断的时候,那钢裂的啸声惊得我心怦怦直跳,李永兴在一旁解释说这是因为操作者用力不当所致。

一根锯条值好几角钱呢。李永兴掂着锯条的残片说。他是工厂的主人,他自然心疼。

我也为那好几角钱惋惜,它赛过我三天的伙食费了。

当圆铁一锯两断,一头坠在蜜枣脚边时,大家送给他的不是掌声,而是满堂的倒彩、嘘声。

陈师傅和蜜枣的杰作并排地展示在我们面前:陈师傅的圆铁断面光滑平整,仿佛是一刀切开的,闪烁着黝黑的光泽,漂亮极了;蜜枣的凹凸不平,狗啃似的一塌糊涂。

一个搞力学研究的竟不知如何使力,这无疑是理论脱离实践的恶果，李永兴要我们围绕这个主题大做文章。

我就是在那时候认识蜜枣的，我写心得体会时我把他比作愚蠢的高贵者，把陈师傅比作聪明的卑贱者。我的结论是劳动人民最富有智慧，我还抄了一大段领袖语录，我写心得体会也没费什么劲，这样的文章在报刊上俯拾皆是。

二

十来天后我们分了车间。我没想到我会和蜜枣在一个小组天天看他百裥裙似的脸，我更没想到李永兴是这个组的组长，他成了我师傅。

他老绷着个脸，摆出一副严师的模样，老半天不跟我说一句话，哑了似的。有一次我从他目光中搜寻到一丝亲切，他似乎在关心我。我受宠若惊，迎着他走过去，他却突然转过脸，给了我一个冷冷的背影。我对他愈发怕起来，这样一来我和蜜枣倒反而接近了，和蜜枣说话尽可以随便甚至出言不逊。

关于蜜枣，有许多传说。

说他对自己照顾得很小心很周到，他床头的饼干听里总是塞得满满的，里面有华夫饼干奶油饼干椒盐饼干。不过谁也没有亲眼目睹他吃那些饼干。只有一次夜深人静时，宿舍里突然有什么跌落下来，叮叮咚咚打在水泥地上，脆亮悦耳又有点惊心动魄。

谁谁？李永兴头一个跳起来，顺手操起长板凳，注视着夜。他动作机敏，颇有几分军人本色，他以为是夜贼土匪强盗。

我……我胃不好，是我在吃……是蜜枣的声音。

李永兴拉亮了灯。地上是蜜枣的饼干听,斜躺着。

从上铺的蚊帐门里探出蜜枣满是皱纹的脸。他不自然地笑着。每个人都恨恨地骂一声你这只老蜜枣,还说怪不得经常在半夜里听见窸窸窣窣的声息,我们以为是老鼠,想不到竟是你老蜜枣。

从这以后人们对蜜枣便有了蔑视。工厂里的男人们即使有一口酒也要闹着分享的,他们粗犷豪爽,他们瞧不起蜜枣这样偷偷摸摸背着人细水长流地吃东西。

我也领教过蜜枣的小儿科。那是他从家乡黄岩探亲回来后。午休的时候我一个人躲在工具箱背后看书,蜜枣走近来,他看了看书名。

《你到底要什么》,柯切托夫,内部发行。他小声念着,念出一种很古怪的意味。柯切托夫的书可以出版了喽,他沉思地说。

我一笑。我说管他呢,什么可以不可以。我一副满不在乎的样子。

他愣愣地看我片刻。他说这不是柯切托夫最好的小说,柯切托夫写得最好的是《叶尔绍夫兄弟》,不过柯切托夫不是俄罗斯最好的小说家,最好的是契诃夫、托尔斯泰、屠格涅夫,他们的书现在没有了。

我读力学是阴差阳错,我喜欢的是文学。他有点感慨地结束了他的演讲。

我点点头。我心里开始对他有了一点好感,我听说他很有一点书,但秘不示人,我希望他会对我慷慨一点。我没开口,我用我的眼睛看着他。我想他明白我的意思。

他却沉默着无情地从我身边走开了。

看着他稳稳地坠落在工具箱尽头的破汽车座上,我万念俱灰。你到底要什么柯切托夫你这只老蜜枣。

我最后看他一眼。我决定继续看内部发行的柯切托夫的书。就在这时,他悄悄朝我招了招手。

小组里的人就在窗外阳光下聊天打毛衣对火点烟。我猫着腰挺机敏挺小心地躲过他们的视线,我明白契诃夫、托尔斯泰、屠格涅夫是见不得阳光的。

我走近蜜枣的时候,他已经在他的工具箱里摸摸索索地找什么了。当他鬼鬼祟祟地摸出一只黄岩蜜橘时,我说不出有多么失望!他刚从乡下出来时,大家明知他会一毛不拔,却故意起哄向他讨橘子吃,给他难堪。黄岩是蜜橘的故乡他自然有橘子,可他连橘子皮也没让我们闻过。

今天他算得上慷慨大方了。我虽然不怎么高兴,但我承认橘子对我也有一点诱惑。那时候市场上很少看见黄岩的橘子,而且说实话,我囊中羞涩,我很少在水果摊前驻足留步。

橘子不大。我寻思着该不该分几瓣给李永兴讨好讨好他,或者跟蜜枣一样夜半时躲在蚊帐里悄悄独享。我正寻思着,却不料蜜枣已经用他那双鸡爪子似的手三下五去二地剥开了橘皮,他小心地掰了一半递给我,其余的他依旧用橘皮裹好放回工具箱。

吃吧,他说,甜得很呢。

我隐约看见工具箱里黄澄澄的统共有二十来个。我握着半只橘子,我不相信一个人竟会如此吝啬。我飞红了脸,我觉得自己受到了侮辱。我不是两岁小儿也不是沿街乞讨的叫花子,我十八岁了，青春就是财富因此我很骄傲。

蜜枣笑着，他看着我，他在等我说点什么感激的话。我没辜负他，我说谢谢，然后我把半只橘子扔在他的工具箱上。

我慢慢走出去，走到阳光下，我对着太阳眯细起双眼。

三

据说蜜枣原先很英俊很风度翩翩的，他有过一个漂亮迷人的老婆，他的女儿十五岁了，长得小草似的，又娇嫩又秀气。

早几年乱的时候，他一家三口不知怎么被遣返下乡，后来他老婆跟了别人，那人是个不识几个字的农民。后来他设法回了城，可他的女儿却永远遗留在山沟沟里了。

这故事背后有很多谜。诸如他老婆为什么要离开他嫁一个普通农民？他为什么没能回研究所他究竟有什么问题？他是怎么流落到工厂来的？

这一切也许存在档案里，也许封在他自己嘴里，我无从猜测。

他回城时，有关部门告诉他，按照政策，他可以把他女儿的户口办回来。

他摇摇头拒绝了。

这最后一个谜更让我困惑。我见过他女儿丹妮的照片，她默默地注视着我，温柔清新，她的美丽的眼睛仿佛是一首无声的沁人肺腑的夜曲，使我浮想联翩。那照片就在他贴身的钱夹子里。我想不透蜜枣有什么理由不让他女儿回来，多少农民含辛茹苦设法供子女上学，就为的是将来能摆脱土地的束缚，而蜜枣却反其道而行之，他究竟是因为什么？

我试探着问过他。

他含含糊糊地说没意思。

我大吃一惊，哑口无言。他居然说没意思，我觉着他自私透顶。

我没见过丹妮可我莫名地牵记着她。她在这城市生活过，她不会消失。我能感觉到空气中飘浮着的她的清纯的气息，她的柔美的微笑，还有和雨燕的叫声一样忧郁的叹息。也许因为我自己也是女孩，也许因为我父亲也不怎么爱我，我觉得我和她息息相通。女孩是春天里的雨魂，湿淋淋的含着凄迷。她们有许多旁人永远无法知晓的梦。

有一天丹妮来了。她从乡下来看父亲。蜜枣没有按惯例和女儿住到家属招待所去。他来找我，他想让丹妮挤在我的铺位上。许多年过去了，我发觉他当时只能这样。家属招待所里住的不外是老夫妻小夫妻或者是一家数口，他和丹妮父女俩栖落在一个屋顶下似乎不太合适，不管怎么说，丹妮已是个亭亭玉立的少女了。可我当时认定蜜枣是舍不得付家属招待所的房租、水电费。要不是我心里早已有了丹妮，我会一口回绝他的。或者蜜枣真是这样盘算的，他怕我拒绝，他说他有不少书，他可以借给我几本。

我抓住他的话茬不放，我说口说无凭，我要他立下字据。

他下意识地后退着。何必呢何必呢，我说的话是算数的，他尴尬地说。

丹妮是很晚到的。她跟在蜜枣后面走进我们宿舍时，可以毫不夸张地说，蓬荜生辉。她娇小玲珑，她的体形显然来自蜜枣的遗传，发觉这一点时，我终于相信了蜜枣年轻时的确也英俊过青春勃发过。丹妮的脸庞白里透红，端雅秀丽，含蓄的美目像深山里的湖泊，清澈神秘，它仿佛在等待你，召唤你，静静地沁入你的心，丹妮使我自惭形秽。她十五岁我十八岁，青春仿佛外溢的灯光半透明半朦胧，在我们心的周围画出一圈温暖的光晕。我执着她的手，漫天的淋淋漓漓的春雨似的柔情，滴滴点点地敲打着我们的心房，这是神秘的少女的契合。那晚，同宿舍的女孩都去看电影了，我和她可以从容地彼此打量倾诉柔情。

她显然很爱她的母亲。她说没有妈妈她活不到十五岁，爸爸也挨不到出头。

我听不明白。我说你妈妈跟了别人你现在回不了城，你真的一点也不惋惜？

她点点头。她说她本来会饿死的，爸爸什么也不会干。她那时候只有九岁，她不敢去想那些日子。她说她觉得现在好多了。

我没敢再问。我觉着喉咙口热热地膨胀起来，有什么窒息着我。我忽然搂紧丹妮，我看见她美丽的眼睛闪烁着迷离的光斑，她那深蓝的星眸里，啪嗒啪嗒的有什么在坠落。

她在悄悄垂泪。

后来，我跟她说自己的事，我说我在家看父亲的脸色，在厂看师傅李永兴的，他们冷漠无情全跟我过不去，总有一天我要离开家庭离开工厂离开李永兴，可我不知道哪里更好。

她眼睛一亮，笑着说，你来黄岩吧。

她笑得柔柔的，给人一种遥遥在望的亲切感，也许是家乡的橘汁滋润了她的笑靥吧。我突然明白，在丹妮回城的问题上，蜜枣对我说了谎。当时他含含糊糊说什么没意思，事实是根本轮不着他盘算。

丹妮的心是永远留在母亲那里留在家乡的橘林里了。

三年后，丹妮在乡下定了亲，蜜枣很认真地在小组里散了喜糖。李永兴按惯例让组里每个人凑份子给丹妮买礼品。我去挑了一条高级毛毯。我没挑那种富贵艳丽的火红色，我要了含情脉脉的象征着童贞的橙黄色。我抚摸着那柔软的绒毛时，我心里有点伤感，一个美丽温情的女孩终于消失在城市的帷幕后面了。还会有人做进城的梦，但她永远不会了。

四

有一阵子，我怀着隐秘的少女的希望等着一个人的来信，我常去门房看看，门房的大抽屉里胡乱地散着所有的信，我在其中寻找，我总是一无所获。我觉着那只大抽屉不是一只好抽屉。间或的，我会发现一些写给蜜枣的信，那是一种很宽很长的专用信封，寄自力学研究所、中国科学院上海分院、某大学，还有一次竟寄自上海市人民政府。它们鹤立鸡群在一大堆杂乱的信中闪烁着骄傲和光荣，它们给我一种神秘和崇高的感觉。可是，偶然的，我又发觉蜜枣也用他过去力学研究所的信封给朋友写信，我突然明白这一切都是骗局，他们在互相欺骗也欺骗别人。我发觉这一点的时候，我觉着这世界很荒谬无聊。

我再不觉着蜜枣的那些信有什么了不起了,他有中华人民共和国国务院的来信我也不会冒傻气真当一回事了。我只是奇怪蜜枣竟能把过去的那些信纸信封保存得那么好,我莫名地联想到他的那只饼干听,还有橘子。

蜜枣对他和陈师傅的那场操作表演赛总耿耿于怀,有一天他跟我说,他若也是十二岁去三毛学生意,他也会一手漂亮的活计的。我受不了他的自负和他对陈师傅的轻蔑。我总觉得他输给陈师傅的并不仅仅是一根圆铁,似乎还有许多。无论在哪一条起跑线上,他都不会是陈师傅的对手。

后来发生了一件事,使我愈发相信,是命运让陈师傅拿起了锤子蜜枣捧起了书,而不是别的什么。

那次我心血来潮,我从鲁迅文集里摘抄了《社戏》中的一段景色描写,我很谦恭地对蜜枣说这是我学写的散文,请你指点指点。

蜜枣很郑重地接过我的稿纸,他挪了挪身子,尽量把自己摆布得舒舒服服的,他似乎是在准备享受。他开始认真细读:……两岸的豆麦和河底的水草所发散出来的清香,夹杂在水气中扑面的吹来;月色便朦胧在这水气里……

他仔细琢磨:发散出来……水气吹来……

我耐心地等待着,我看他如痴如醉的,心想也许这回输的真该是我了。

不通不通,他终于发表高见了,他说,你遣词造句生硬艰涩,语病迭出,文字过于华丽,缺乏真情实感,艺术内涵更无从谈起,平淡空泛流于浅薄满纸废话。他滔滔不绝口若悬河。这样的点评真是绝无仅有前无古人。

我说蜜枣，你费这么大劲你还不如去读读鲁迅先生的《社戏》，完了你列张勘误表寄给许广平，或者干脆把你刚才的妙论见诸文字，作鲁迅文集再版时的序跋，你会比先生还先生的。我说一句笑一阵子再说一句再笑，我觉得好玩极了。

蜜枣的脸色由红变白由白变青，五颜六色的。好久，他说，你不是鲁迅，《社戏》，我背过的。

五

时来运转，蜜枣的补发工资批下来了，据说房子也在将还欲还之中。人逢喜事精神爽，蜜枣脸上的气色一日胜过一日。他添了新衣服新鞋，还跑了家具店。

李永兴说，蜜枣，你老婆要没跟人多好，她现在悔不悔？他边说边扬了扬手里的锉刀，他在锉工件上的毛刺。

她没有福气呀！蜜枣撇了撇嘴说，女人就是缺少眼光懊悔来不及。他说完做了一个称得上潇洒的手势。

我站在一边，我忽然想到了丹妮，想到她那些含泪的心曲，我心里对蜜枣的最后一点敬意至此消失殆尽了。

你再找一个，找一个女人。李永兴说。

李永兴是单身汉，他从未说过他自己要找一个女人，只说过女朋友什么的。我想，女人和女朋友是有着严格区别的。

蜜枣看看李永兴，模棱两可地哼哼了两声。

你要什么样的女人你心里有谱吗？李永兴只管说下去，似乎蜜枣已经迫不及待等着进洞房了。

我刚觉着李永兴有点强人所难,我就听见了蜜枣的回答。

没有结过婚的,年龄比我小的。蜜枣很认真地说。

我惊愕得说不出话。

有一刹那的停顿。李永兴忽然扑哧一笑,他说,你是指老姑娘喽?正巧,我家隔壁就有一个,礼拜天回家我去问问,这事八九能成。他扔下手里的锉刀,拍了拍胸脯。

星期一,蜜枣例外地没换工作服,一身新衣惹人注目,他眼巴巴地磨蹭在李永兴面前,憋了好久才说,你昨天问过吗问过那个了吗?

李永兴大惑不解地望着蜜枣,好半天才哦了一声。他把那事给忘了。

工厂里这样的事司空见惯:男人们今天拍着胸脯信誓旦旦,明天见了面全部忘了,我亲耳听见李永兴对一百个人说过也有一百个人对他说过女朋友什么的,可谁都没当一回事,没想到蜜枣却认真起来。

那姑娘不在家。李永兴好歹算反应过来,他说你的事我放在心上了,下礼拜我准有好消息带来,你准备十八只蹄髈谢礼吧。

下礼拜一上班,蜜枣虽然没有在李永兴身边磨蹭,一双眼睛却猫眼似的幽幽地睃着李永兴,他似乎在犹豫又似乎在等待。

我于心不忍,我也品尝过等待的痛苦,我鼓起勇气提醒李永兴,我说师傅你给蜜枣带来什么好消息了。

李永兴一拍大腿跌坐在太师椅上。我们小组就他有太师椅,那椅子据说是早几年乱的时候从办公室流落到车间来的。

蜜枣的眼睛一刻没离开过你。我说。我觉得好笑,可我叹了口气。

李永兴没心思跟我啰唆,他在工具箱里翻尸倒骨,他找出一张女人的照片,那女人娴雅端庄温柔沉静,我问她是谁,他说他不知道她是谁。

李永兴把照片递给蜜枣说,你看看你满意吗?你要说好,下礼拜我跟她商量约会的事。

蜜枣看了一眼照片上的她,他的眼睛蓦地一亮,仿佛雨后的黑瓦,那里浮漾着惶惑、思慕、渴望、冲动的流光。看到他把照片小心地放进钱夹,和丹妮的放在一起,我感到惊奇。

我那时候不满二十,我以为爱情和青春相连才是美丽的,那种枫林晚唱夕阳如火似乎含有某种不洁的成分。假如我看见父亲和母亲接吻我会恶心死的。幸好他们从未有过。

我觉着蜜枣太差劲了。我看李永兴玩蜜枣我并不觉得残忍,周围这样的玩法数不胜数,前两天还有人打赌,谁喝谁的小便赏金五十元,结果真有人干了,悬赏的人逃之夭夭了。这事闹得满厂风雨连头头也裁决不了。

那天晚上蜜枣的饼干听被共产了。是蜜枣主动奉献给李永兴,李永兴又奉献给全体的。男人们像过节一样啃着饼干,他们回请蜜枣吸勇士牌劳动牌香烟。宿舍里烟雾腾腾夹杂着饼干的香味,三天后细细嗅嗅余味犹在。有一天他们会遗忘一切但不会遗忘这奇异的馨香。

每个礼拜李永兴都有好消息带给蜜枣,诸如她出差去了可她答应回来后即与蜜枣相约黄昏后,又诸如她母亲病了可她的另一半感情非他莫属了，还有一次她深情地向李永兴讨蜜枣的相片……

蜜枣闻此特大喜讯立即一头扎进了照相馆，他在镜头前反复摆布自己，迟迟不肯屈就那闪光的一瞬。照相师侍候得不耐烦了，请他滚蛋。后来好歹算拍成了，取照又足足等了十五天。

李永兴看了照片说，你这副尊容我不敢恭维，你还是换个好点儿的照相馆你要舍得花钱。

这样三番五次的，李永兴没一回满意过，约会的事自然也就耽搁了。

日子久了，蜜枣不再去缠李永兴了，他显然知道那是一个玩笑。这甚至都谈不上谁骗谁，跟那桩喝小便的事一样，是非难辨。激流余波，这事人们后来还议论了好一阵子，还有人说蜜枣在夜阑人静的时候躲在帐子里偷吻那照片上的女人，我猜他会不会是在亲吻丹妮他想女儿了。可我没说。两张照片放在一起，谁知道他究竟亲了谁。

打那以后，蜜枣变得阴沉了，他有时候瞥一眼李永兴，那眼睛里仿佛有个孤独的幽灵，趴在眸子深处期盼着什么。

六

有一次我出差跑了好几个省市，半个月后我回到工厂，蜜枣已经不在了，说是回到力学研究所当他的工程师去了。

往事如尘。有很多年没有看到蜜枣，我以为我已经淡忘了他。可是有一天突然我在一张机械电子报上看到一篇论文，那论文的题目是《关于普通锯条锯齿角度的探讨》，署名王文祥。文章从力学的角度对几十年一成不变的锯齿角度提出了质疑，观点颇为新颖。文章是李永兴推荐给我的，他如获至宝，他正忙着考高级技工，他要我也步他的后尘。

顺便说一句，李永兴后来对我挺好，他当时的冷漠是因为他从来没带过女徒弟，他束手无策，不知道如何手把手地教我。

吸引我的不是论文的本身，而是作者的署名。王文祥，天哪，这不是蜜枣吗？！我失声喊起来。

李永兴这才发现新大陆，他一愣一愣地说，这真是蜜枣吗？你还记得蜜枣和陈师傅比赛的事吗？他知道什么锯齿角度哇！

我没吭声，我心里也疑疑惑惑的。记忆中的蜜枣突然清晰地凸现在脑海中，过去和现在交织环抱。我怎么也想象不出他在研究所里在实验室里的模样。

谁知道呢，没准儿王文祥这名字在他们研究所里还有几个，该不会是同名同姓吧。

1991 年 3 月

早晨的陷阱

1969年某月某日早晨，跟平常一样，我离开宿舍，我走在通往厂区的郊县公路上，我在一口鱼塘边晃荡了好一阵子我很无聊。我不知道这天其实一点儿也不平常，一个漩涡一个陷阱正在前面等着我，我一无所知我是个孩子。我不知道我将很快衰老并且无药可救。

我走进车间。

一夜之间，沉寂灰暗的车间成了硝烟弥漫的战场。机床之间的过道上拉起了铅丝，一眼望不到头的大字报像从前酒店的白色布招，迎风张扬，布招下熙熙攘攘人头攒动。上班铃声扎扎实实响起来的时候，人们依旧纹丝不动，谁也不屑于去开动机器。我先是觉着轻松，寻思今天又用不着戴工作帽在工位上站八小时了，觉着仿佛过年大人们忙着杀鸡宰鸭，放生了我们一伙小鬼。待到我看清大字报上的内容后，我的心立时沉坠起来，我仿佛面临悬崖，我害怕张开眼睛看。

是昨夜甲班嘉新他们写的。写的都是大头。

大头是我们一伙的。我们一伙包括我、秀红和新上任的车间团支书咏林。我们一伙精力充沛年轻好玩，假日里我们疯疯癫癫骑车逛遍了工厂附近的田野、村庄、小镇、古园，还不辞辛劳跑到离厂区二十公里的外省县镇太仓闲逛，异乡异音，那感觉跟出国一样新鲜好玩。大头四十岁了，他童心不泯，像只好合群的老猴颠颠地跟在我们屁股后面，他为我们拍照、导游，完了还负责冲印、扩放。大头的朋友遍天下，电影院的放映员，体育场的篮球教练，图书馆的门房，杂货铺的伙计，肉庄的斩肉师傅……全是掌握票证的大人物。跟着大头吃喝玩乐处处开绿灯。他慷慨大方，他从不跟我们清算胶卷、照相纸的材料费，他那叠珍藏多年装订成册的中外电影说明书被我占为己有他也没生我的气。有一次在点心铺里，店里的伙计对咏林出言不逊，大头挺身而出拔拳相助，被巡逻的文攻武卫小分队以寻衅闹事为由关押了廿四小时，整得鼻青眼肿，大头他也没抱怨片言只语。自从咏林给大头做成了媒，我们来往得更热乎了，他的新房成了我们玩儿的据点。大头是我们最好的伙伴。他眼下遭殃了。

大字报揭发大头是隐藏在革命队伍内的坏分子，说他生活腐化思想反动，他用资产阶级生活方式拉拢毒害革命意志薄弱的小青年，他是嘴上有毛的教唆犯。我看了吓得心怦怦乱跳，小青年是工厂语言里对小学徒推陈出新的称呼，我和秀红都十八九岁，我们一起进厂我们是小青年，我想我们完了。

昨晚我们还高枕无忧在大头家偷偷听了沪剧《芦荡火种》的唱片，据说它是样板戏《沙家浜》的前身。我怀着好奇我听得很仔细，可我不甚了了我觉着它们大同小异良莠难分，我们后来又打牌赌酒，谁输了谁喝一口老土烧。大头他连输十局他喝得烂醉，神志不清，他新娘噘着嘴轰小鸡一样把我们扫地出门。也许正是在这个时候，嘉新他们在泼墨挥毫摇笔生花，我们居然浑浑噩噩毫无察觉，我们是伙糊涂蛋。

怀着本能我在人群里搜索我的同伙,我没看见秀红,不知她看没看过大字报,她一向自由散漫幼稚无知,她对大批判专栏黑板报什么的漠不关心,她是个没出息的女孩。我寻思她没准又躲在机床后面绣花打毛衣编织网袋了。进厂没多久她就沿袭了女工勤劳能干的优秀品质,在八小时内大力发展家庭手工业。我朝秀红的工作台望过去,我意外地看见她站在机床前,捋臂挽袖脸容谦恭,她在干活,车头飞转,我的脑袋晕晕乎乎起来,我蓦然明白从今往后我们得夹着尾巴做人了。

周围全是幸灾乐祸优哉游哉的人,这年头一有风吹草动无政府主义便大肆泛滥。我听见有人在议论大头,说他胆大包天竟跟小青年搅在一起,这教唆犯的罪名他担得起吗,前不久打靶场还毙了一个呢。我听得心惊肉跳赶紧避而远之逃之夭夭。

我没精打采朝我的机床走去,那机床黑不溜秋油污斑斑的,传动系统全是皮带轮而不是齿轮,都老掉牙了,听师傅说还是老白眼手里传下来的。老白眼三十年代是冒险家百万富翁,五十年代是红色资本家政协委员,六十年代是吸血鬼混世魔王,再后来他死了。听说他有三房六妾,儿女多如牛毛,他自己都弄不清他有多少小孩,听说他给他们一一编号归档,听说过年的时候有个男孩来找他要钱,他翻着白眼问你是第几号。我听我师傅说这一些的时候我觉着资本家真是腐朽没落。我讨厌这破烂机床我也讨厌老白眼,我曾经幻想哪一天我当了头,第一件事就是淘汰这破玩意还有光线暗淡的厂房,现在看来这梦想已成泡影,没准我得跟老白眼的遗产厮守一辈子。

我看见了大头,他挤在人群里装模作样挨个儿地看过来,他其实是个半文盲，他神情尴尬逢人就笑，我没敢去安慰他，我想到他的种种好处，我不明白他怎么得罪嘉新的。

我打亮了车灯。灯亮人在，这是工厂的行规，很多人在打亮了车灯后就忙乎着上厕所、串门了。窗外洗手池边挤满了妈妈女工，她们在洗床单洗尿布什么的，她们爱厂如家。我没敢磨蹭我打算向秀红看齐。

我干的是给长轴打顶针孔，俗称钻眼子，这活儿很粗糙，没什么精度要求，它很适合我今天的心情。我机械地摇着手柄，我用了吃奶的力气，听着钻头与工件撕咬着发出尖厉的呻吟，我觉着虐待的残酷和沉重的快感。不知什么时候，有人给我递来了冷却液，乳白色的细细的皂水无声地浇灭了愈益刺耳的摩擦声。我抬起头，是咏林！

他笑着，一脸的轻松诙谐，他说，你争取入党哇？然后他让我看晃晃荡荡在白色布招下胜似闲庭信步的人们，然后他又笑，他替我松开手柄，他说除了你和秀红，第三个先进工作者是老狼。我听了忍俊不禁，老狼姓郎，是个杂役工、历史反革命。据说他年轻时参加过抗日救国军，骁勇好战，和日本人干过也和新四军干过。老狼他沉默寡言改造自觉，数九寒冬他穿件单布衫忙乎，九九艳阳他身上的褂子绞得出汗水。他总是头一个进车间最后一个走，他若是身世清白他没准能当王铁人了。

我和咏林坐在靠窗的木箱上，我看咏林临危不惧镇定自如，我想他心里一定有数他知道该怎么办。我忽然心生委屈，我说，你先前在哪儿，你算什么团支书，你不知道要搞运动哇，你昨晚在大头家玩……

我说了一半我就咽回去了，咏林摇着手吓我，他真真假假地说，你小声点，你不知道墙外有耳，你嫌嘉新他们的黑材料还少哇！他边说边笑，笑得我心烦意乱莫名其妙。我想起先前有人说的打靶场的事，我说我有点儿怕。

咏林不再笑，他说，你们没事大头也没事，嘉新是冲着我来的，我当了团支书他不高兴，上头也有人不高兴，他们要把我搞下去。

我一怔。我没想到咏林当团支书的事，如一石激起千层浪没完没了。前不久咏林还领着我们一伙年轻人去松江佘山过团日，车辆、点心、茶水他安排得井井有条，他干得挺好。那天嘉新也在，他还兴冲冲和咏林来了张合影，手挽手哥俩好的。他们是同一年的兵，同一年复员，进厂后分在一个车床组，又在同一个节日里娶妻成亲，他们的履历表合在一起如出一辙，他们有很多理由成为好朋友，可他们没有。也许是因为彼此相似的地方太多，因为小组里那一茬年龄的只有他俩，两个人便成了无形的对手。

我问我们该怎么办，我的口气完全是请战的，既然嘉新把大头、我和秀红推上了第一线，我想不管他究竟是想搞谁，我们和咏林将战斗在一起。

咏林笑嘻嘻的，说今晚到我家来，你和秀红，路上小心点儿。他说得很迟缓很严肃，和他脸上的表情迥然相异。

有人在我们身边掠过。

读者也许已经猜到，咏林是我们的头儿，从某种程度上说他还是秀红和我的崇拜偶像。

咏林二十岁高中毕业的时候，他放弃高考投笔从戎，他同时赢得了班上漂亮的女生凌姗的爱情。这段革命往事在我们女孩眼中无疑充满了罗曼蒂克的美丽，满足了我们对浪漫爱情的想象，他而且热情随和，他曾给我们讲解球类常识，使我们不至于在球场外盲目拍手出洋相，周末他常常很"派"地把他和凌姗的新车借给我们，让我们骑车回市区的家。在我们单位，周末总有一支自行车队，清一色全是男子仅，浩浩荡荡飞车驰骋在城郊的公路上，为了省下来回九毛钱的车费，为了未婚妻憧憬着的"四十八只脚"，或者为了儿子的一袋奶粉，他们无怨挥霍着他们的体力，这一辉煌景观直至七十年代末才逐渐萎谢，成为历史遗迹，现在的人们已无法领略这份纯朴的快乐了。刚进厂的时候我们十来个女孩一到周末就张罗着借车，我们神采飞扬不知天高地厚夹杂在男人的车队里，说笑，超车，脱手，我们自以为惹人注目讨人喜欢，直至那十来个女孩一个一个悄然退隐，直至在很多成年女工的眼睛里读到了轻蔑的鄙视，我才恍然大悟我们在犯傻。我和秀红是最后一批退出车队的。尽管如此，我们和咏林的交情却是保存下来了。

咏林是本地人，我们厂里有好多这样的职工，也有原家居市区的，因为和当地人联姻，索性迁移过来了，比如大头。咏林的家在城中州桥临河的一所老屋里。

推开两扇木门，是一个洁净的天井，院里有口深井。然后是客厅，临河的窗是那种有着雕花图案的木窗，且做成船舷的样子，凭窗而坐看灯影桨声，很有点夜泊秦淮的意境，老屋给人一种古典的静谧。客厅尽头还有门,拉开门就是河了,有拾级而下的台阶直达河面,河水是清澈见底的,有人在这里汲水、捣衣,据说用河水烹茶,其甘醇仅次于山泉。

很多年以后我旧地重游,老屋已经不复存在,旧坎上耸立着仿古的商楼,河面上漂浮着废弃的易拉罐和开心果的包装纸。

咏林的妻子凌姗,一个温婉秀丽的中学女教师,她替我和秀红斟了茶,就上楼备课批作业去了,她是个好教师。她对我们工厂的故事毫无兴趣,她从不参与我们的谈话。在未来的日子里,她为她的清高付出了惨痛的代价,这是后话,暂且不提。

我们先跟咏林的母亲寒暄了一阵子。他母亲七十多岁了,慈眉善目神清气爽的,老人家知书达理,手边常有一卷活字排版的线装书。她还擅长做点心小吃,什么龙凤卷、豆腐饺、银耳酥,二十多年后我想起这一些我还馋涎欲滴。她有八个儿子,除了最小的咏林,其他都大鹏展翅远走高飞了,有一个在京城什么部里当赫赫大官,来接过老人几次,都空手而归。

坐在铺满了方砖地的客厅里,听着舷窗外的桨橹声,看着身穿大襟唐装衫的老人蹒跚的身影,我想,幸好她没去京城,假如没有了她,也就没有了老屋的魅力,没有了这江南古镇的悠远的气韵。

老人看见女孩最乐,她颠颠地要去下厨做山芋羹,这是她最拿手的一道点心,她能用寻常的不起眼的小红薯做成一道滑糯爽口细腻无比的甜食,据说凌姗还是个女孩的时候,头一回上门就让这道甜点心给粘住了。

秀红乐不可支地朝我挤眼睛,她是个馋嘴的女孩,她吃什么东西都喷喷有声,这使她显得十分天真可爱。好事让咏林一杠子给搅了,他说妈妈,你又没有第九个儿子要推销出手,你忙乎什么呀你去歇息。老人吃吃笑着由咏林扶进了厢房。老人对咏林言听计从。

偌大的客厅就我们三人。我们围桌而坐,我们变得严肃起来,我们并非故作深沉我们处境不妙。

白天我们乙班下工的时候,接班的嘉新他们趾高气扬神气活现的,一会儿嚷嚷说车刀没了,一会儿又咋咋呼呼说夹具怎么缺了只角。我听见一个女孩尖着嗓子说有人破坏生产啰有钱守维啰,一个绰号叫老黑鱼的中年人很女人气地挤眉弄眼咯咯咯笑,然后便是哄堂大笑,气得我想啐她们一百口唾沫。车间党支书临时召集开了个动员大会,他提了运动口号:人人行动起来,清理阶级队伍,决不心慈手软,革命进行到底。这顺口溜编得还挺朗朗上口。接着他又废话连篇大谈国际形势,他说得出神入化的时候,好几个妈妈女工悄悄开溜了。

支书的大报告结束后,嘉新作了典型发言,他先是揭露了大头的丑陋历史,说大头年轻时浪荡轻浮爱讲大话、落后活、下流话,和三教九流沆瀣一气;在国家最困难的时候,大头堂而皇之成立了吹牛俱乐部,自封部长,与国际上的反华大合唱遥相呼应;"四清"的时候,吹牛俱乐部这个反革命集团终于被暴露在光天化日之下,受到批判,运动后期,吹牛俱乐部降格定性为落后小集团,可江山好改狗性难移,大头不思悔改依旧口没遮拦脏话连篇,拉拢腐蚀不明真相的人们,云云。

我听这一些的时候我拉长了耳朵,我想假如刚进厂的时候我就知道这一些，也许我不会和大头结伙不会惹是生非，我会和嘉新一起同仇敌忾，可现在为时已晚，我们和大头已经是一根线上的蚂蚱了。咏林后来也发了言，他是以团支书的身份说话的，他先背诵了党支书的顺口溜，然后强调说谨防黑手挑动群众斗群众，最后他一挥手说我的话完了。他的发言简朴、利索、含蓄、有力，大伙儿厌倦了党支书和嘉新连篇累牍的大报告，一个劲地鼓掌为咏林捧场。我看咏林火鸡一样左右环顾自鸣得意，可接下来的尾声令我瞠目结舌不知所措。党支书宣布说经上级革委会批准即日起大头停职检查交代问题等待处理。我本能地意识到大头的问题升格了。大头坐在会场的死角，埋头吸烟，看不见他脸上的表情。我为他难过。

党支书四十来岁，娃娃脸，他为人随和，他家住农村，没有副食品票和配给燃料，他知道大头有三十六路朋友他常跟大头要烟票、肉票，借购煤卡，大头有求必应他到处通融仿佛开着证券交易所。我觉着他们处得挺好，没想到他翻脸无情他果然不心慈手软。我看着他呆板、冷漠的娃娃脸，心里对他生出一点点的敬畏和惧意。

咏林强颜欢笑他借故离开了会场，他毫无思想准备。

窗外的橹声由远而近，有船在附近泊位，河面上传来隐隐的鸡叫。

怎么样，有点紧张吧？咏林笑着开了头，打破了片刻的沉默。我和秀红满怀委屈叽叽喳喳诉了一阵子苦，憋了整天的话总算倾泻一空。我们都不敢相信又不能不信，我们有大麻烦了。今天发生的一切仅仅是序曲，谁知道明天嘉新他们又会掀起什么惊涛骇浪。

咏林耐心地听我们说这一切,他吸着烟,长腿搁在条凳上,怎么舒服就怎么摆,还微微地笑,是那种不经意的脱俗的微笑,有一点点难以察觉的嘲讽。

在以后漫长的日子里,他总给我这种超然的感觉,即使有一天他不在人世了,我依旧能感觉到他的微笑的眼睛,嘲讽地生气勃勃地注视着我们这个纷繁的世界。

秀红红着眼睛说,咏林,你想办法你想呀,我们听你的。秀红是个温顺而固执的女孩子,来的路上我告诉她嘉新他们的真实目的,他想当团支书。秀红两手搭在鼻子上扇了两下,不屑地哼了一声,这是小孩子看见狗撒尿时的淘气动作,我让她逗得哭笑不得。

咏林一笑,半晌没说话,然后他收拢腿,揿灭了烟头。这是一个信号,他有锦囊妙计奇思遐想的时候,他就会下意识地熄火。

我们也贴大字报,贴大头的。咏林平静地说。

什么?!我和秀红都站起来异口同声问。我不相信自己的耳朵我怀疑自己的听力被一天的喧闹弄残了,我想这不是咏林说的话。

大头为咏林蹲过文攻武卫的拘禁室,咏林也为大头东奔西波牵线搭桥,让大头这个"老大难"在四十不惑的时候容光焕发做了新郎,这样伟大的友谊也会顷刻瓦解一败涂地,我不相信。

咏林做了个让我们坐的手势,他漫不经心的神情居然使我们安静下来,然后他娓娓而谈,开讲座似的。我寻思他如果当年不投笔从戎,他也会报考师范学院为人师表的。

静静地聆听了有一堂课之久,我和秀红茅塞顿开受益匪浅,我们很快明白贴大头的大字报意义非同寻常,既可挫败嘉新他们声东击西的阴谋又能开脱大头拉帮结伙教唆小青年的罪名。事不宜迟我们决定立即行动。

咏林上楼跟凌姗说了一会儿话,然后就出门。我们沿着河边的小街走回厂,河里的小船亮着零星的桅灯,给古老的小镇带来一种空灵和神秘。咏林说有些船民也兼做流贼和强盗,还骚扰女人,镇里的女孩都不敢走这条小街,我和秀红把这当传奇故事听了,我们还笑。假如我们知道有一天咏林在这条小街走过就再也没回来,我们就不会笑了。

空无一人的废品仓库。

咏林拟题打稿,我和秀红溜出仓库偷袭了办公大楼,我们不费吹灰之力找来了毛笔、墨汁、白报纸,这年头就这些玩意儿好找。

咏林执笔,他会一手漂亮的行书,他扔了草稿挥笔成章,连着写了二十张,一一铺陈在空地上蔚为壮观,内容有《票证的背后是什么》《谨防糖衣炮弹的进攻》等等。我从三年前开始浏览街头大字报,十里南京路上琳琅满目的大批判专栏是我最早的人生课堂,我到过复旦、华师大,大学生的文采斐然的批判文章令我流连忘返,我从中窥探这陌生而精彩的世界。我跟他们要来一本本的批判黑戏黑电影的专辑,我专挑内容简要看,于是我知道了有莎士比亚有汤显祖有莎菲女士日记,知道了课本以外的另一个天地，我辜负了专辑编者的好意。我从那里开始我最初的文学熏陶，我走的是荒诞不经的人生道路。

鉴于三年来的阅读经验，我看咏林的文章，我觉着文笔犀利语言流畅，有些地方甚至称得上华丽，我觉着咏林才气非凡知识渊博，我明白了身为大学生的凌姗和普通一兵的咏林的感情基石和源泉。

大字报揭露批判大头投有些人所好用票证拉拢腐蚀干部群众的罪行，虽然没点出被腐蚀者的大名，我寻思党支书看了准吓得不敢再跟大头要糖票烟票肥皂票了。我说明天这大字报一出笼，大头的证券交易所要关门了。秀红捂住嘴叽叽叽笑，咏林也笑，咏林说你们只管跟大头划清界限吧，我会跟他打招呼的。

这就是说，明天看见大头得视而不见避而远之了。秀红叹口气说，大头要孤单了。

想起大头的好合群喜欢热闹的性格，我们都有点怅然。咏林安慰我们说，大头不是头一回吃夹档了，他能挺住。

一时无话。

秀红在仓库里胡乱地走着。仓库很大，破机床，旧钢板，废齿轮，东一撮西一簇堆出了小巷似的通道，走在里面像进了迷宫似的，有时候看不见秀红的人，只有她的摇曳的巨大身影在黯淡的灯光下晃来晃去的。咏林说，像电影《永不消逝的电波》，拍电报，搞地下工作。他说这话的时候，亮着的小灯照着他宽宽的前额聪慧的眼睛，而周围是迷蒙的夜色、若有若无的魅影。很多年以后，我都忘不了这一刹的神秘和庄严。

墨迹未干，咏林让我们坐等，他说索性等嘉新他们下了工，我们也来一个出其不意,攻其不备。他后来心血来潮吹起了他在部队里的丰功伟绩。他说他曾经三天三夜没合眼,他为连长精心炮制了一份讲用报告,那报告后来刊登在团部的通讯简报上,风靡全团,连长出足了风头。没想到因福得祸,咏林他莫名其妙地开罪了指导员,入党提干他后来都没份,他想起来就灰心。他从军时的梦想就这样泡汤了,说起来令人不可思议,就因为一份讲用报告,因为某某人的印象不佳。咏林没告诉我们他的梦是什么,我猜想不外是将军元帅什么的,我想起团日活动时,咏林有条不紊的指挥和安排,他今晚的挥笔成章的才气,我觉着他比那些个娃娃脸,比擅长开会发言的嘉新他们要强好几倍,我不明白上头怎么会认为咏林不具备当团干部的素质。

  咏林当团支书是阴差阳错的事。车间头头先是内定嘉新的,他们让嘉新担任整团建团小组组长,不言而喻嘉新是法定的团支书了。那阵子车间正赶着加工一批军工产品,这产品将安装在一种新型的坦克上,代号叫雄狮的。为了让最可爱的人早日驾驭雄狮,我们斗志昂扬每天工作十六小时,在全世界基督徒做礼拜的日子里我们参加共产主义义务劳动,八小时以外的工作报酬是免费提供工作午(晚)餐。那些个紧张繁忙的日子里,咏林的表现相当出色,他的大名天天出现在加班人员的红榜上,最后几天他把铺盖卷都搬到了车间里。与此同时,嘉新却忙着在市里参加学习班听报告学文件,连个鬼影儿也不见。军工任务圆满结束之时正是团支部正式选举的日子,天时地利人和,一时间咏林的呼声大大盖过了嘉新,党支书为防不测找了咏林谈话,要他在团员中做做工作,以确保嘉新光荣当选,并且暗示说这是组织决定。

党支书是做思想工作的老手，自以为工作到家，没想到适得其反。

咏林一气之下把谈话的事儿捅了出去。团员们义愤填膺不愿被当猴耍。他们和头头对着干，一致拥戴咏林当团支书。嘉新见势不妙也努力暗中活动过，可他的两个亲信都是非团员他孤掌难鸣。选举结果，嘉新统共才得了一票，连个委员也没捞着。关于那一票的来历，有一种别出心裁的说法，说是嘉新自己圈了自己。茶余饭后，嘉新成了人们说笑消遣的对象。

子夜时分，下工的铃声终于拉响了。车间里的灯依次熄灭，人声越来越远，又隐隐地听见厂门口的铁栅轰隆轰隆合上的声音，厂区随即沉坠在一片无垠的夜色里，寂静突如其来从天而降，我莫名地紧张起来。

我们开始行动我们到车间去。咏林熄了废品仓库的灯，我们摸黑在旧机床的过道里走。在死一样的寂静里，我依稀辨出了身边的一台S形六尺大车床。这车床绞死过一个二十岁的年轻人。那年轻人的衣襟被带进了大转盘里，然后是他的身子……厂领导在血迹斑斑的现场召开安全生产课，让我们新进厂的青年依次绕场而过。有好几个没出息的女孩当场就吓哭了，我也是其中之一。从这以后我走进工厂大门心就忐忑不安大祸临头似的。我把头发绞得比男孩子还短，我不觉着这有什么好看，可我热爱生命。此刻，我走在这台杀人的机器旁边，我的手甚至都触摸到了那可怕的转盘，似乎有人攥住了我的衣襟，我咬牙切齿双目紧闭我想我完了。就在这时，秀红尖声叫起来，是那种带着哭泣的求助的孩子的叫，不顾一切惊天动地。

咏林抱住秀红。他没法不抱她,她在呜咽、发抖,语无伦次。她指着那大车床她说她看见那个挤扁了的死人。她扑在咏林肩上哭了。

我丧魂落魄战战兢兢地靠着他们,我想到工厂生活的乏味、无聊,想到机器的无情,人的无情,我也想哭。

我学生时代的梦想是当个女工程师,跟《叶尔绍夫兄弟》里的伊斯克拉一样,美丽、能干,身边围着一大堆等候调遣的男人。我是个野心勃勃的女孩。

咏林也是,他有他男人的梦。他想血洒疆场想出人头地名垂青史。我们都没能留住我们最好的梦。也许正是这一点,使我们走到一起来了。

渺茫的夜色里,咏林脸色苍白,他抱着秀红,他说不怕,我们什么也不怕。

我们后来到了车间,我们看见老狼,老狼也看见我们,我们谁也没跟谁打招呼。老狼存在的意义对于我们车间全体而言,是有人干杂活可以供你使唤。除此以外你尽可当着他杀人放火偷盗抢劫,他管不了、不敢管、轮不着他管。二十年以后的今天,当我写这一些的时候,我萌发了采访老狼的古怪念头,我想沉默的老狼一定看到过很多黑幕下的鲜为人知的行动。可惜他已不能向我叙说这一切的故事了。他涎着口水坐在轮椅里,阳光下他跟以往一样沉默,曾经有过的骁勇、能干都从他身上消失了。

针锋相对,我们也在车间的过道里拉起铅丝,二十来张大字报一字儿排开,瀑布一样恢宏壮观,对面嘉新他们的大字报相形见绌了。我干得很来劲,我希望这一切真能拯救大头拯救我们一伙。我还想没准能转危为安来个火线入团。我老爹总嫌我没出息挣不着团票党票，我打算待会回到宿舍连夜打入团申请书。

早上。我若无其事走进车间，我看见大头就坐在门厅的一张课桌后，他朝我挤挤眼，然后专心致志看《敦促杜聿明等投降书》。这就是人们称之为"摆测字摊"了。先后在那儿摆摊的有日伪时期的翻译官，一贯道的道长，走方郎中，再往前推我就不知道了。我进厂才一年多，我亲眼目睹的就这些。

我没在大头那儿停留，我怕惹是生非。我从大头的眼神里猜出，咏林已经和他打过招呼了。想到他的忍辱负重，我轻松不起来。

我穿过门厅，我看见了意料之中的情景：许多人簇拥在那二十张大字报下议论纷纷。经过长年的熏陶锻炼，人们已见怪不怪，反而津津乐道于大字报的文采、字体，评头品足了。好几个人竖着大拇指夸：高！高！发出赞叹的大都是年轻人，他们唯恐天下不乱无机可乘。外车间也有人慕名来看。厂宣传部门有个搞大批判专栏的秀才也夹在其间忙着摘抄。这家伙后来把这些摘抄改头换面七拼八凑投寄到解放日报，居然全文刊登。后来他平步青云混进了市委写作班，幽居在西郊一个很神秘的别墅里炮制重要文件，再后来我就不知道了。世事沧桑，不知道他现在仕运如何。

人们纷纷打听这大字报是谁的杰作。他们猜不透三人中究竟是谁起草谁挥毫泼墨写了这大字报，他们猜是集体创作一人执笔，又猜是另有高手，风闻高校有红卫兵来串联过，没准就是他们。我故意笑而不言秘而不宣，我想留下历史悬谜让后人来考古，可秀红吞吞吐吐欲言又止的，让人猜出了好几分。真正按捺不住抛头露面的是咏林自己。

咏林和几个年轻人聚在一起，就是那两个赞叹说高、高的。咏林大言不惭吹嘘他是神笔马良，他说不要提是二十张，就是二百张，他也是一挥而就不费吹灰之力，他说他从来不打底稿他没那么差劲，然后他又说他部队里的故事，就是他替连长写讲用报告的故事，他说全师都风靡了。一夜之间，他从团扩大到师，我寻思他明儿要升格为军了。隔着好几个人我听他说这一切，他跟平时一样漫不经心生气勃勃，我还觉着他有点儿狂妄可爱，也许男人就该是这样。我想起昨晚他挥笔成章一气呵成的奕奕神采，我相信他真有连着写二百张的能耐。

我们得意猖狂了一个上午，中午的时候，风云突变。

嘉新和他们班里的两个女孩出现了。他们抱着厚厚的一卷大字报，一进车间就忙着张贴。正在一边儿聊天、剔牙、吸烟的男人们尾巴似的跟了过去，躲在机床后面忙着从事家庭手工业的女工们也磨磨蹭蹭地站起来，眼下此起彼伏的明争暗斗令人亢奋和激动，车间里又热闹了。

我远远地看着，看着嘉新他们攀上落下看着一张张墨迹未干的大字报在他们手下连成一片，蔓延到车间尽头。他们的第二次进攻如此之快令人吃惊。他们先前没来过车间，可他们显然知道今儿早上车间里发生的一切，有人在通风报信出谋划策。他们脸上还挂着昨晚夜班工作后的困倦，我猜他们跟我们一样，都没顾上休息睡觉。这世界真疯了。

我晃晃荡荡若无其事地走过去我学会了伪饰，我去看大字报。有一种森森逼人的气息从那白纸黑字里渗出来，冷漠无情寒心彻骨。我担心他们会虚构出个"新牛皮俱乐部"，封我们一伙做俱乐部主任、副主任，一网打尽。我不寒而栗。我哪里知道，即将发生的事远比俱乐部什么的更可怕更无法承受。

大字报的标题触目惊心："挂羊头卖狗肉""悬崖勒马回头是岸""黄色幽灵阴魂不散"。第一篇的内容是嘲讽"某些人"假批判真包庇，虽然没有指名道姓，可人们一看就明白说的正是我们一伙。我们通宵达旦废寝忘食的劳动果实被他们贬得一文不值。第二篇说大头流氓成性淫秽下流，罪证是大头对北嘉线某女售票员的风骚妩媚垂涎三尺，为了一睹芳容，大头在露天车站候了三个小时，忍饥挨饿不厌其烦；还说大头曾经一而再、再而三地模仿表演市篮球女队最漂亮的三号运动员的走路姿态，沾沾自喜丑态百出；说大头对加工的工件如飞轮、齿圈、长轴什么的，公然用人体的某种器官比拟，淫秽色情，毒害小青年的灵魂等等。这篇大字报下面簇拥着的人头空前绝后，人们像看黄色小报一样摇头晃脑津津有味。说实话，这些下流言行在工厂里司空见惯比比皆是，它是平庸生活的调味品，然而一旦见诸文字，便具有了更强烈的轰动效应和阅读快感。我看得脸红心跳我觉着大头真是个十足的混蛋。我赶紧前移，看第三篇大字报。

我刚看了个头就觉着头晕目眩，世界摇晃起来，我不敢相信自己的眼睛，大字报白纸黑字我的鼎鼎大名赫然在目。

嘉新他们绘声绘色叙述了一个电影镜头般的场景：昏黄黯淡的灯光，老掉牙的手摇唱机，精神萎靡颓废的听歌者，靡靡之音如幽灵般在黑屋里悄然回旋。大字报言之凿凿地标明故事的发生地点在大头家,还披露了听歌人的名单:秀红、大头和我。日期是×月×日深夜。老天,这正是我们听《芦荡火种》的晚上。不知是有意还是无意,黑名单中没有咏林。

我有一种被监视的可怕感觉。我想不出我们是在哪儿露了马脚。没准是大头借唱片时说漏了嘴,或者是秀红对那个有点儿女人气的中年人无意间泄漏了秘密。那家伙跟嘉新他们好得一鼻孔出气,他又老在秀红机床边转悠,他喜欢漂亮的女孩。我问了秀红,秀红急得跺脚说没有没有哇。我再想不出别的什么破绽,我觉着这个世界充满了陷阱和阴谋。

嘉新他们并没有对我和秀红大加挞伐,他们的斗争锋芒始终瞄准大头。他们很聪明,他们呼吁我和秀红勇敢地站出来反戈一击,和大头划清界限,云云。

我们怎么办?若是我们如实以告我们听的是大毒草《芦荡火种》,我们准会担上破坏样板戏的罪名,若是我们保持沉默我们会被人说三道四另眼相看。听黄色音乐的女孩名声一败涂地犹如失去贞操。我曾经收到过一个漂亮男孩的求爱信,他赞美我是纯洁的安琪儿,我不知道他看了这大字报他会怎么想。我想到他失望的眼神我心疼万分。

我回到工位,我无言地目送嘉新他们走出车间。他们在大头的测字摊旁停了下来,嘉新声色俱厉地说着什么。大头环顾左右时而点头时而摇头,仿佛很驯服又仿佛有点儿心不在焉。大头他不愧为久经沙场经验丰富。尽管如此,我依旧感到羞辱,感到他们诘问的不是大头,而是我,是秀红,是咏林,是我们一伙。

休戚相关,唇齿相依,唇亡齿寒……我想起一连串古语。

嘉新身边的那两个女孩是和我一起进厂的。集训的时候我们睡在一个屋里吃在一个锅里,可我们合不到一块儿。她们聪明伶俐文雅端庄,她们不喜欢东跑西颠惹是生非,她们本能地疏远秀红和我。下车间分班的时候,我们四个女孩被合理分配甲班乙班各半。随着彼此生活圈子的形成,我们越来越疏远,又渐渐地有了摩擦,有了龃龉,诸如在交接班的时候,悄悄把顺手的好使唤的刀具藏匿起来,置对方于困境而不顾;接着对方有什么男孩打电话来找,没好气地回说不知道,如此等等。前者是师承工厂传统的"留一手"旧习,后者是无师自通。

天长日久,我们变得锱铢必较变得热衷于互相伤害了。我们彼此的朋友也有意无意地参与了这种微妙的对峙和较量。

有一次嘉新出黑板报,写过一篇短文,题目是《游山玩水者戒》,他危言耸听说什么玩物丧志,他是在暗中攻击我和秀红喜欢东跑西颠喜欢拍照留影的生活方式。为这事咏林和他吵过,说嘉新偏离了大批判大方向。咏林和嘉新争得差点打起来。

看着那两个女孩的积极劲儿,我已经分不清究竟是我们四个女孩卷入了嘉新和咏林的纷争,还是他们卷入了我们的纷争?

星期天。我们骑车去一个叫浏河的渔港小镇玩。

第一次,少了大头。为了他也为了我们自己,为了大家好,我们已形同路人。只有咏林,似乎还在暗中和他来往,可他从不跟我们说这些也不允许我们打听,他说有些事儿不知道比知道好,他还说他有责任保护我们。

没有人插科打诨,没有人开有点儿庸俗的低级玩笑,旅程显得乏味而单调。

出发的前一天,我和秀红就已经在车间里大声嚷嚷玩儿的事了。我们想让嘉新他们看看,在他们恶毒的人身攻击下,我们依旧活得很潇洒。

与其说是玩,还不如说是开碰头会。半道上我们就迫不及待地停下来,商量反击的事了。

关于听唱片的事,我和秀红以公开信的形式做了说明。我们偷天换日说那晚我们在听革命样板戏《沙家浜》,然后我们就大谈对样板戏的深厚感情,最后我们发誓要听革命戏做革命人。嘉新他们对此表示沉默,我寻思他已黔驴技穷。

公开信的另一个意义便是公开与大头通气,统一口径。这是咏林的妙计。

我们坐在公路后面的斜坡上,提到这公开信就乐。

咏林说嘉新他们的黑名单中没有他的大名,这是嘉新的离间计,意在分化瓦解挑起我和秀红的不满。咏林还无中生有嘲笑我们,说秀红看了大字报后就噘着嘴,仿佛他前世欠了她很多似的不给他好脸色看,说我对他敬而远之,看他的目光跟看街头小报一样狐疑。他说他后来执笔为我们写了公开信,替我们洗刷了罪名,我们也没对他说声谢谢。咏林的风趣和幽默驱散了没有大头的寂寞,我和秀红忙着抗议、否认,我们哇哇哇叫我们还笑,秀红急得捡起田里的土疙瘩掷咏林,骂他是狗屁。秀红对狗的习性深恶痛绝。笑完了闹完了,我们不约而同异口同声我们问咏林:

怎么办?

以其人之道还治其人之身。咏林说。咏林胸有成竹颇有领袖风度。

我反复咀嚼领会这句圣人遗训,我有点儿丈二和尚摸不着头脑。我正费劲琢磨,秀红她倒挺开窍,她说对,对,我们也揭发他们听黄色音乐。她说那两个女孩听过《天鹅湖》,就是那种穿超短裙三角裤衩跳脚尖舞的舞台音乐,下流极了。秀红说她有确凿的证据,诸如时间地点人证什么的。我听了欢欣鼓舞,我急于报一箭之仇我说我们回厂吧。

咏林摆摆手,他说你们不要扰乱斗争大方向给人抓小辫子。他边说边笑,笑得我面红耳赤自惭形秽,我说你有高招你不说拉倒。我恶作剧地拉了秀红就上了公路,我们骑车飞蹬,把咏林一个人扔在后面。

出门的时候,咏林出于好心说三个人合骑两辆车,他轮流载我们。现在他自食其果。他在后面挥手乱叫,他后来只能驱动两腿一步一步踽踽独行,望尘莫及。

我和秀红笑得肚子抽筋。

骑了有两站路之遥,早已看不见咏林的鬼影儿了。秀红说行了吧?秀红是个软心肠的女孩。她日后为她的软弱付出了一生的代价。考虑到有可能我会火线入团,会成为咏林的忠实部下,我答应见好收篷。我们后来在路边的草垛下歇息,我们在那里等咏林。

我斜倚在草垛上,吸吮着大地母亲的气息,秀红微闭着眼,一任田野的阳光漫过她的可爱的脸庞。草秸的野香在我们身下弥漫,把世界渲染得纯净无邪,有一种恍若隔世的似曾相识的感觉慢慢袭上心头。

咏林一拐一拐地过来,他的夸张的狼狈逗得我们又笑。将功补过,我们把他安置在草垛中间,阳光最充足的地方。大地,草秸,阳光,混合成一种迷人的芳香,令人沉醉。咏林有一阵子没说话。

咏林歇够了才慢慢地说出他的锦囊妙计。他说设法在嘉新他们那伙人中也揪一个"大头"出来,来个两军对峙旗鼓相当。我和秀红乖乖地支颌聆听,我们不再费劲儿琢磨不再胡扯张三李四。你有一个聪明的朋友你就会偷懒会不动脑筋。

咏林已经瞄准了对方一个目标,就是那个有点儿女人气的中年男人。从很早的时候起,人们就叫他老黑鱼了。他是嘉新的师傅。据说嘉新结婚的时候,老黑鱼送了新娘一块上海牌手表,这在六十年代末,其厚重令人瞠目结舌艳羡不已。后来有人分析说,这与老黑鱼偏爱女孩的心理有关。

老黑鱼擅长讨好女孩。在拥挤的食堂餐厅里他常常热心地为那些馋嘴女孩排队抢购热门点心,每星期一的长途汽车站,他总有座位票留给那些花容月貌的漂亮女孩。为这些座位票他得排好几个小时的队,他心甘情愿,他是个怜香惜玉的护花使者。

老黑鱼开心的时候会咯咯咯笑,会挤眉弄眼,似乎他与你有着很深的交情似的。说实话他一点儿也不讨人喜欢他比大头差得远了。出于对杨子荣、李玉和这样骁勇、剽悍的英雄的崇拜,我本能地疏远他。

咏林后来告诉我,黑鱼是鱼类中最狡猾最善于逃遁的家伙。

老黑鱼的父亲是当年上海滩大名鼎鼎的"汽配大王",他垄断了从运输卡车到名牌轿车的零件修配,他腰缠万贯。据说他那个家族全盛时期,家庭车库里停有马车、轿车、三轮车、自行车,千奇百怪五花八门。很多年以后我参与撰写上海地方史,我发觉这个传说折射了十里洋场的畸形繁荣,它很真实。我发觉这一点的时候我已经很老,我戴上眼镜了。

老黑鱼从小锦衣玉食享尽了荣华富贵。从十六岁起他就是四马路涵香院的常客,他有好几个红粉知己。有人预言他会偎红倚绿风流一世。没成想"汽配大王"突然病故且留下一份令人百思不得其解的遗嘱。老先生把所有的财产连同家宅一并传给了长子,一个有点儿呆气的留法博士,留给这个宠儿的却是一纸学艺合同。他让小儿子到他最初发迹的工场间去拜师学艺从头做起。老先生也许巴望他的宠儿会创造第二个奇迹。

老黑鱼先是和他的哥哥死乞白赖躲在涵香院醉生梦死。谁料想他的呆气的哥哥恪守父训毅然决然断了他的财源,继而又把他拒之门外。老黑鱼眼看大势已去万般无奈,只得下工场间当工人当穷光蛋。忽然间风水变换沧海桑田,天安门的二十八响礼炮使他因祸得福,他成了工人阶级一员重新做了工厂的主人,他那呆子哥哥反倒沦为改造对象。后来的历次运动如三反五反、四清、横扫一切牛鬼蛇神,老黑鱼都沾那么一点儿边,可他每次都侥幸逃脱平安无事,他是条真正的老黑鱼。

透露这一切的是厂部领导班子的副主任,他挺欣赏咏林极力推荐咏林进入了厂团委筹备组,他认为我们车间的混乱状况是暗中有人操纵的结果。他说他不喜欢搞小动作搞突然袭击。出于义愤他跟咏林透露了关于老黑鱼的档案材料并面授机宜。据说这种做法并非是他首创。顺便说一下，他精明强干雄心勃勃，他后来在一次绝密产品大会战中显示了出色的管理和组织才能，他为此得到国防部的嘉奖他也为此而毁了前程。很多年以后的一个早晨，他绕着工厂围墙狂奔而后扑地而亡。他的神秘的死唤起人们廉价的同情心，追悼会上人们说了他一百个好。

找准老黑鱼这个目标，我以为是慧眼独具。我因此而对那个副主任心怀敬意。每个时代都有它自己的英雄，我想他属于他的时代。

咏林拟了大字报的标题：资产阶级的孝子贤孙——揭老黑鱼的真面目。这可是个货真价实的阶级异己分子，相形之下，大头逊色多了。大头十六岁的时候穷小子一个，只有力气干活，没有勇气找女人，至于什么涵香院，更是天上胜景可望而不可即的销魂窖。我想我得为大头消仇解气，我提议这标题用刷墙的排笔写成斗大的字贴在车间的外墙上，排山倒海触目惊心。咏林点头称好，他又想出新招他说这回得打个底稿，让厂广播站一天三次连续广播。厂广播站站长是团委筹备组的组员，他和咏林已经沆瀣一气同生共死了。

我和咏林策划得挺来劲儿，我们觉着事不宜迟必须连夜行动，我们想象着第二天的浩大声势，觉着老黑鱼这回是吃不了兜着走了，嘉新他们也只得哑子吃黄连不得不忍痛割爱了。我们笑着我们忽略了秀红，忽略了她的犹豫她的忧郁。她脸色苍白她侧脸的坐姿传递给我一种忧愁一种不安，可我没在意，我亢奋、激动，我漠视了身边的风云，它使我们的一切努力都归于徒劳。

老黑鱼失踪了。

当一切都如同预料的那样出现,当斗大的标语刷上白墙,当广播员慷慨激昂的嗓音响彻在厂区上空,当大伙儿寻思该在车间门厅安置新的测字摊,让老黑鱼和大头两两相对唱对台戏的时候,人们才发现老黑鱼压根儿就没来上班。

也许他突然生病了,也许他家有要事,谁都有这样的时候。人们幸灾乐祸地想象明天老黑鱼兴冲冲踏进车间会是如何一副惊魂落魄的模样。

心存疑窦的是咏林。他看嘉新从容不迫及时贴出了批判老黑鱼的大字报,他猜他们事先得到了风声。老黑鱼的无故缺勤并非偶然。

我不以为然。我看嘉新他们的一举一动所有的程式跟我们原先的如出一辙。他们惊慌的眼神泄露了他们真实的内心。交班的时候,我发现那两个女孩完成的工作量创造了历史新纪录,我联想起那个可怕的早晨我和秀红忙于赎罪认真工作的情景,我觉着这世界变幻莫测令人难以捉摸。

我想老黑鱼逃得了今天逃不了明天,逃得了和尚逃不了庙,我说咏林,你担心什么。

咏林摇头。咏林就是在这个时候给我上了黑鱼鱼性的常识课。他说黑鱼是鱼类中最狡猾的鱼,它能从渔人的手里"滑"走。他说假如明天不见人,他要采取措施了。

我说咏林是神经过敏。

娃娃脸又召开了车间大会,今天他的开场白顺口溜是政策和策略是党的生命，党的政策是给出路的政策。跟先前那个咄咄逼人"决不心慈手软"的口号相比，似乎温和多了。但是接着娃娃脸又声色俱厉地宣布了关于老黑鱼停职检查的决定，这让我越发觉着娃娃脸令人难以捉摸了。

咏林和嘉新也都发了言。他们发言的内容不外是批判大头和老黑鱼，他们冠冕堂皇公允严正，他们都没有庇护谁。只有细心的人，或者说有心人才能分辨得出其中的奥妙，知道他们真正攻击的是谁。两个人像摆擂台似的。至此，两军对峙的局面基本形成。只是少了老黑鱼这个大目标，咏林和嘉新的发言便显得空洞和乏味了。至于虾兵蟹将们口号式的发言，则更不值一提了。

第二天，老黑鱼依旧没有露面。我才觉着事情一点儿也不简单。

娃娃脸有点儿紧张。他让咏林给老黑鱼的家属打电话，得到的回答是昨天一早老黑鱼就去单位上班了，他没回过家。

他不在宿舍里吗？你们单位搞什么名堂？他女人在电话里带着哭声责问。

咏林没好气地挂了电话，他沉默了好一会。

娃娃脸把老黑鱼可能失踪的情报通知了厂第一把手，可没有得到确切的指示。那阵子全厂革命形势正一片大好，各车间各部门都揪出三两个阶级异己分子，有几个情绪波动置生死于度外，搞得头头脑脑十分紧张。有个搞过地下工作的老工会工作者不知怎么一来，成了国民党黄色工会的走卒，他躲在乡下一时想不开抹了脖子，第一把手兴师动众去他家乡问罪，没成想让蛮横的乡人缠住不放，威逼恫吓非要第一把手披麻戴孝捧了孝子盆扶柩哭丧。那头头在乡下出尽了洋相丢尽了脸面，回到厂里大病一场至今未愈，现在又出了个老黑鱼，他惹不起还躲得起，故意含糊其词语焉不详，让娃娃脸自个儿去应付。

娃娃脸阵脚大乱，他派了好几路人马四处寻找，咏林和嘉新都带了人在市里来回穿梭，但凡老黑鱼的亲戚、朋友，甚至他那个有点呆气的老死不相往来的哥哥家里都去了，所有的人回答如出一辙：不知道。他那哥哥甚至说他压根儿没这个兄弟。人没找到，反流传开了关于老黑鱼的新的传奇，说他是捡来的孩子所以他得不到家产，还说他可能是涵香院的后代，一时众说纷纭，老黑鱼出足了风头。

咏林又到老黑鱼的宿舍去查过，我也去了。我们希望能发现什么蛛丝马迹，或者出人意外的，老黑鱼躺在床上，病恹恹的，他在外无以安身他只得回来。然而那里一无所有。

老黑鱼的床铺安静而整洁，散发着一种奇异的脂粉气息，甜腻腻的，这是我头一回发觉男人涂脂抹粉的秘密，我感到恶心。在那个年代里，我只涂防裂膏蛤蜊油，我拒绝一切化妆品的诱惑我很单纯。我讨厌老黑鱼这样女人气的男人。

毋庸置疑，老黑鱼事先得到了风声，他溜了，出走了，逃之夭夭了。

大头对面的测字摊空空如也形向虚设。看着大头在众目睽睽之下战战兢兢地傻笑，我想我明白了老黑鱼为什么要逃。我难以想象，他是如何得知消息的。我们是星期天深夜才开始行动的，厂区里除了门房警卫空无一人，即便是有人察觉想通风报信也为时已晚，通往市区的末班车早已开出，七十多里路插翅难飞。

咏林后来又走访了老黑鱼的家,在曹家渡迷宫似的陋巷里转悠了好几个小时,他找到了老黑鱼的女人。咏林和那女人促膝谈心动之以情晓之以理,咏林探出了重要的线索。那女人说老黑鱼出走前的一天下午,即星期天下午,接到一个很蹊跷的电话,她不知道打电话的是谁,也不知道那电话里说了什么。老黑鱼接电话后心神不定彻夜不眠,第二天一早起身上班,即一去不返。

星期天下午,正是我们在浏河集市闲逛的时候。

是谁打了电话通风报信,让老黑鱼溜之大吉?

咏林怀疑是厂领导班子的某个成员泄的密,就是那个劝咏林不要当团干部的家伙。咏林和副主任秘密谈话时,被那家伙撞见过,没准他听到了只言片语他便从中作梗,他和娃娃脸和嘉新沆瀣一气狼狈为奸。咏林愤愤然说他已经想好了新的大字报标题:揪出黑手。咏林是在他家的客厅里和我们说这一些的。他说到黑手的时候,泊在岸边的船上忽然喧闹起来,似乎是个喝醉了酒的汉子,还夹杂有女人的尖叫,又很快归于宁静。夜显得动荡而不安,地老天荒的,有点儿狰狞。

很多年以后我都忘不了这样的场景:在灰暗古旧的厅堂里我们说着被人伤害也伤害别人的故事,窗外如黛的河载着俗世的烦恼和喜悦,与生俱来又随风而逝。

我想咏林的怀疑颇有根据,厂领导班子的那家伙阻挠过咏林当团支书,也许眼下这场你争我斗两军对峙的局面正是他一手导演的呢。我说咏林你别忘了写:窝藏老黑鱼,罪该万死。我对老黑鱼没能在车间门厅陪大头摆测字摊耿耿于怀。

秀红就是在这时候开口说话的。在这之前她一直在纸上画着什么，满腹心事似的。她这星期连着收到十封男士的求爱信，她不知如何是好，我想她也许在占卦求签，她想让冥冥之中的神灵来决定她该爱谁。

秀红说，给老黑鱼的电话是她打的。她说完了然后她垂着头，无声地抽泣。听得见眼泪落在白纸上的声音：啪嗒啪嗒。我一时没回过神来，我只是被她的怯懦、悔恨、痛苦感动，我去摸她的脸，她的沾满泪水的脸，我说秀红你怎么啦，你为什么哭？

我给老黑鱼打电话，我没告诉他我是谁，我好心给他通风报信，我说明天有你的大字报，我说了一句我就挂了。我没想到他会逃，他会死吗？秀红流着泪说这一些，然后又哭。

我瞠目结舌无言以对。

他会死吗？思绪深处有什么突然地划亮了，一瞬的照耀让人目睹了可怕的现实，我的心被它狠狠撞了一下。在所有的搜索和寻找中，谁也没有触及过这个敏感的问题，尽管它近在眼前触手可及，嘉新、娃娃脸、咏林……所有喜欢他和不喜欢他的人都没问过：他会死吗？！

我不明白，是老黑鱼他顽强的生命本性使人们对他的存在深信不疑，还是人们对变幻莫测的世事已麻木不仁无动于衷？很多年以后，我甚至都不敢问我自己。

秀红是在浏河集市那里偷偷给老黑鱼打的电话。我都回想不起来她是什么时候避开我和咏林的。她说老黑鱼一直待她很好，她想帮他点什么忙她打了电话。

简单至极，令人不可思议。我说过秀红是个没出息的软心肠的又有点儿固执的女孩。我说的千真万确。

咏林突然笑起来。高亢，持久，响亮，笑声打碎了一河的宁静。

两个月以后，老黑鱼回来了。他回来的时候清队运动已经过去了，人们又忙于新的更波澜壮阔的斗争，追逐新的目标了。时过境迁，我们对老黑鱼也失去了兴趣。

大头的问题没有任何结论。据说没有结论是最好的结论。当时看来也许是这样，可十年后就不是这么一回事了。十年后大头连平反也没轮着。唯一庆幸的是他拿回了他的检查。那检查有十来张纸，厚厚的，是咏林打的底稿，大头龇牙咧嘴照抄的。大头抄的时候还出了个洋相，他把胆大妄为误抄为肚大妄为，完了还偷偷地来问咏林，你怎么说我肚大，我老婆也觉着不对呀。把个咏林闹得哭笑不得。那阵子我看大头，觉着他的脑袋比以往又大了许多，也许是身体消瘦了的原因。我想他在车间门厅摆测字摊的日子一定不好过。我没问他，我觉着揭人的疮疤是一种残忍的不人道的行为。

老黑鱼唇红齿白气色颇好，他依旧咯咯咯笑依旧挤眉弄眼，他鬼话连篇地说他两个月来一直是餐风饮露做老拉兹，晚上就宿在公路边的旧碉堡里，他说碉堡里有流浪汉、拾荒婆，有稻草垫有百脚虫，他把破碉堡说成了伊甸园。他后来得了个记过的处分，还扣了两个月的工资。我觉着这天经地义。我有个师弟旷工才五天，上了趟黄山，也被记过处分，还延长学徒期半年。相比之下，我觉着老黑鱼合算多了。滑稽的是十年后老黑鱼还轮着了平反，他被撤销记过处分发还两个月工资。他撒了糖果以示庆贺，做新郎一样欢天喜地。大头气得半死。

我对老黑鱼善于逃生的鱼性表示叹服。我还对我们民俗俚语"避风头"这个词的准确、实用感到惊讶。有一天我对镜观照自己，我发觉我身上也散发出某种鱼性，从这以后我对老黑鱼的态度来了个一百八十度的大转弯，我和他成了朋友。

老黑鱼没猜出谁给他打的电话，他甚至都没闹清打这电话的人是好心庇护他还是恶意恫吓。我们都缄口不语，我们觉着这事儿说不清、道不明，它已经是个永久的谜了。

咏林调离了车间。他去了试验车间，就是做国防部绝密产品的。关于他的调离，在野有两种说法。一说是厂领导班子的副主任很欣赏咏林，点着名要咏林去试验车间。副主任曾极力提携咏林当团委书记，那事后来没成。团委选举的时候正是老黑鱼杳无踪影生死未卜的时候，选民们对咏林的能耐心生疑窦，还对副主任越俎代庖的做法大为反感，咏林落选了。有心栽花花不开，他重复了嘉新的命运。第二种说法是上级组织部门收到一封措辞强烈的匿名信，说咏林和阶级异己分子关系密切，不适合当团干部。这封信成了咏林调离的直接契机，人走了自然没法把身份带走，咏林的团支书无形中被免掉了。

说法纷纭，可咏林走得很体面。指导员娃娃脸挺隆重地为咏林开了欢送会，表彰了他在连队（车间）建设中的先锋模范作用，鼓励他再接再厉再立新功，完了给他一张五好战士的大红奖状。

嘉新成了代理团支书，没多久就转为正式的了。他如愿以偿。

咏林解释说这一切全是平衡的结果。他没说是哪一类的平衡，生态平衡还是权力平衡。咏林说这话的时候他已经很消沉了。咏林后来离了婚又结了婚，新娘就是秀红。他沉湎于赌博，他对"一百四十四号文件"有着出神入化的理解，他醉生梦死。据说坐在赌台上替他数钱的就是秀红。我早已羞于跟他们来往。

咏林辜负了娃娃脸的殷切期望。他在试验车间先是干得挺好挺走红的，工厂光荣廊里出现过他神采奕奕的标准像，都以为他前途无量。他还填了入党申请书，介绍人就是那个副主任。没想到风云莫测副主任突然背时犯了大错误，革职、审查、监督劳动，差点儿没进监狱。一损俱损，咏林的命运也就此一蹶不振，入党的事被耽搁不说，还从此成了大包袱，据说他的一个侄儿去驻外使馆工作，政审就卡在他这儿，出国梦破灭不说，还就此调出了外事单位。侄儿把咏林恨得咬牙切齿的。咏林在填写入党申请书的时候显然没想到这以后发生的一切。仿佛一个等待出阁的少女，突然被婆家毁了婚约，退婚的阴影笼罩了她一生。

咏林就是在这时候开始消沉的。他在试验车间的时候鼓捣出了一手绝活，摆弄一种进口的专用机床。那机床有几十米长，大足卧佛似的，迷宫似的管道盘根错节曲曲折折，出了故障别人怎么也侍候不好，到他手里三下五去二的，嗨，机器就正常了。为这事老有人找他，你要去更衣室、浴室、仓库、厕所你也许要找遍所有的阴暗角落，他在那儿聊天，睡觉，吸烟，看流行小说，玩牌赌烟。他的懒散出了名。令人费解的是，他总能完成每天的工作量。因为比他差劲的人有的是，再加他能说会道又有一手绝活，头头也懒得去惹他麻烦，睁一只眼闭一只眼的。年长日久，咏林成了工厂里的"特区"。

咏林和凌姗的分手是好几年以后的事。随着时日的推移，凌姗成了县城里很有名气的语文教师。她实验的双向教育法竟走出了国门，那些个洋鬼子、二鬼子如获至宝几次发函邀请她出国讲学。凌姗不知怎么没走成，可她的名气却张扬开了，她还担任了市语文学会的理事。一个女人闯到这份儿上也不容易了。相比之下咏林要逊色多了，他所有的雄心和魅力被平庸的生活磨蚀得面目全非，他不再是那个夸夸其谈、聪慧灵气、才华横溢的咏林了。据说他和凌姗常常要淘气，淘气是县里人的说法，意即吵架、胡闹。差不多所有的人都认为凌姗是要甩了咏林的。

凌姗出名的时候我已经不在这个单位里了，零零碎碎的总有咏林和她淘气的新闻传来，我为咏林担心，我想他假如没有了凌姗，他这一生还有什么意义呢？

有一天凌姗从县城赶来找我，她在市区迷了路，她找了很久，她敲开我家门的时候头发凌乱神情疲惫。我觉着她的美丽、骄傲被流逝的岁月洗涤得苍白和软弱了。她说咏林要走，要离开她，他有了新的女人，他天天跟她闹离婚，她该怎么办？她说的时候泪眼婆娑的，可她没哭。我大为惊讶，我没想到见异思迁背信弃义的竟是咏林。

凌姗没说咏林新的女人是谁，我也没问，似乎那女人是谁都无关紧要，重要的是咏林要走，他想毁了这个家或者说毁了他自己。我后来才知道那女人就是秀红。我知道那女人就是秀红的时候，我心里忽然有点儿明白，咏林为什么要甩了凌姗。咏林拒绝的并不仅仅是凌姗，他似乎是横了心要做浪子了。我相信了凌姗说的话。

凌姗说咏林是要做脱底。脱底是方言，意思是一无所有、没出息、无药可救。我说过秀红是个没出息的软心肠的还很固执的女孩，她和咏林走到一起，显然有历史的原因。我想起好多年以前在废品仓库，在那台杀人的机器旁，咏林和秀红拥抱的情景。在那相濡以沫的时刻，他们自己也没意识到，故事或者说命运已经开始。我想秀红能和咏林一起坐在赌台上她显然也愿意陪伴咏林一起做脱底，沉湎于无奈的放纵。

那天我并没有给凌姗什么人生指南，我看她绝望而平静、苍白而美丽，她离开我的时候重新拢齐了她的秀发，我想她战胜了自己，她已经找回了她的尊严和骄傲，她是个出色的中学女教师。她来找我，仅仅是满潮的河流寻找宣泄的渠道，仅此而已。

好几年来，我一直有意地避开咏林和秀红，我嫁了个很体面的丈夫，我担心他们给我脸上抹黑。我从不跟我丈夫提咏林、秀红，提我曾经有过的朋友。

我说过我有一次旧地重游。那是个阳光明媚的冬日，我在州桥咏林家的老屋旧址上看见的是拔地而起的仿古商楼，泛着鲜艳的朱红和粉白，还有浑浊的失去芬芳的河流、如蚁的旅人游客。在这舞台布景似的繁华中我看见了咏林。他倚在一个烤羊肉串的大排档旁边，举着钎子，嚼着羊肉串，嘻嘻笑着喊着"阿里巴巴，阿里巴巴"，招徕着游客。紧挨着他的是个头戴绣花小帽的新疆老乡，他替这老乡收钱兑零票，忙乎得挺开心挺忘乎所以的。我看他丢人现眼像个市井无赖，我的脸倏地飞红了，我悄悄拽着我的丈夫避而远之逃之夭夭。我不知道他看没看见我，也不知道他是真干这营生还是百无聊赖闹着玩儿。

据说咏林的亲哥哥们也不屑与他来往，他们跟凌姗还依旧通信依旧来往，可他们没正眼儿看过秀红。溺爱他的母亲，那个有着江南古镇悠远的文化气韵的老人早已故世。知道老人故世的时候，我觉着一个个夜泊秦淮的美好空灵的晚上已恍如隔世、遥不可及了。我在我自己的生活圈子里如鱼得水，我忘记了许多往事。直到有一天，我得知咏林病危的消息，我悄悄地不由自主地从市里赶往郊县，七十多里路漫长得没完没了，过去的一切扑面而来，历历在目，现实的世界却变得迷离和遥远了。于是，我终于明白，我试图遗忘的一切早已铭心刻骨难以忘怀。

咏林躺在县医院简陋的急救室里，插着氧气管，他已经不能说话，一双眼睛没有悲哀地看着我，嘴角似乎还挂着一缕笑，是那种我熟悉而又陌生了的笑：随心所欲，漫不经心又生气勃勃。

秀红不在。问一个黄脸护士，那女人鄙夷地回说不知道。又嘀咕说，有这样的老婆吗，没有脑子一样，男人刚开了刀就喂他吃，送了他的命，哭吧！我的心觉着一阵郁闷，我想秀红她是怎么搞的，把自己的生活处理得一团糟？

咏林是被人扶着走下赌台的，他和人玩连轴转他三天三夜没合过眼。他的胃痉挛出血，去医院的路上就昏迷过去了。在这之前，秀红去求过单位领导，要求派辆小车。她的要求被人视作天方夜谭。又不是积劳成疾鞠躬尽瘁，没让你自理医药费就已经是大慈大悲了，秀红她不知天高地厚不知人有重如泰山和轻如鸿毛之分。

咏林的胃被切除了三分之二,这是他甘心做"脱底"的结局。更为凄惨的是结局后的结局。开刀后,医生严禁进食,只能喝点儿牛奶、米汤什么的。那天早晨,秀红在医院门口的大排档要了碗福建云吞,上面撒了香葱,还有两只鱼丸。秀红坐在咏林的床边,很滋味地品尝她手中的美食。我知道秀红是个馋嘴的女孩,她而且会发出一种快乐的咀嚼声。我猜是她的有滋有味的神情她的进食的快感诱惑了咏林,他跟秀红讨福建云吞吃。他的乞求他的饥饿的痛苦使秀红忘记了医生的叮嘱,我说过秀红是个软心肠的女孩,她喂了他两只云吞。

这是要命的云吞。

一小时后,咏林的伤口崩裂,大出血,他一脚踏进了阴阳界,他没有再回来。

我去看咏林的时候,正是他在死亡线上挣扎的时候。他的脸上没有垂危病人的那种灰色晦暗,眼睛出奇的清澈,一种如歌的渴望已久的宁静笼罩了他。他看我良久,然后又闭上眼。我在他的嘴角边捕捉到一种嘲讽,就是那种难以察觉的含有笑意的嘲讽。他并不在乎我的友情。我想我们已经是两股道上跑的车了。

秀红是和大头一起走进急救室的。她是去单位工会那儿领取补助金的,她还带来了工会主席娃娃脸的亲切问候。我们寒暄了一阵子,我们没说什么知心话。疏远了那么久,我已想不出该说点什么,我想,秀红也是。

据说咏林最后一次赌钱,大头也在,是他蹬着三轮送咏林去医院的。走的就是那条傍河的小街。那是子夜时分,正是不守本分的船民倾巢而出的时候,有人拦住了三轮找大头他们的麻烦,话没说几句，大头就拔拳相向，可他寡不敌众，他吃了大亏。秀红急得哇哇哇哭，咏林就在这时昏迷过去的。他松开了他紧按着胃部的手，他也许感到此时此刻自己渴望的莫过于安宁和平静。

大头用一种陌生的疏远的目光看我，据说有关方面已照会大头要大头写关于赌钱和打架的过程。我寻思大头还跟二十年前一样豪爽一样童心不泯，时过境迁，这些优秀品质已经唤不起我心中的共鸣了。重逢带给我们某种温馨，但没有想象的激情。我发觉过去的东西正在悄悄地死去。

我后来又去了我工作过的地方，我遇到了嘉新。嘉新也没有什么大的发展，他在劳资科当科长，他有点儿胖，他说他已设法替咏林十六岁的辍学在家的女儿，就是凌姗的女儿搞了个招工指标，他又说老同事了，能帮忙则帮忙。我觉着他挺有人情味挺随和的。

我又想起二十多年前的早晨，白色布招飘摇的那个早晨，我觉着它像某个故事的结尾，苍茫、遥远、永恒、一成不变。我慢慢踱出宿舍走进这个故事的时候我还是个孩子，我很快就衰老了。我后来用了很多驻颜的方法可都无济于事，于是我讨厌这个早晨，这个设着陷阱的铭心刻骨平淡无奇的早晨，我庆幸它已经一去不返。

1992 年 1 月

迷巷

很久以前了。

那晚因为寂寞又因为穷极无聊，我和敏姐应邀到一个老女工家里去，她请我们吃烘山芋。半道上撞见了何声和他那帮篮球队的狐朋狗友，听说有吃的，这帮家伙便无赖兮兮地跟上了。

故事开始的时候人们并不知道这是故事。我没想到这偶然的邂逅使我后来的生活发生了很大的变化，连同我的性格和归宿。

老女工住在工厂附近的陈村，她是个老姑娘，可一点也不乖张孤僻。她乐善好施，她那里一年四季时鲜的土产小吃层出不穷，她的灶房灯光黯淡柴草成垛，充满了乡舍的温馨和草秸的野香，我和敏姐经常光顾，一饱口福。

我们十来个人在乡间小径上鱼贯而行。何声走在最前头，他个子高高的，两条长长的胳膊前后摆动，远远地看过去仿佛一面迎风招展的旗帜。一行人跟鬼子扫荡队似的浩浩荡荡直扑陈村。

离陈村百来米远的时候，何声忽然要让敏姐和我走在队伍前头，带路带路的，他龇牙咧嘴，逗得大伙直笑。敏姐说你吃饱了闲得慌吧。何声说纺织厂的男工女工吃饱了才闲得慌呢，他们要用棉纱棍和纱筒闹着玩消磨时光。敏姐听了笑得直抽气。我闹不明白，我说棉纱棍和纱筒算什么玩意呀？有什么好玩呀？这下好,男人们仿佛着了火似的哗地一阵大笑。放肆的野性的笑声仿佛粗糙的钝器在宁馨的田野上空掠过,尖利刺耳,其中何声的笑声最为特殊,野鸭子一样高亢、持久。我尴尬了好一阵子,我不明白他们为什么要那么可怕地笑。我后来才知道棉纱棍和纱筒与图腾与性崇拜有关,可那是很久以后的事了。

老女工对我和敏姐的降临显然重视有加,她一定早早地把红心山芋煨在灶肚里了,我们轮流着走过村外小河那窄窄的石板桥时,诱人的香味已经铺天盖地无孔不入了。两个年少的篮球队员一马当先冲了进去,其余的几个一窝蜂地拥,待到我和敏姐省悟过来往灶间里跑时,里面已是乱哄哄一团糟,半空里林立着十几条手臂,仿佛在球场上抢篮板球。这真是引狼入室自食恶果了。

我有点沮丧可我依旧很傻,我只管笑我竟觉着好玩,幸亏敏姐眼疾手快后来居上,抢了两个大的与我分享。我像猪八戒吃人参果,三口两口便结果了。我意犹未尽我看见何声在朝我招手,他在户外狂笑滥笑的时候我心里对他生出的怨艾还残存在心里我想拂袖而走。

分一半给你,要吗?何声哄小孩似的掰了山芋递过来,笑呵呵的,仿佛举着橄榄枝。

美丽的红盈盈的热腾腾的山芋。

我没出息地拿了没出息地吃了。

我听见何声在说,女孩子就喜欢吃乱七八糟的杂碎。我说你一语中的,我曾经创造过一日三餐连着十天只吃零食的吉尼斯纪录。何声听了瞠目结舌。他那卡通式的夸张的惊诧惹得我又笑。他说,你怎么老是笑,你太奢侈太浪费感情了,你以后要哭的你只有哭了。我说没有笑声就没有眼泪，它们是连体婴儿。何声赞叹说没想到你还挺哲学的。我没说这精辟的语言来自一本名人名言录，我只是二道贩子。不过，比我差劲的贩子还有的是，只要看看每天的报纸，都闹不清谁抄谁的了。

真正的故事发生在归途，它使我和何声走进某种命定的因果。

从老女工家里出来，扫荡队依旧浩浩荡荡、嘻嘻哈哈的，一路上尽说些没什么内容的无聊话。清朗的月亮高高在上，田野的风无遮无掩无穷无尽，簌簌的风声纤薄而透明，令人神思悠悠，竟有不知归处之感，何声走在我身边，他说今晚真好，真快活。我说你得谢谢我和敏姐你明天买两斤奶糖来点真格的。他听了吐吐舌头，他说你知道两斤奶糖什么代价你这丫头。

我侧转脸看他，他也正从镜片后面看我，在静静的夜幕下他缩着肩膀，他显得有点老，他看我的目光就跟我大哥一样。我大哥在部队当兵我有好几年没见着他了我很想念他。我心里觉着何声亲切起来，还觉着眼下的风也柔和起来，模模糊糊轻轻盈盈的。我大为感动我凑近他，我的前额感觉到他的鼻息，我说你叫我丫头你怎么可以？这世界上只有我大哥，他喜欢我他叫我丫头。

何声听了，极其怪异地看我一眼。他的眼睛在镜片后面奇特地闪烁着，亮斑的周围是幻影般的神秘夜色。他后来转过脸去，专心致志地缄默地走他的路。他没再说一句话。

我好生奇怪。我没有意识到此时产生了一个意味无穷的细节，我一点也没有察觉，我只是觉着何声他令人难以捉摸。

我和何声其实没怎么往来过。他原先是设计科的技术员，他的宏愿是当总工程师，在设计蓝图的审定栏里潇洒地签他的鼎鼎大名。后来设计科解散，何声下放到变速箱制造车间，知识分子与工人相结合，他在车间门厅处搁了一张写字台，和车间领导挤在一起办公，倾听身后的车、钳、刨、铣交响曲，耳濡目染陶冶无产阶级感情。我头一次进车间，看见他正趴在一张很大的描图板上绘他的图纸。听见人声，他回过身来，沉着地俯视着我们几个小学徒。他的琇琅架眼镜、整洁的衣着、光亮的描图板和背景一片冷色的犬牙交错的机床构筑出一幅独特的画面，留存在我的工厂生活的扉页上。两天后他看见了我填的领物单子，他很欣赏我的字体，他随口问了一些我的情况，诸如你爸爸是做什么工作的？你跟谁学的书法？你家里有几口人等等。他挺像派出所的户籍警。

这是我和他话说得最多的一次。

可那晚却不同。那晚我们一起笑过聊过我们分享了快乐，我们一起徜徉在城郊的月色里，彼此的感觉变得亲切和不同寻常了。何声的突然沉默令我大惑不解。

第二天我穿过车间门厅，何声喊住我。周围没人。何声表情严肃态度诚恳，他说昨晚你怎么能这样，众目睽睽的你不怕有人说闲话？我如坠迷津不知所云，我说我昨晚做了什么，我不知道。

何声见我冥顽不灵，恨恨地叹一口气。他提醒我说，昨晚你说大哥丫头什么的，你挽着了我的臂膀。

这一花前月下无比美好的情景经何声一再描绘，我努力回忆仍旧难以拼凑齐全。何声看我十足的孩子气、低智商，他无奈地摇摇头，他说你当真不拘形迹稀里糊涂，你以后要吃亏的。

我猜他本来想说我有失检点不够庄重。两年后有一个女孩因为同样的原因被逐出家门，何声他不动声色袖手旁观。此是后话。相形之下我要幸运多了。

何声继续梳理我。

他说，我活了二十九岁我头一回被女孩子挽着走，我很吃惊可我不得寸进尺，我还知道你有一点儿幼稚。要换了别人他们不那么想，他们会乘虚而入会闹着和你谈情说爱你怎么办？

我哑口无言。我明白了挽手跟初吻、初夜一样隆重神圣，我有点沮丧，我应该把它保存完好留给我未来的情人。我觉着自己无知可笑，我对何声生出满怀的敬意。我说我不会做人，你肯不肯教我，肯不肯？

我一点也没意识到我把自己十八岁的人生否定了，我后来常常犯傻我常常否定自己，待到我颖悟一切的时候，青春已销蚀得所剩无几。四十不惑，古人早就预言了这一切。

何声悲天悯人地俯视着我，他心生恻隐他答应帮助我，他说他有为人处世一百例，他担保我走一条人生的捷径，他还认准我会一辈子感恩戴德，因为他赠给我的是一笔无价的财富。他当即拟出二十道问答题，我觉着他有点像实验中学的教师。

我如获至宝认真参禅，幻想一日之间立地成佛。我觉着何声的为人处世一百例，比流行的某某语录一百个怎么办还实在还立竿见影。比如乘在公共汽车上，低头看见有只钱包怎么办？再比如骑车时目睹有人撞伤了老太太逃之夭夭，怎么办？我一开始回答老离谱。我说我把钱包拾起来，没人认领就送缴公交公司；至于那个老太太，就把她扶起来送医院，没准我还能上《解放日报》、突击入党提干。

何声听了哈哈大笑，他说你真是个小孩，真空里长大的小孩。他说你拾钱包的动作已大错特错了，倘若失主疑心你偷了他钱包，人赃俱在你百口难辩；至于那位老太太，她若老眼昏花一口咬定是你撞了她，或者她家属昧了良心找你垫背，你吃不了兜着走倾家荡产，没准还能做她的孝子贤孙披麻戴孝。我听了不寒而栗冷汗直冒，我觉着自己愚不可及蠢货一个。我对何声佩服得五体投地。

后来开车间大会深入斗、批、改，我还捧着二十道问答题喃喃猛背，犹如考前恶补犹如出门就要撞着钱包、老太太。何声和敏姐就坐在我旁边窃窃私语，周围也是一片嘈嘈声。

你开你的大会，我开我的小会，老百姓自有对付上头的良策。

我听见敏姐吃吃地笑，她脸色绯红地骂何声："你这个人应该枪毙！"我没听清先前何声说了什么，可我知道他爱说过头话。有一次，他和篮球队的那帮家伙凑在一起议论厂医梅芳，说那漂亮妞整个夏季白大褂里没穿裤衩，有人信也有人不信。恰巧有个叫嘉亮的，新娶的老婆也是白衣天使，何声便指着嘉亮说，这事情瞎子吃馄饨嘉亮心里明白。众人先是不解，继而顿悟开怀大笑，把个嘉亮窘得恼羞成怒拂袖而去。一对球友的友谊也就此完结。

我收拾起二十道问答题，我被这些内涵高深的教材弄疲乏了，我打算加入何声和敏姐的对话，他们正进入一个浪漫的古典的境界：坠入了怀旧的罗网。

他们先是背履历表，他俩发现了新大陆他俩虽不是同年同月同日生，却是同一届高中毕业生，不同的是何声魁星高照进了大学，敏姐凤凰脱毛落魄到工厂当了磨床女工。命运的偶然性又使他们走到一个车间，殊途同归。

回首前尘他们无比感叹惆怅，他俩轻声哼起了早年的老歌，青春圆舞曲美丽的姑娘草原之夜……两个人小声地哼着晃着肩膀，调频调幅和谐一致。要让敏姐的男人看见了准白刀子进红刀子出，要他们好看。幸亏她男人不在，周围的人又忙着开小差，谁也没注意到眼皮底下的一幕。

只有我确切地听见了何声的歌唱，他唱得低沉、深缓、情感，浸泅了往昔的梦。

不知道他为什么不谈对象不结婚，我没来由地想。何声他二十九岁了，可他始终按兵不动。我知道他是许多女孩子暗中瞄准的目标，他比那些油头小光棍更具魅力，他最大的优点是他有经济实力，他是全厂一千五百号人中唯一戴进口手表的未婚男人。

需要声明的是，我不在那些女孩子之列。我那时自视清高，幼稚不成熟，不懂得经济基础决定一切，我梦中的情人是不食人间烟火的，何声显然离我的理想相去甚远。况且他比我年长十岁，这差距令我想到一个十岁的大孩子，不可思议。

突然的,有了关于何声和什么女孩做对象的流言,说两个人头一次约会开始的时候很正经,一个在上街沿走另一个在下街沿,若即若离,后来进了国际电影院,再后来两个人越靠越紧出来的时候已搂在一起亲密无间。

这流言很离奇,言之凿凿,亲眼目睹,符合新闻的五个要素。唯一不足的是那个女孩的面目身份不甚了了,有说是何声的表妹,也有说就是本厂的,还有说是小学教师。众说纷纭,一时间竟有好几个版本。

我怀着好奇问何声,我说你谈恋爱了你跟谁谁,一级保密啊?我没有把握,我不知道何声会不会泄露恋情,那阵子我正和一个男孩频频约会,欺天诳地我们不露声色,我们怕延长学徒期。

很秀气很文雅的,一个你绝对认识的女孩,你想想看。何声开心地咧开大嘴,看着我笑,他乐不可耐等着开新闻发布会似的,没有一点窘迫。他三十岁了,年龄赋予他老练与豁达。

跟我一起进厂的?我傻乎乎地问。似乎漂亮出众的女孩全在我那一茬人里。

何声忍不住又要喷饭,他说,学徒期间不准谈恋爱,你要我犯规呀,我没有魄力跟小学徒做对象的,她们的心跟着火的稻草一样,来得快去得快,这风险我担不起,我三十岁了。他摇头,一副不屑一顾的样子。

我偷偷地笑,我说我猜不出来。

我并不觉着何声有什么出类拔萃,可我竟也想不出一个女孩、一个我认识的女孩能让何声这般欣喜若狂得意忘形的。我想不出周围有谁。

高中生里,你想想看,像大学生一样文气的,人很苗条的。何声把范围又限定得小了点。那批高中生早我三年进厂,他们满师不久,眼下正无所禁忌地忙着搞对象,仿佛关了好几年禁闭似的。

我扳着手指数,完了我还是摇头。

何声大笑。他笑得我心烦意乱。他说你目中无人你衡量的秤砣是你自己。说完了他还笑,我明白了他就是这样失去嘉亮的,他高人一筹。

我不再猜谜,不再徒劳无益惹他发笑,我想我应该聪明点耐心等待。

情场得意的男人很难保持沉默,何声见我偃旗息鼓反倒急于摊牌了。他郑重其事,他说你认识茹菲吗你认识她吗你可得保密啊!

我就是这时候知道何声是和茹菲做对象的,我还以为这是独家新闻。我后来才知道他还对敏姐说过,和篮球队的球友们说过,他毫无节制沾沾自喜。

我知道茹菲。她和敏姐住一个宿舍,我常去那里玩,她总把蚊帐垂得低低的,她似乎不爱露面。我觉着她骄傲冷漠难以接近。

在何声的启发下,我努力回想茹菲的音容笑貌,我发觉她喜欢穿白衬衣蓝长裤,这使她永远像个女中学生,清新悦目。也许正是这一点,她赢得了不少男孩的青睐,其中便有何声,还有一个叫永昌的,很年轻很英俊。能够击败永昌这样的劲敌,何声他沾沾自喜,他告诉我他是如何一矢中的一举成功的。

永昌太老实了,永昌辗转托人找了一个很可靠的红娘,那红娘是茹菲的师傅。她老人家倚老卖老满口应承,没成想茹菲她不屑一顾,她甚至没说理由。我理解茹菲这样的女孩,清高矜持和浪漫,她们梦中的情人总是不期而至悄然出现的,不至于这么俗气、寻常。何声的步骤细致而充满情趣,他先是在医务室存档的职工病历表中窃取了茹菲的家庭地址,然后在一个阳光和煦的礼拜天,黄鼠狼给鸡拜年上门求见。巧得很,应声来开门的正是茹菲。看见何声,她美丽的眼睛仿佛突然点燃的灯,奇异地闪烁着光亮,她觉得惊讶。她语无伦次地问,你,你怎么寻到的?

她的慌乱、手足无措使何声得以乘虚而入,他避而不答,热辣辣的目光深情地一瞥茹菲。一个女孩的心扉就此被叩开了。

两性相吸相悦,有许多微妙的心曲是无需赘言和无法言喻的,茹菲一下子猜出了何声的来意,她没把他拒之门外,她请他进屋。她后来解释说这是出于礼貌。

何声文质彬彬知书达理,他和茹菲的父亲,一个老派而潦倒的中学教师侃侃而谈。国事家事天下事,事事关心,男人们很正经很严肃地挨个说过来,茹菲在一旁窃窃地笑不时地插几句嘴,她变得有点孩子气了,还有点调皮,这使原本文静娴雅的她显得愈发可爱了。她以前也打过篮球,和何声开过玩笑,除此之外彼此也没有过更多的交往,像这样坐在阳光的阴影下,坐在窗前参差的盆花中间,亲密地老朋友似的不拘形迹海阔天空,这给她一种如歌如诗的温馨和轻松。仿佛一个精致的深沉的梦。黄昏悄悄地来了。

黄昏降临的时候，何声很文明很恰如其分地请示茹菲的父亲，他说他想约茹菲去看文艺纪录片《红小兵心向红太阳》。茹菲的父亲颇为庄重地沉吟片刻，然后点头说好。这无疑是一张通行证，何声如愿以偿把茹菲拐骗出门把她带进光线黯淡的影院。

在人影幢幢歌舞升平的欢乐中，何声坦白了他对茹菲觊觎已久的情感，他还谈了他父亲的事。他父亲正在闭门思过等待有关部门的结论。这有点令人不快，黑暗中茹菲深深叹了口气。何声小心翼翼地执着茹菲的手，说我不能欺骗你，茹菲，我矛盾过斗争过，我真想给你最好的，茹菲，你选择吧，我的命运由你决定，我绝对服从。你可以不要我，你站起来然后你一去不返，而我将在每个周末的晚上来到这里，我买两张票我会对着你坐过的地方思念你。

茹菲，茹菲，我爱你……哈姆雷特式的忧郁的表白揉碎了茹菲的情肠，女人与生俱来的母性的柔情在茹菲心中升起，使她无力推开何声绝望的颤栗的手，她握紧了它，并且把自己沉进何声的怀抱。

何声说到这里眼神迷离起来，心思恍惚。时隔多日他依旧无法走出影院，并且他变得神秘起来，他说他不能告诉我更多的，他不忍心腐蚀一个纯洁的女孩。他假如察觉我领先一步我忙着谈情说爱，他准会吃惊厥倒长眠不醒。

无可讳言我听得津津有味，我把这些当作言情小说读了，而且我天生对一切细腻的感情有过敏，人和自然的悲欢离合阴晴圆缺都会在我心里唤起诗意的惆怅和伤感，仿佛灵魂在漫漫天际遨游，被什么悄然撞击，难以安宁。

我自觉或不自觉地走进了茹菲和何声的感情世界，并且最终把一场美好的恋爱搅得混乱不堪，无法收场，这是我的性格所致。

我答应何声去看看茹菲，何声说她在宿舍里她请了病假。

恋爱了的女孩都会变得弱不禁风，无一例外地要混病假，这是工厂小女工们的通病。没想到骄傲的茹菲也未能免俗。我散漫地边走边感叹。

我代何声捎去两只红苹果，它们一点也不好吃，烂棉花似的，可它们美丽红润装饰性强。何声说苹果是爱神维纳斯手中的圣物，它象征圆满、纯洁和幸福。我把这一切告诉茹菲的时候，她吃吃笑着。我从没见过一个女孩子能笑得如此轻盈动人，她脸上泛着美丽的红云，她说你不知道，他有毛病，神经病！

茹菲就是这样说何声的，她亵渎了我心目中的何声，或者说是亵渎了何声诗情画意的浪漫爱情。我对这样的爱情充满了崇敬。我看着茹菲，心里升起一点儿失意的惆怅。

茹菲把苹果往旁边的小柜上一搁，突然转过脸说，我讨厌他到处张扬！你知道他还对哪些人说了，说了我和他做对象的事？

我愕然地摇头，我不明白她为什么说讨厌，我忽然觉着自己很傻，我还觉着何声很傻。我说，茹菲，我决不会对别人说的。

说完了我做出要走的样子。茹菲抱着我的肩膀，她又吃吃地笑了，她说你多心了？你真是个孩子，我喜欢你，我听他说起过你，他说你单纯得像一支练习曲，你果然是。

她说得柔柔的，哄得我心花怒放。我重新坐下来，我信誓旦旦地安慰她说，他也不会对别人说的。见鬼了，我也学着茹菲用第三人称来呼唤何声了。

茹菲说她不想让有的人知道她和何声做对象的事。有的人可以说包罗万象，有党支部书记，有厂医梅芳，篮球队的全体，还有宿舍里的敏姐，托儿所的阿姨门房的警卫。她觉着他们都在窥测她等着看她的好戏。我说梅芳是我的好朋友，她温文尔雅还有点骄傲，她不管闲事的。茹菲说你知道吗，有人给梅芳介绍过何声的，梅芳没答应，她稀奇什么呀，这件事我想起来就烦。

这真正地算是独家新闻了，闻所未闻。我说是什么人别有用心造谣吧，我从没听梅芳说过，何声也没说过。你问过他吗，你问过吗？

茹菲从鼻孔里轻轻哼了一声，她说我怎么会开口问他呢，他做的事，他丢人，我不想知道。

她说得很轻省，而我却觉着很沉重。我搜肠刮肚，我觉着和茹菲对话很累，她漫不经心地说一句，会让你不知所措，无言以对。

茹菲与何声好上的消息不胫而走满厂风雨，这与茹菲超凡出众的端雅矜持不无关系，而且何声平时说话放浪不羁十分热衷于飞短流长，如今轮到他自己了，人们又岂肯饶了他。

客观地说，何声人长得不丑，又是大学生，工资比同龄人高，没有家庭负担，在全厂未婚男子中他算得上是个佼佼者了。虽说他父亲的问题至今尚无结论，可在我们都市里，这个曾经是十里洋场的大上海，这样的家庭背景并不算是可怕的，我们单位有好几个小女工就有勇气和有产阶层结缘，过过少奶奶的瘾，况且何声还有一点与众不同，他的母亲是当年"一二·九"学生运动的女杰,历史清白革命有功,当年母亲的羽翼使他安然避过了父亲的缺陷,他一马平川地进了全国一流的高等学府,要不是后来流行老子反动儿混蛋,他没准会到中央到部里工作。

何声,我喜糖要吃两包噢。一天敏姐含意深长地睨视着何声说。自从和何声一起背过履历表后,她和何声之间多了一层朦胧的情致。星期四干部劳动,何声总到她的工位旁边做做零活,敏姐则笑盈盈地听何声信口开河无轨电车乱开一气,有时候玩笑过分了,她也会骂几句。

你嘛,特殊照顾,四包。何声张开手指慷慨许诺。

我看他们对话默契,我寻思事无巨细他把自己的罗曼史全部泄漏给敏姐了。这要让茹菲知道了,不知道会怎么罚他呢。

在每一个局外人面前,茹菲都极力否认她在恋爱,她说她不到三十岁不会恋爱结婚。她遵循的也许是三十而立的古训,然而情感却又与理智背道而驰,她与何声的私约有增无减。不过在厂区里他们还是装作跟以前一样若无其事。她和何声不在一个车间。有时候她也会突然地毁约,她会来找我。她说烦死了烦死了,连我和他碰头的地点人家也猜得一清二楚,是他在放风,他想让全世界的人都知道,我恨死了!她幅度很小地跺着脚,咬住一口美丽的玉牙,她生气的样子也是文文雅雅楚楚动人的。

我说,他答应保密的,他怎么会?

说实话,我也不知道他们的约会点在何方乐土,我觉着茹菲敏感得犹如一根蛛丝,些微的风吟草动她都能捕捉到。

你包庇他,你总归帮他说话,他有什么好哇!茹菲说,语气里不无得意,仿佛我赞赏了她的什么收藏。也难怪,一往情深的何声已是她唾手可得的归宿，玩具似的，只需她点头说要，或者说不要。

你转告他一声，就说这个礼拜算了。茹菲像一个得宠的女孩或一个在位的女王那样任性。

我替何声大为惋惜，我知道他们总在周末在都市的夜幕下约会。我们厂地处郊区，职工们逢周末回市区和家人团聚，情人们也在这个时候成双作对地幽会。周末是何等珍贵！也有狂热轻佻的女孩，她们不顾旁人一双双警惕的眼睛，和男孩在郊区暗无天日的公路上漫无边际的旷野里待在一起。这些幽会的内容第二天便会风闻厂区，被人们津津乐道大肆渲染，郊区的流言传播如麻风病一般可怕。幽会的人们有失检点疏于防范也会被巡夜的打流队员擒获，于是单位派员认领，丢人现眼众人皆知一辈子臭名昭著。茹菲不是这样俗气的女孩，她鄙视这种无节制的庸俗恋爱，她甚至认为这不是爱情。她最欣赏的是不露声色是结婚的前一夜人们还蒙在鼓里一无所知。何声他试探过要茹菲到公路上幽会，他让茹菲讪笑了好一阵子，她说他穷凶极恶神经有毛病。何声毕竟不是毛头小伙子他没好意思再坚持。于是他只能在周末和茹菲见面，在闹市的人海中秘密接头销声匿迹。

这个礼拜算了，这意味着何声又得等待一个漫长的七天的轮回，沙漠旅人似的忍受爱的饥渴。

我知道茹菲很骄傲可我没想到她还是个好走极端的女孩。一天宿舍里有人对她传播说何声的父亲情况不好，老先生历史上有过脱党行为，二十多年了这事情一提再提，现在又停职停薪等待结论，陈年老账越算越多，这辈子是算不清了，还说何声一直扬言说要找个门当户对的女孩，他算是找对了。这句话暗示茹菲的父亲也是半斤八两。这深深地刺伤了茹菲的自尊，她说她没跟何声谈恋爱，她说何声他父亲是个老牌"运动员"，她父亲五七年时也犯过错误，他后来很快就脱了帽他是清白的，她发毒咒说臭鱼对烂虾的事她决不干。

这番话一传十十传百传到了何声的耳朵里。何声他黯然神伤。他跟我说，她不该这样的，父亲的事头一天我就原原本本如实相告，我没瞒过她，她说她不计较，她还安慰我说等待结论并不意味是最坏的结局，有很多男人他们先下手为强，木已成舟造成既成事实，然后他们才让女孩子知道真相，让她们追悔莫及，这样的手段我不欣赏，我永远不会。

何声跟我说这一些的时候正是一个深秋的早晨。那天寒流突袭起了大雾，厂区里到处是迷雾，太阳隐隐约约地悬在空中，呈现出奇异的病态的光亮，人似乎在一种白光的沐浴下浮游。上班铃声不知怎么迟迟不响。我和何声坐在车间外面的一条长凳上，看不清周围的人，周围的人也看不清我们，我忧伤地孩子气地注视着何声。隔着白雾他的忧郁的气息他的隐痛依旧丝丝缕缕地渗过来，愁人心怀。

我说茹菲她这样发誓赌咒她究竟想要证明什么呢？总有一天你们要结婚发喜糖昭明天下，到时候她难以自圆其说，她不是自己打自己的耳光吗？

你的逻辑不适合她，何声沉思地说，你比她小五岁，五岁是一个可怕的差距。他边说边认真地看了我一眼。

我依旧不明白，我觉着年长五岁是一种幸运，有多少小女工一进厂就在暗暗攒钱、置办嫁妆，也有胆大妄为偷食禁果的。工厂里有一种无形的年龄界线，在这之前有谁犯规恋爱结婚，所有的人都会来横加干涉。可茹菲已在这条界线之外了，海阔天空她担心什么呢？

何声叹口气，他说她不甘心不肯认输呀！他告诉我当年茹菲高中毕业没考取大学，她与所有的同学都断了来往，到了工厂她的时运也不好，入团啦参加"四清"啦上调当干部啦，她都没份。她什么也不比别人差她咽不下这口气，慢慢地她变得有点儿偏激，与人合不来，落落寡合孤傲不羁。何声说他喜欢她这种傲气和沉郁，这使她显得与众不同神秘动人，可他没想到一个人的梦和企盼会成为某种无法挣脱的惯性和本能。这犹如一张潜网，而茹菲就陷在这可怕的罗网中，所以她会走极端会极力否认她在恋爱。她至今还在抱怨她部门里的团支书，说那个满脸络腮胡子的年轻人品质恶劣，抄黑板报倒还想到她，可发展入团对不起了，尽是些十七八岁轻佻肤浅的小姑娘，把她忘得一干二净。

这么说她还要争取入团？我大为惊诧，我没想到清高脱俗的茹菲内心还深藏着一个如此天真烂漫的追求。人真是不可思议。

何声说，哪里的话呀，现在那个络腮胡子就是把入团表格送到茹菲手上，也一定会被她撕烂的了。可没准这么一来，她内心会平衡多了，没了入团不成的遗憾了。可惜络腮胡子不至于犯傻病。

我觉着茹菲真是复杂难以捉摸。我想到她的一颦一笑一嗔一怒，似乎处处都隐含着神秘莫测的气息，也许这样的女孩令男人着迷。

这一天正是周末，散工后在盥洗室我看见何声在兴致勃勃地刮脸修面，我寻思他待不到夜幕降落便要去赴约去继续他的爱情长跑了。

礼拜天。我应邀去茹菲家做客。我爸爸要见见你，他老听我、还听何声说起你，茹菲热情地说。

我受宠若惊，我知道茹菲很爱她的父亲。老先生虽然潦倒，可在家里依旧一派家长作风威势不减。他有三个女儿，茹菲是老大最受宠爱。听说茹菲高中毕业报考大学时，老先生殚精竭虑三天三夜没睡好觉，东西南北全国几百所高等院校都让他细细筛遍了，他认为适合女性专业的无非是银行职员、医生，银行职员似有花瓶之嫌，舍短取长他为茹菲选择了医学专业。为女儿设计的梦虽然付之东流，然而，出谋划策运筹帷幄的焦灼的快感使他重新找到了一个男人的责任，从此他对女儿的关心有增无减。

这是一个凉爽的夏日，台风刚刚过去，马路边时有落叶飘零，给人一种恍惚的秋意。我穿了条心爱的花布裙子小鸟一样往茹菲家飞去，两站路，我嫌车挤我宁愿踩着落叶，由着裙子轻盈地飘飞。我对茹菲的父亲充满了好奇和敬畏。我自己的父亲文化不高，不擅长运筹帷幄，这使我深感遗憾。

老式的石库门房子。二楼。洗得一尘不染的地板。屋内的人全都打着赤脚。美丽的白皙的光脚，纤巧的脚踝，羚羊般修长的小腿，年轻秀美的脸庞。我站在门外幽暗的过道里，对着突然打开的门，映入眼帘的便是这么一幅温暖的明亮的画面和清新柔美的女孩的馨香气息。

茹菲的母亲去乡下探亲了，父亲则临时有事出门，家里就茹菲三姐妹。老二茹萍文雅而开朗，她热情地拉开椅子招呼我，她一点儿也没有茹菲的那种傲气，当她端着一碗夏日饮料——绿豆百合汤款款走来时，她使我倍感亲切。最小的茹莹和我一般年纪，她从市郊崇明农场回来休假。茹莹的美丽令我吃惊，她的个子接近于同龄男孩，修长高挑引人注目，她的黑眼睛燃烧着令人不可思议的光亮，仿佛夏夜星辰。我觉着农场的阳光非但没有摧毁她的轻盈反增添了她的勃勃生气。我和她一见如故。

茹菲介绍我时说，这是何声的小阿妹。

这称呼是敏姐开玩笑取的。何声头一个顺水推舟响应。别的部门的人到我们车间来玩，还特地打听谁是何声的小阿妹。可见做何声的小阿妹也是很轰动的。我正中下怀，我觉着这样一来彼此接触更亲切大方了，又不惹闲话。不知道何声是不是这样盘算的。

茹莹说她还没见过何声。听说那家伙对大姐盯得老紧的，不过有阿爸坐镇，大姐吃不了亏，茹莹说。她让茹菲狠狠戳了一指头，三姐妹都笑得停不下来。

茹莹噘着嘴抱怨说她最小最不受宠爱，阿爸心里一贯只有大姐，大姐小时候的成绩报告单阿爸都当文物保存了，她和茹萍的因为没有保存价值，早就灰飞烟灭了。

茹莹的话引起我的共鸣。我说我父亲心里也只有大哥大姐，他还老嫌我们几个小的是讨债鬼。我对家也没什么好感，我情愿赖在宿舍里做王老五。我和茹莹两个人惺惺惜惺惺同病相怜，一时竟有说不完的话。

何声来了，衣着翩翩，温文尔雅。这是我头一次在厂区外看见他，和平时那个衣着单调的何声判若两人。我有点惊讶地看着他，我说我认不出你了。

你自己呢？何声的眼光掠过我的花布裙、光脚丫，意味深长地睃了我一眼。就在这时茹莹在身后出现了，茹莹把下巴颏搁在我肩上，漫不经心地看过来，她说，阁下就是何声？就是吃死了我大姐的、一星期写七封情书的大情人吗？吃，正是这阵子流行的俚语，它意味着喜欢、爱慕、一厢情愿、一往情深。

天哪，一个比何声还要出言不逊的茹莹！我叫起来，我说真的吗真的吗？他真的天天写情书？我怎么一点也不知道？

茹莹吃吃地笑，她说，他要让你知道，他就不会写这些劳什子废话了！大姐夫，是不是？茹莹响亮地叫着何声，喝问他，就像小孩子玩军事游戏审问战俘，认真得可以。

是不是，是不是？人多势众我跟着起哄，我觉得和茹莹在一起真是扬眉吐气。

何声一头雾水狼狈至极。他卑躬屈膝点头哈腰，他说是是，我天天写情书，他毕恭毕敬丑态百出逗得我们大笑。

茹菲在一边红着脸，咬牙跺脚说：神经病呀，神经病！厚脸皮！她也笑得直抽气，她不得不抱着我靠着我，那种娇憨、任性、快乐丝丝入扣动人心弦。我觉着这是我看到过的最可爱的茹菲，她轻松活泼，洋溢着青春气息，仿佛有一种与生俱来的喜悦在久长的失落后重新回归了心屋。

一个女孩是一支美丽的烛。四个女孩是一簇如花的火。夏日的凉爽因为这火的绽放而热情起来，空气里仿佛有无数触手可及的温馨的花絮随风飘扬。在未来的岁月里我总忘不了这美丽的时刻和跳荡在这记忆中的年轻的笑声，忘不了何声的幽默。我看着他自轻自贱和茹氏三姐妹调侃戏谑谈笑风生，明白了一个男人在他心爱的女孩面前缴械投降，这丝毫无损他作为男人的荣耀。三十岁男人的豁达是二十岁的男孩永远无法企及的，我发现这一点的时候，我很妒忌茹菲。

放肆无忌的笑声因为茹菲的父亲而骤然终止，他站在门口，高墙似的缄默。他什么也没说，所有的人便感觉到了他的存在和他沉默的含义。我们安静下来。内心有什么东西小舢板似的悄悄地搁浅了。

疯疯癫癫。他说茹莹，他没正眼看她。然后他打量我，打量我的花裙子我的光脚丫，他跟我说话。我因为欢乐而空灵的内心顿时沉坠起来，我觉着他看我的目光跟看茹莹的一样，我难以分辨这目光的好恶，他那客套而矜持的口吻也令我不知所措。

我后来尽量躲着他，我和何声、和茹莹凑在一起，三个人臭气相投。茹莹说，有一天月黑风高，她们班里的女孩子们溜到农场的酒厂，把塑料软管捅进封闭的酒缸，一个个喝了个烂醉，这事风闻全岛，比"九大"还要振奋人心。我说，我有十个知心的女孩，我们有一次戴着军帽在夜大街上闲逛，一字儿排开，所向披靡，沿途的女孩望风而逃，她们以为是小流氓团伙，以为统统是男孩。

我和茹莹争先恐后抢着表现自己，何声在一旁饶有趣味地听着，不时哈哈大笑。我们都有点忘乎所以，都没注意到一双眼睛,一双深沉老辣城府莫测的眼睛在频频扫瞄观察我们、忧虑、疑惧、不安,阴云似的渗进那颗曾经沧海难为水的闭塞的心。我没有意识到我将不再和茹莹见面,也不再有机会来这里做客,现实的门扉已在这互相展现心灵的笑声中悄然关闭。

回家后我给茹莹写过一封信,我想约她和那十个女孩见见面,她没给回音。我后来才知道她休假没满就回了农场,我猜那封信落到了一家之主的手心里,没准也跟茹莹的成绩报告单一样灰飞烟灭了。我听何声说,他写给茹菲的情书封封都经由他老人家收发,何声知道这一点的时候差点发疯,然而悔之已晚。泄漏这一家庭秘密的是茹莹,为此她被勒令卷铺盖滚蛋。为这事他和茹菲头一次有了口角,他小心地提醒茹菲:事无巨细甚至连同私人信件都向家长公开这是不是太过分了?! 茹菲认为他的诘问触犯了她的骄傲,她哭了。眼泪是女孩战无不胜的法宝,何声不得不缴械投降,他哄了她好一阵子。

听说你不开心? 说是因为什么信的关系,是不是? 茹菲的父亲问何声。他问得漫不经心拖泥带水的,边问边仔细地掭平一张卷烟纸,旁边是上好的云南烟丝,他其实也没什么烟瘾,但他喜欢自己动手,把吸烟这件事弄得很隆重很考究。家里恰巧也没什么人,石库门里安静得像睡着了一样。这情景让人想起旧时代躺在烟榻上吸鸦片的老爷子。

何声立时紧张起来,他忙不迭地回答:没有不开心,没有,没有呀。心里却是暗暗叫苦,他后来对我抱怨说,自己一年里其实是在跟一个老谋深算的同性人谈恋爱,茹菲这样信赖父亲却不信赖他,这使他伤心。

没有最好。老人家头也不抬，他说，我其实也是关心你们，你知道茹菲是长女，她的事处理不好，要影响另外两个的，你们年轻人不知道利害，喜欢写写，纸上的东西总归有些虚头花脑的，弄不好还要吃笔墨官司。要实在些，婚姻是一辈子的事。

茹菲的父亲给了何声一顿终生难忘的教训，精明的何声平生第一回神志糊涂，闹不清这事究竟是谁错谁对了。

乘胜追击，茹菲的父亲又问了何声一个很敏感很微妙的问题，何声难以回答。何声后来告诉我老人究竟问了他什么。我觉着这的确很难回答，我还觉着那个老人鹰隼的眼睛无处不在，它洞悉一切。

星期一我和同事们在长途汽车站候车，我远远地看见茹菲走进来，蓝裙子一起一落的轻盈动人。她款款地过来，我对她微笑示意，我还挪了挪身子让出一个空当，可她视而不见她拐了个弯坐到旁的地方去了。我看着她的纤弱的背影，我觉得她在有意回避。这感觉令我痛苦也令我百思不得其解，一星期前我还在她家里做客，我喝了她亲手洗净煮熟的百合汤，清凉甜蜜有点涩口的百合令人回味无穷，她还亲热地唤我小阿妹，这一切忽然都变得遥远和难以辨认了，成了一个梦幻。我不明白这是因为什么。我把胳膊肘支在栏杆的横档上，一动不动，陷入沉思，我这才发觉近来茹菲在疏远我，她不再来找我，不再对我抱怨何声爱到处张扬，不再要我去回绝何声周末的约会，我也没有两头穿梭忙得不亦乐乎，我像失业者突然变得无所事事了。发觉这一点时，我做了一个机械的动作，借以平衡自己，人有时候需要无聊的形体动作慰藉自己。我再看一眼茹菲，隔着好几排错落的靠椅，我觉着她离我很远。她曾经抱着我的肩真心喜欢过我，我们一起光着脚满屋子乱跑，曾经搂在一起笑。我怅然若失。我想友谊跟黄昏一样，最辉煌的时刻也是迟暮的钟声敲响的时刻。

我想该问问何声。

那天早晨学习，我和何声不约而同早到了半小时，周围没人，我们坐在他办公桌的后面等着同事，学习计划是通读雄文四卷。我想何声赶了个大早，他显然有话要说，他已经习惯了把他的欢乐、苦闷、喜悦、忧愁倾诉给我这个"小阿妹"听，人生需要忠实的听众，就像演员需要观众、作家需要读者一样。

我怕他一开口便滔滔不绝没我插话的份，我抢先说开了。我说茹菲她对我爱理不理的，发生什么事情了，你们怎么啦？

何声他苦笑，他说，你总是老脾气你怎么不学得城府深一点儿？他说他知道茹菲疏远我的事，他全知道。

原来他们合伙欺负我！我心头一颤，我大叫着说，我哪里对不起你、对不起茹菲了？我有一种被出卖被背弃的感觉，这世界反复无常冷漠无情令人灰心。

你不要激动，你先听我说。

何声先跟我说茹莹的事。他说茹莹是个难得的好女孩，她反感她父亲参与大姐的一切，她说他是在大姐身上完成自己的人生，他太自私。她跟父亲大吵一通然后一走了之。何声说茹莹的走他很内疚，他是下半场进去的，上半场他在外面偷听，事情的细枝末节前因后果他听得一清二楚。他听见一个美丽的小女孩在慷慨陈词，他自惭形秽。他后来走了进去，他听见老人气急败坏地要茹莹滚，可他冠冕堂皇地有意偏袒了老人，他温和地责怪茹莹，说她年幼无知。这样子到社会上，你要吃亏的，你要吃亏的！他奉劝她说。茹莹就是在这个时候提了铺盖走的。谁也拦不住她。

何声说他想追她回来，可他犹豫着没挪脚，当时情况很复杂很微妙，他不敢轻举妄动。我很久以后才知道何声不敢轻举妄动的真实心态。

第二天老先生矛头所向直指何声，他先教训了何声一番，他说他收发何声的情书是因为他需要了解何声，了解一个即将成为茹菲终生归宿的男人，他不能容忍任何欺骗和伪善的行为，他说纸头上写得再漂亮未必就是心里话。然后他问了何声一个出人意外的问题。

叙述到这里，何声忽然不说了。他看了看手表他说快来人了，他似乎在逃避什么。

我认定这神秘的问题与我有关，在关键的时刻何声对我吞吞吐吐，未免太不够朋友。我说，我自己去问茹菲，我现在就去，她虽然傲慢可她不虚伪，她会给我答案。我站起来我漫不经心地说早上学习我请假了。

何声一把拖住我，他攥得我那么紧，他恶狠狠地说，你不许走你这个闯祸精，你想过没有，你去问茹菲等于你自己送材料上门，茹菲会一五一十如数汇报，老先生会越加怀疑我们，事情会越加复杂，你知道吗?！

仿佛是宁静的夜里突然响起大鸟的鸣叫，空间向无限的深度扩展，幸存的余音叩击着沉沉天幕，我思绪深处终于有什么闪烁起来，我豁然明白，老先生问了何声什么。

何声松开我，我重新坐好，不知不觉的彼此比原先疏远了些，面面相觑，一时间竟生出莫名的沉重和缄默。

许久，何声说，因此我不反对茹菲疏远你，我想老先生的话也不无道理，我们很正派的，可社会很复杂的，人的眼睛都是有色的，谁能确保别人不非议呢！老先生默认了我和茹菲的关系，我也答应老先生了，和你保持距离，注意影响。这件事你不要放在心上，我会处理好的，我们还跟以前一样。也怪我不好，让你卷进来，以后你不要管茹菲的事，她来找你，你也不要管，随她去，好吗？

何声的声音温和体贴，似乎他最知心最关切的是我而不是茹菲。然而这并不能稀释我心中的委屈、愤怒，我不能原谅一切背信弃义的行为，我用怀疑的眼光看着何声，我忽然想为什么总是他在说，说他的烦恼、快乐，为什么总是他在安排一切？他什么时候倾听过我的？

你在想什么你生我的气了？何声低下头亲切地看着我问。

有一件事我该告诉你。我心血来潮我平静地说了那个男孩的名字，我说，我爱他我们发誓永不分离。

何声一时回不过神来，惊异地看着我，我猜他此刻脑子里一片空白。我很久以后才知道我这任性的表白对于他意味着什么。

一个小小的变奏竟然改变了主题。假如我知道，或许我不会说。然而人生不是彩排，它永远不会给人改正的机会。

同事们纷纷地来了，何声开始通读雄文四卷，他镇静沉着单调的声音令我不可思议，他怎么能允许那个无所不知的老先生亵渎我和他的友谊？他还默认了茹菲对我的疏远，他就是这样让复杂的事情变得简单、使曲折变为通途的吗？他对我的爱情故事又怎么想？

说来惭愧，我和那个男孩的恋爱故事已经接近尾声，他更热衷于和同龄男孩调皮捣蛋，我则更喜欢和我的十个知心女友一起逛大街，我和他已经有好长时间不在一起玩了，我又偷偷地爱上了一位才子，他博览群书饱学多才还有点自命清高。他对我们小女工们全都不屑一顾。这激发了我的好奇，莫名的恋情与日俱增，它带给我神秘的快乐它也折磨我，我设计了一百种求爱方式我不知道哪一种最好，而每一次狂热的想象都毁于沉默，毁于少女的矜持，于是一百种爱情方式成了一百个谜，永世不解的谜。我本来可以请教何声的，可现在不会了。

我和茹菲心照不宣，互相回避。避之不及的时候彼此也说说话，无非是天气服装健康之类的话题。我们再也不提何声的事，而没有了何声这个话题我也想象不出我和茹菲还有什么可说。

有几次我去看敏姐，茹菲又跟以前一样把蚊帐垂得低低的，不露面，静悄悄的，我以为她不在。一直到我告辞出门，敏姐自言自语说茹菲她睡着了，我才知道她的存在，惆怅和伤感会悄悄爬上心头，仿佛枯萎的花朵经过雨打变得越发沉重了。

我和何声，也礼貌地疏远了，我常常避开他，我讨厌他和茹菲父亲的肮脏交易，我对他卖友求荣的行为耿耿于怀。

寂寞的岁月里我百无聊赖地捧起了书本，让孤独的心舟在书海里漂泊流浪，我什么都看，古今中外所有的精华和糟粕我照单全收，我期待着有朝一日和那个骄傲的才子并驾齐驱。

何声有时候也跟我借两本书看，他关心地问我借书渠道可靠不可靠，我知道他是在搞缓和，我装没听懂。我有好多书是从一个反腐蚀的打流队员手里借来的，可我什么也没说。

跟过去一样，敏姐总在我面前唠叨何声的事，她总有最新的消息。她说何声和茹菲已在筹备婚事了，何声替茹菲买了照相机、英纳格女表、呢制大衣，她还说他们婚后可能两头住，也就是说何声的家里和茹菲的家里都要设法布置一个小巢，供新婚夫妇栖住。我难以想象在那拮据的石库门房子的二楼，何以能再辟出自由驰骋的一角？这主意没准又是那个无所不在的老先生提出来的。

我听着这些的时候，觉得何声和茹菲离我越来越远，越来越陌生。有时候我们旧地重游，会发现一切已面目全非，记忆中的美丽、和谐被现实的丑陋销蚀得令人心痛，我们会感到失望，我能够想象将来何声和茹菲抱着胖小子的滑稽相，我一点儿也笑不出来。人生就是这样不知不觉走向平庸，我害怕我哪一天也会这样。

有一天何声忽然说到茹莹。那天开车间大会，何声迟到了，他挨到我身边说，挤挤吧？

我十二分不情愿地挪了挪，他和我比肩而坐，过去的那种亲密、不拘形迹似乎又悄然而至。他就是在那个时候说到茹莹的。

他说茹莹现在难得回家休假，她在农场干得很出色她入了党，她父亲现在老把她挂在嘴上，他教女有方。

我说幸亏他销毁了茹莹的成绩报告单，他可以高枕无忧篡改历史了。

何声没听懂,他不知道成绩报告单这个典故,他问,什么?你说什么?

我没心思解释,我只是说如果她和她父亲再吵,老人家还会骂她要她滚吗?

何声轻蔑地哼了一声,他说,你知道那次他们大吵他说茹莹什么吗?他说茹莹在我这个未来的姐夫面前不够庄重!茹莹就是在那个时候愤而出走的。

我这时候才明白了何声当时没有仗义执言没有把茹莹追回来的真实原因:他怕涉嫌。他如此懦弱我觉着悲哀。了解一个人有时候是件痛苦的事。

平淡的生活孕育着奇异的突变。我没想到茹菲会来找我。

元旦。父亲吆五喝六地指挥着一家子大扫除,强迫劳动,揩窗、擦地板、卖破烂,把个好端端的假日搞得乌烟瘴气一点儿欢快气氛也没有。我懊恼为什么要过节要回家,我情愿待在工厂宿舍做王老五,在这黯淡的时刻,茹菲出现了。

她在门外叫我,门口堆着好多杂物,她走不进来,她踮着脚朝我招手,亲切、温和,在经历了长久的疏远之后,很难相信这是事实。

她说她想到南京路淮海路去,她问我有没有空,她说,你陪陪我好不好?

没等我考虑成熟,我父亲便慷慨地一挥手说,去吧去吧,省得在家里心不定,碍手碍脚,早点回来,要烧晚饭的。

我如获赦令,乐不可支地扔下抹布,拍拍手跟着茹菲逃将出来。

冷风扑面,仿佛有什么东西在眼前横贯而过,耳朵能听见世界陷入沉思的嗟叹。我和茹菲无言地走着,很久。我们心里都明白我们并不需要南京路淮海路。我等着,等着茹菲开口,我猜她无事不登三宝殿她一定有事。海的回流带给旅人似曾相识的漂流物,是什么给我带回了茹菲,带回了那个美丽的骄傲的茹菲?我回转头去看,我想知道答案。

我惊愕地发觉她在流泪。不知道她哭了多久她泪流满面。无声的沉重的啜泣让人心颤。

为什么哭?茹菲你怎么啦?我宽大为怀地拥着她,我觉着曾经有过的不快和隔阂忽然全都烟消云散了。

我和他已经有两星期没有见面了,茹菲说,今天我收到一个邮包,他把我的东西都还我了,他说他的东西随我,我们完了。茹菲抽抽搭搭边说边哭,跟小孩子一样。

我大为震惊。我怀疑自己是不是听错了?不达目的誓不休的何声,一往情深的何声,难道他变了?我极力驱除这可怕的幻觉,然而茹菲的哭声又使我不得不相信她说的是事实。

隐隐地,我仍然对茹菲的悲痛感到困惑,我一直以为她并不怎么在乎何声的,在何声凌厉的爱情攻势下,她是被动者、投降者,现在看来并非如此。

我说过我这个人天生对一切悲欢离合的情感有过敏,茹菲传递给我的那种铭心刻骨的痛苦使我倍感凄凉,我因为看见了真实的茹菲,一个默默地爱着的茹菲,我想放声大哭。

他怎么可以这么残酷无情、反复无常?!他怎么可以!我哽咽着说。我以前对茹菲说过何声一百个好,现在我陪着她流泪。

讨论婚期的时候他突然不开心了,就不来了,谁知道他会这么绝,寄一个邮包给我。茹菲又哭又咬牙,爱恨交织。她咬牙的时候特别显得脆弱。面对这份纤细、脆弱,谁还硬得起心肠呢。我对何声的决绝感到困惑。

悲痛之余我仍无法抑制我女孩子的好奇心,我问茹菲,何声他寄什么给你,不,他还什么给你呀?

电影票的票根,还有一块旧手绢,盖过信戳的旧邮票,就这些。茹菲又哭了。

无须她解释,我便可以猜出,那电影票必定是茹菲买了请何声看的,还有手绢也一定沾满了她的眼泪,至于邮票则曾经是飞雁传情给何声送去佳音的。爱的履痕,我心中忽然闪过一行美丽的诗。我觉着何声太残忍。

我说,原来他想搞一个情史档案馆,那里还应该有苹果核,有他给你的邮包的封纸,茹菲你哭什么呀,你找他去问呀,问个明白!我摇着茹菲的胳膊我受不了她的哭泣,我悲愤地呼喊,仿佛遥远的地方有什么在燃烧,是旷野里孤独的篝火,它映照着我敏感的心灵,我觉着烧的灼痛感。

我去,会僵的,茹菲揉着红肿的眼睛,她深深地凝视着我,期待、信任、依赖、祈求,全在这眼睛里表露无遗,我突然明白了,她想要我做什么。

我其实从未走出过茹菲和何声的感情世界,我内心产生一种柔情,愤怒的柔情,我毫不犹豫,我说我去寻何声问,我到他家里去。

我以为我能主持正义，以为这世界有承诺也有答复。

茹菲紧紧地挽着我，她说，我过去对你不好，你怪不怪我？

她说着又哭了。我也忍不住落泪。大街上行人懒散而冷漠，他们随风而逝他们听不见我们的哭泣。

茹菲说，你去了，你准备问他什么？

我哑口无言，我以为找到了何声便找到了答案，我哪里想过该问什么或不该问什么。

我虚张声势，我说我先赏他一百记老拳，然后要他给你磕一百个响头赎罪，你看可以吗？

还是茹菲沉得住气有心计，她从衣袋里掏出一封信，信封是自己做的，很小，显得鼓鼓囊囊的。我一时还转不过弯来，我问，这是什么？

你交给他，我想说的话全在这里面了。茹菲捧着信，又悄然垂泪。

原来她是有计划有步骤的，我心里隐隐闪过一种被愚弄的感觉，但它很快便被泛滥的同情所淹没了。

我看着她，久久地，一个令人伤感的茹菲永远留存在我记忆里了。

乘四站路，下车，又慢慢地走。快要到了，我告诉茹菲。

她说她没来过。谈恋爱一年多了，茹菲没有到何声家去过，这在别人看来似乎是不可思议的，然而我信。

我说，我也就来过一次，还是进厂头一年，过年的时候，车间领导组织大家互相拜年，糊里糊涂的我跟着一大帮子人来过。

我说完了才觉着自己像在极力表白什么，茹菲父亲的阴影锈蚀了我的灵魂。

茹菲不肯走了，她说，我就等在这里，你去了就回，你不要讲我还在，千万千万不要讲，你记住了？

这是她最后的骄傲。我唯有点头，我突如其来地想，我是否也去做这么一个小小的信封，用爱情鼓满它的风帆，驶向情人的心港？这是我的第一百零一种爱情方式。

何声的家在一幢很老旧的花园住宅的底楼，走廊很长，门大多紧闭着，给人一种犹如隧道的感觉。有什么地方透出一缕光亮，走廊显得愈发神秘和沉寂了。

和黑暗一起扑入我心灵的是压抑、沉涩的感觉，我不知道何声会怎么样，我忽然的没了把握。期待的门步步逼近无可回避，我的心狂跳起来，临阵脱逃的念头突如其来，我反问自己为什么来到这里。你以后不要管茹菲的事，即使她来找你，你也随她去，你不要管，我听见何声冷冷的声音透过岁月的帷幕，海水一样漫溢到现实的空间。我回忆起那天早晨的对话。我惊异地胡思乱想，莫非那个时候何声就已洞悉了一切。

门叩开了，燃烧在窗玻璃上的阳光亮得我眯起双眼。开门的是何声的母亲，一个面容慈爱气质优雅的老人。她还记得我叫得出我的名字，她说何声刚出去他不在家。

我没出息地松了口气。紧张的神经忽然归向松弛，仿佛一颗坠落的石子掉到地面，我有一种精疲力竭的感觉，我手里举着信，只说了何声、茹菲，便再也说不出什么了。

孩子，你有什么事？你的手在发抖，你病了？老人温和地拉着我的手,要我坐,她俯着身子跟我说话仿佛在跟小孩说话。

我触摸着何声母亲的手,它柔软、宽厚,它沐浴过历史风雨、人生沧桑,它容纳过无数悲欢,我心里忽然生出一种依赖的情感,仿佛找到了诉说愁肠的知友。我泪水盈盈,我告诉她茹菲的故事。

我说何声他太残忍他缺乏责任心他跟我想象的不一样,我说我鄙视负心的男人我没想到何声会是这样!

我冲动地谴责着何声,深恶痛绝全盘否定,我毫不掩饰我失望的心情,但我慢慢地平静下来,因为何声母亲的手始终没有放开我,潜流一样永恒细腻的爱心丝丝缕缕沁入我孤独的心房,我甚至淡忘了茹菲她在等我。

我哪里知道这份依赖日后将注定我要走进一条感情迷巷,偶然的因素导致必然的结果。我后来失去了何声也失去了茹菲的友谊,有一阵子茹菲看见我总要朝地上吐唾沫以示仇恨和轻蔑,这一切深深地刺痛了我,我一直不明白造成这后果究竟是谁的责任。

何声母亲接过茹菲的信她叹了口气。她没有因为我指责了何声而把我拒之门外,这使我惭愧。她说,茹菲一直叫人猜不透,一年多来两个人磕磕碰碰的,总有不愉快的事,前一阵子那个叫永昌的年轻人入了党提了干,她心里不高兴又不明说,就跟何声闹情绪,弄得何声很灰心;提结婚了,定日子的时候,她家里人又提出来要等何声父亲的结论下来,这两件事扯在一起,别说何声伤心,我们也生气,我没见过茹菲,她一直不肯来玩,女孩子骄傲也是有的,不过我想,世界上也不是只有茹菲一个女孩。孩子，如果你是何声的妹妹，你会怎样想？老人问我。

她期待地看着我，她的目光使我想到黎明时分最后燃烧的星光，苍凉、孤独、高傲。一个母亲的骄傲被伤害了。

我没听说过永昌的事，可我信。我奇异地联想到茹菲的父亲，我发觉两位老人全都那么热衷于关心、参与茹菲和何声的一切，这联想有点儿荒诞，因为何声母亲要比那个父亲可爱得多。

我无言。我没忘记我的信使身份我没法说是或不是。我小心地避开何声母亲的凝视，我想的是既拒绝回答又不伤害她的自尊。

何声母亲摇摇我的手，似乎她知道我，她继续说她的。她说前两天何声父亲的结论下来了，没有划为敌我矛盾，扣发的工资也补了，高兴之余她让何声去找茹菲和好，想这件事也算有结果了，谁料到何声不这样想。

何声母亲叹了口气。

我想起何声说过女孩的心是天上的云，飘忽不定，他甚至开玩笑说他没有魄力冒险和一个十七八岁的女孩做对象。看来真正危险的是他自己。苦苦追求了那么久长的爱情，一旦唾手可得倒反望而却步了，这令人不可思议。

完成任务我觉着我该走了，何声母亲承诺说等何声回来把信给他，让他去考虑，她保证不参与意见。她亲切地看着我，问，好吗？

她竟问我好不好，仿佛我不是一个外人，而是她久已熟悉知冷知暖的老朋友。我大为感动，我由她拉着手，真诚、慈爱，传递给我一阵阵的温暖。

突然的,房门被推开了。何声站在门口,苍老而沉默。他身体的一半沐浴在金色的冬阳里,另一半被走廊的阴影覆盖了,半明半暗的给人一种奇怪的生硬的感觉,仿佛近在咫尺又远在天边。

我一时竟不知道说什么好,只是在何声母亲叙述事情经过时,偶尔地插上几句,事后回想纯属废话。

何声接过茹菲的信,他掂在手里一动不动有四五秒钟之久,然后他把信原封不动地塞进上衣口袋。他沉着脸,深邃的目光看着我,他有点古怪。须臾,他说我知道了,他像打发邮差一样让他母亲送我走。

他冷静而专横的气势镇住了我。曾经把他奉若师长的历史未免令人压抑,我无法大动肝火,我只是嗫嚅着说,茹菲她在等我,她就在附近,我不能一无所获空手而归,你总该给我一个口信。我把茹菲最后的骄傲葬送了。

正在这时,电话铃响了,是何声母亲听的。不知道那头说了什么,老人一愣,然后捂住话筒朝何声招手,她说他们问人来过没有。她没说他们是谁,问的是什么人,然而何声和我都心里明白,他们无疑是茹菲的家人,他们在寻找自己的女儿。显然茹菲没跟家人说明自己的去向。

跟他们说这里没他们要找的人。何声冷酷地回答。他明明知道茹菲就在附近,他却说不知道!

压抑的愤怒终于迸发出来,我想起何声说过的:我天天写情书我是大情人!原先的洒脱豁达显出了它轻薄无耻的一面,我在看到一个真实的茹菲的同时,看见了一个虚伪的可憎的何声。我说，你现在不看茹菲的信，你索性等临睡前把它当消遣小说读吧！我不会再来我讨厌看见你，你口是心非两面三刀背信弃义忘恩负义你稀奇什么呀！

最后一句无疑是茹菲的口气——高傲矜持，不屑一顾。鬼使神差茹菲的灵气突然地依附在我身上，我击鼓骂曹痛快淋漓。

何声堵在门口，他没动。他阴鸷、冷峻，他看我像看一个陌路人。他的眼睛闪烁着一片浓厚的金属的光泽，给人一种说不清的阴森感，有一种类似沼泽的气泡，死气沉沉地从他的眼底升起，阴影覆盖了他的眼睑。我后来才知道他那时的心情：灰心绝望听天由命。他本来打算重新选择，然而我的出现，我的激烈的近乎本能的反对使他心底的蓝图成为泡影。

这样吧，他终于开口说话，他说，晚上七点我在廿七路电车成都路站头等她。

恩赐。我心里不无悲哀地想，我为茹菲悲哀。假如我没有看到过她哭泣，不知道她沉默的爱情有多执着多深沉，我会拒绝这个冷淡至极的约会。

是哪一个方向？成都路站头马路两边都有的。何声母亲忽然问。很多年以后我还记得她的温和她的细心。

她知道的。何声简简单单地回答。

我在一个隐蔽的街角找到了茹菲，她惊慌不安失魂落魄，她说她看见熟人了，厂里工具车间的，一个很碎嘴的老阿姨。老阿姨就住在附近，和何声很熟的，她看见茹菲时说，你在等何声呵，约会约到家门口了，嘻嘻，茹菲说那老阿姨明天就会在厂里张扬，会去调侃何声，说不定还会跟何声讨糖吃。

现在怎么办？茹菲跺着脚说，他知道我等在这里他会怎么看我？！

她依旧摆脱不了她的骄傲。我说，想那么多做啥？！我不敢坦白我已经泄漏军情，我还把何声形容得十分憔悴十分沮丧，楚楚可怜，似乎被遗弃的是何声而不是茹菲。这多少满足了茹菲的虚荣心，也慰藉了她受伤的心灵。

我把何声的约会当作辉煌的成果上报茹菲，我看看表我说四点了，离七点还有三个小时，你回家去，我也回家去，我阿爸等我烧晚饭的，他等急了他要去贴寻人启事的。

我们分手了。我看着茹菲走进芸芸众生中，轻盈飘逸，她穿了件靛蓝色的棉布罩衫，一条纯白的围巾随意地搭在肩上，衬着灰色的人群她显得苍白而孤独，仿佛一只进入风景的纸鹞，袅袅地诉说着离别的惆怅。

我后来才知道那天她根本没回家，她在这个拥挤不堪的城市里漫无目地闲逛了三个小时。她头一次勇敢地叛逆了那个无所不在的父亲，她没回家去请示汇报。我听茹菲说这一些的时候我吃惊得合不拢嘴。我想象她踟蹰在城市的幽巷里，无家可归有家难回；想象她在经历了那么久的挣扎、彷徨后，终于义无反顾地走向她命定的时刻。我觉着爱一个人真是艰苦卓绝，我自叹不如望而却步，我重新考虑是否对我的才子施行第一百零一个方案。

风平浪静，何声和茹菲和好如初，周围的人甚至不知道他们曾经有过的波折。只是一切似乎倒转过来，星期天，心高气傲的茹菲开始朝何声家跑，而何声则很少攀登那石库门的二楼了，我猜不透究竟是他们有约在先还是那个无所不在的高参茹菲的父亲从中作梗继续干涉。

破天荒的，茹菲和何声跑到郊区的公路上去幽会了。这是一个初春的夜，寒意很浓，大部分人依旧穿着臃肿的老棉袄，服装跟季节的脱节使周围环境显得越发沉闷了。我百无聊赖，我去盥洗室洗脸，心想草草了事去钻被窝去做我的梦。那阵子我常做梦，我梦见有许多女孩子簇拥着我的才子飘然而逝，我拉住他们又喊又叫的可他们视而不见听而不闻，把我一个人扔在可怕的旷野里，我还梦见我成了许多女孩中的一个，我紧挨着我的才子我如愿以偿。混乱不堪荒诞离奇的梦境带给我痛苦和希望，它们充实了贫乏的现实它们使我留恋。日复一日我成了一个嗜梦者。

我走进盥洗室，只觉得眼前一亮，我意外地看见了茹菲。她换上了春装，一件合体的春秋衫把她衬托得修长俏丽、轻盈动人，香皂擦过的脸庞犹如饱含水分的花草，闪烁着美丽的光泽。面对清新悦目的茹菲我自惭形秽我还觉着我总算吸吮到了一点春的气息。她看见我，她说，正好，你帮忙把脸盆毛巾带回宿舍，我有点事要出去。我跟她开玩笑说你去赴约呵，我这样说是因为我依旧用老眼光看她，我料定她不会。没想到茹菲不打自招，她说，你真是个精怪，你猜出来的？噢，是他告诉你的？我心有余悸赶忙声明，我抱怨说他现在差劲极了守口如瓶纹丝不透。

茹菲娇嗔地一笑，然后转身走了。户外的夜色消融了她，她变得单薄而模糊了，只是盥洗室的灯光依旧追随着她，影影绰绰，朦胧迷离。

她果真是去赴约了。毋庸讳言，我很吃惊。我明白了一个人并非一成不变的,而且人有时候还会走向自己的反面,我由此而感叹思想家的伟大。

茹菲和何声徜徉在城郊的夜色里,与此同时,宿舍区里已有人交头接耳传播他们的秘闻了。我后来听敏姐说那天晚上到她们宿舍来串门聊天的人川流不息络绎不绝,赶集似的,一直延续到深夜十二点,醉翁之意不在酒,她们显然不是真来聊天,她们除了想知道茹菲在不在,她们还想刺探茹菲究竟是几点几分回来的,谁都想占有第一手资料,独家新闻。没准还有人巴望打流队员会在他们幽会的地段出没,巴望他们出丑露乖。人们厌倦了平庸无奇的生活,都期望看点好戏,这愿望算不上奢侈也不过分,除非他们另有事干。

第二天我看见何声我觉着有一种奇异的陌生感,而且莫名地红了脸,兴许是那些神秘的传言影响了我,我觉着一夜之间何声已非同寻常。他没在意我,他正在仔细地用牙膏研磨他的罗莱克斯手表的表面。

我说,你想改头换面以旧充新送给新娘啊?

他抬起头诡谲而得意地笑笑,他让我看表面,那晶莹昂贵的表面上有两道深深的擦痕,清晰、粗糙,显然是刚损坏的。

我摇摇头,我说,你跟人打架了?嗨,你吃大亏了。

何声依旧不出声地笑,想说又不想说似的,完了,他说你去问茹菲吧,你问她昨天晚上她干了什么。

何声的话音里有一层暧昧诱导的意思,它使我的想象走得很远有点儿荒诞不经,我的脸更红了。

除了和何声在一起消磨的时间，茹菲和我形影不离。她毫无节制地和我一起吃那些廉价的巧果，傻里叭叽地和我的十个知心女友逛夜大街，一改往常的矜持、高贵，我想，是爱情使她变得随和亲切了。茹菲还说服了敏姐，让我和敏姐换了宿舍，我们在一起的时间更多了。

她关心我，她让我坦白了我对才子的隐秘的恋情，从这以后，我和她算是成立爱情协会了，我们经常互相交流，就像作家进行创作交流一样。茹菲很热衷参与我的故事，她劝我寄一张空白的素笺给才子，她说此时无声胜有声，空白暗喻你有无尽的情意，他会心领神会欣喜若狂。可是我害怕这样的猜谜游戏，我觉着空白也可以表示无话可说，他要那样领会我怎么办？类似的主意茹菲有好几个，我都没采纳，我希望简洁明了直言不讳，可我不敢。我唯一大胆妄为的是发起组织"五四"文学社，我想邀请才子当顾问。这好事因一好心人暗中劝阻，说恐有裴多菲俱乐部之嫌而告吹。

何声又开始唤我"小阿妹"了，不过他不再有诲人不倦的精神，他的为人处世一百个怎么办对于我也已经不新鲜了，他连自己的人生都搞得错综复杂，我想不透他怎么能指导我。

令人发笑的是，何声突然风雅起来，他不时地写一些小散文，还炫耀地给我看。我印象最深的一篇是《竹》，他赞美竹生而不灭一往情深，他说竹叶烧了还有竹枝，竹枝断了还有竹竿，竹竿砍了还有深埋的竹根，野火烧不尽春风吹又生，竹是忠贞爱情的美丽象征。我觉得他写得有点诗意，我还把它摘抄下来准备有朝一日赠送给我的才子，后来我无意地看见一位作家的散文

《井冈翠竹》，我才发现何声全盘都是抄袭剽窃，我从此对何声的杰作便不屑一顾。

有一点很奇怪，茹菲和何声尽管都待我亲如兄妹，但他们似乎不约而同，茹菲从未有邀请我再访石库门二楼之意，何声也一字不提他的旧花园住宅的家门欢迎我光临，我对茹菲的父亲敬而远之，可我对何声母亲却有一种天然的情愫。我有点想她，我寻思她现在不会觉着茹菲让人摸不透了吧，说不定她正忙着为他们准备新房呢。

我对何声夸耀，我说那天我送信来，我不啻送一个儿媳妇来，你妈妈开心不开心？

何声怪怪地看我片刻。奇异的目光令我想到很久以前我们从老女工家出来的那个月夜，郊野的清新气息和神秘氛围悄悄地不期而至，和何声挽手的细节忽然栩栩如生恍若眼前，记忆的空白终于充实复苏，我至此才确信这细节的真实。我怅然不知所以。

她对你送来的儿媳妇不甚了了，她对你倒是知之颇多，她而且每天都有新的发掘。何声意味深长地说。

仿佛在深山幽谷，你对着空旷的天地呼唤，呼唤亲人、朋友，呼唤爱人，这呼唤发自肺腑犹如天籁，然后你全神贯注你默默倾听这呼唤走过大地走过山野，倾听它千寻百觅，在久长的缄默以后，充满生命气息的回音深情而轻盈地款款而来，它跋山涉水无可阻挡，它和你息息相通心心相印，在这动人的时刻，你领受到欢欣、鼓舞和爱。

我因为何声的母亲，而领受了这一份珍贵的情愫。一个欲望抓住了我，我心血来潮，问何声：我可以给她老人家写几个字吗？

何声乐得直张罗，他喜滋滋地找来笔墨，他把办公桌抹得干干净净然后铺上宣纸，他虔诚至极。

我凝神屏息左思右想我挥笔写了一个"缘"字。字体拙稚朴实，憨中见雅。一言难尽，多少纤细莫辨的情感都在这"缘"字中表露了。

我哪里知道这一字在未来的岁月里将带给我的烦恼，以及我为此而付出的代价。

何声得了一种恶疾，一种难以启齿的疾病。他忧心忡忡请了病假四处求医，他对我直言不讳地说这疾病会影响生育，说知识就是力量，医学常识帮助了他，他发现得早赢得了治疗的时间。我故作大方听他说这一切，我觉着他不讳疾忌医十分可敬。

何声对茹菲的解释就不是这么一回事了。也许是想考验她爱情的忠贞也许是为了表现自己与众不同品格高尚，何声把他的病渲染得十分可怕，什么不宜结婚无生育希望影响性生活，他还把一本打开的《内科学》放在茹菲眼前，他要她看泌尿系统疾病病例。

茹菲紧闭双目捂紧耳朵，她说她不要看她也不要听，她不会离开他她不会！她爱意弥坚不在乎床笫之欢她要求尽快完婚。

茹菲告诉我这一些的时候，眼中洋溢着骄傲圣洁的光辉，她毫不犹豫她几乎没有选择地奉献了她的坚贞，这是她的必然。尽管如此，何声仍一意孤行无限期地延迟了婚期，他含泪说他想等病情有所缓和，他不能为了自己的私欲而置茹菲的幸福于不顾。

茹菲和何声在突如其来的灾难面前相濡以沫忠贞不贰，这段情史可歌可泣一时传为佳话，我为自己拥有这样的朋友而感到骄傲。

茹菲有时候也请病假，她上何声家去她要照顾他，她现在变得坦然而勇敢，每个周末、每个和家人团聚的礼拜日她都留给了何声，她还不辞辛劳跋山涉水跑到很远的乡下，在一个祖传老中医那儿觅到一张秘方，她花了很多钱。事情传开后不少人都称赞茹菲是个有心的好姑娘。也有人不以为然，甚至冷言讥讽。嘉亮不阴不阳地说，何声比结过婚的男人还要"懂经"。意思是说他内行、老手。嘉亮说茹菲此举是迫不得已无可奈何，她早已被何声"那个"过了。听嘉亮说这一些的时候，我没来由地想到何声的那只表，表面上的两道擦痕，还有他诡谲而暧昧的笑、他欲言又止的神秘表情，我心里模模糊糊地猜测着，也许何声自己对别人说过什么，留下了话柄。

我没敢把那些流言告诉茹菲，我知道她心高气傲她要知道这些污言秽语准会一死了之以示清白。后来我撞见茹菲背着人在偷偷地流泪，我问她为什么哭，她跺着脚恨恨不已，她说，他们讲得难听死了！我心里蓦然明白，她其实什么都知道。她从与何声好的第一天起就明白这以后的一切，我理解了过去的她为什么那么固执那么好走极端，我还觉着何声他早些时候口没遮拦粗枝大叶，作为一个男人他没有尽心保护好茹菲他有责任。我这样的见解很多年以后让嘉亮听了喷饭。他说，你受蒙蔽了。

很多年以后我和嘉亮在一个办公室共事，有一天嘉亮突然来了兴致他和我聊起了何声。时过境迁，何声早已调离了工厂，可依旧有人对他念念不忘。

嘉亮对何声怀有偏见，嘉亮说何声这家伙他哪里是什么粗枝大叶，他和茹菲搞对象的时候他不隐瞒父亲的问题，他深谋远虑用心险恶；我们男人都知道最理智的女孩也有她感情脆弱纯情浪漫的一面，何声正是利用了这一点，他善于制造氛围他让茹菲自己选择，他轻而易举地把最沉重的枷锁卸给了茹菲。他因为不欺骗她便无需承担任何道义上的责任，而茹菲则不然，在情感的冲动平息以后，理智会站出来与之抗拒，她心有苦衷可她有苦难言，她若对何声挑剔说他父亲怎么怎么的她便丧失了她的人格，她只能迂回曲折地使用各种借口来宣泄她情感和心灵的苦恼，这便是他们恋爱初期风波迭起的真正原因，这一层心理或许茹菲自己也不能洞察。

嘉亮俯瞰一切地说了一大堆，顺便带一句，嘉亮已是个很杰出的高级技师了，有很多进口机床的电脑程序都是他设计和输入的，他的脑子绝对是个"四通"。

我很难苟同此见，嘉亮把一切温柔的面纱都撕开了，苍白而美丽的过去成了组装错位的游戏玩具，而何声是个无处不在的设计师。我无法接受这样的结论。然而鬼使神差的我想起了何声的那场病，想起他对茹菲的坦率直言，我没来由地想，假如茹菲成了他妻子，假如他的恶疾未能治愈，假如他的预言成了真实，假如茹菲渴望和他做爱，假如她想要一个孩子，茹菲她怎么办？她说过她不在乎她爱意弥坚。当岁月如尘使一切闪光的青春黯淡时，她便只有默默地饮泪吞泣，一个人咀嚼苦果！而何声则高高在上藐视一切。这样的形象让我无端地想起茹菲的父亲。

如此推测使我害怕，它将摧毁美好的富有诗意的一切，还有痛苦和柔情编织的青春。于是我远远地避着嘉亮，我害怕他那四通的脑袋又会设计出什么可怕的程序来蛊惑我。

我终于向我的才子放出了爱情的气球。无可讳言，茹菲的热情鼓舞了我，她以过来之人的口吻说，错过的幸福永远不会再来，她要我鼓足勇气大胆追求。我写了一首诗：《等待》。

我在诗中这样表白：

　　我在雨中等你/雨声漩涡般漫过我的头顶/水面上依然生长着瞩目你的双眸/睫毛青苔斑斑

　　我在雪中等你/凛冽的风流入身躯/寒冷的圣洁纷至沓来/直到站成一个雪人

　　有一天我和你邂逅相遇/你挣脱我的视线远去/你说/你不愿，不愿活埋在我心中

诗行抄录在洁白的素笺上，由茹菲在一个月色温柔的周末之夜亲自上门送到才子手里，家庭地址是师法何声从医务室的病人档案里窃取来的。茹菲在才子家里待了一小时之久，我则跟茹菲曾经有过的那样，在附近的荒僻处在城市最寂寞的地方踟蹰流浪，等待茹菲。

一个小时漫长得无穷无尽。我先是激动不安神情恍惚，模糊的幸福随着婆娑的树影在心底摇晃，我欲仙欲醉，神游似的穿街走巷。我后来不想走了，我找了一堵围墙倚着它什么也不想地抬

起头，我看见墙里伸出的树冠在幽暗的墙面上投下一簇浓浓的阴影，什么是树什么是影竟模糊一片难以分辨了。忧虑、疑惧突如其来地魔影似的渗入我体内，周围的高楼、围墙、树荫显得陌生而不可理喻，星空变得越来越遥远。我方寸大乱一筹莫展，心里默默祈祷上苍神灵，他们无处不在的慧眼洞悉着宇宙人生，他们在悄然叹息，我祈求他们给我启示。我着急得泪流满面。

茹菲找到了我，她温情脉脉，她对我凝眸注视。我惶惶然如丧家之犬，我没有勇气听她传递的信息，我捂住她的嘴我说我不要听，我什么也不要知道。

我害怕此时此刻，我希望眼前是第二天早晨，而一切的等待、判决、奇迹都成为过去。

茹菲柔情地挽着我。我忽然想起过去，有一天我身负重任我也曾在城市的暗角找到她，我小心地抚慰过她我陪她流过眼泪，我忍不住靠在她肩上我说为什么，为什么我们会这样？我再说不出别的话。

我想男人的爱情一定不是这样软弱无助这样艰难困苦铭心刻骨。

他说他要考虑考虑，完了他会把答案告诉你。茹菲小心翼翼怕踩到碎玻璃似的告诉我。

一刹那，有一种廉价出售的耻辱袭上心头。考虑？！他竟说要考虑，他考虑什么？！他甚至都没有给我一个"七点钟"的约会！

没想到他如此沉得住气。

我木然地仰望街灯，微弱的光亮弥补不了心里的缺陷，我怎么办？

他这样不爽气，我看算了吧。我去跟他说算了？茹菲试探着问。

我听见自己坚定地说：不！

茹菲沉默地看我许久，她惊讶、困惑的目光令人难受，按理说我应该猛醒，我应该猜出才子其实已经拒绝了我，所谓的"考虑"只是茹菲凭空虚构的谎言，让我不至于丢尽脸面。聪明的女孩应该心领神会，顺着台阶下。

我因为爱迷心窍，本能地错失了这唯一的机会，我心里残存着希望，茹菲的谎言反给了我一种虚幻的灵光，我想才子他愿意考虑他必定心有所动，或许他也默默地爱着我，只是当幸福突如其来唾手可得的时候却不知所措了。他害怕这幸福不可靠、不真实，有许多男人就是这样。

我设身处地想象着才子的心情，我重新勇敢起来，我决心等待。

茹菲叹了一口气，她不再说什么，她陪着我溜达了好一阵子。绝顶聪明的茹菲犯了一个大错，她以己之心推及于我，她以为我也有一百个心眼，以为我心里明白、我什么都知道。她后来没再跟我提才子的事。她要是知道我有多么愚蠢，她也许会忏悔她的过失。

善良的欺骗无异于软刀子杀人。

我等了很久，默默地无望地等待。每天我都要到门房去，门房的信插里胡乱放着所有的来信，我在其中寻找，我总是一无所获。周末回家我不敢擅自离开半步，我期待他来电话他来找我。

每一次电话间有阿姨来喊，我都心跳加剧以为是他，但每次都大失所望。这样的等待残忍而痛苦。我神思恍惚我还偷着哭了好几次，我一直猜不透才子的"考虑"因何那么久长。我在心里为他一次次排遣过错，我设想他临时有事脱不开身，或者记错了门牌号码或者缺乏勇气走到我家门口又踌躇不前，我设想了一百种可能我是个傻姑娘。直到有一天传来才子和化验室的一个女孩恋爱的消息，我才如梦初醒，才发觉那些处处存在的蛛丝马迹早就向我泄露了真相，只是我视而不见。

在那些痛苦的令人失望的日子里，我无意中忽略了茹菲的友谊，我变得庄重了我不再拖着她东跑西颠惹是生非，我想把自己变得文静端庄讨人喜欢，坦率地说讨才子喜欢。我很少去关心茹菲和何声的事，对我来说，他们的爱情已是明日黄花。我关心的是我自己。

一个普普通通的早晨。普通得令人生厌没精打采，我和茹菲结伴走出宿舍，我发觉茹菲很沉默，我也懒得说话。

离食堂开饭的时间还有半个来小时，我们慢慢地踱到了食堂后面的水塔下。满地都是废旧的角铁、建筑垃圾、钢板、芦席，一派荒凉没落的景象，令人想起战争影片里的废墟。我喜欢这儿的气息、氛围，它使人宁静也使人心绪翻飞。

我挨着茹菲在一块干净的芦席上坐下。太阳慵懒地隐在云层后面，它兴许也厌倦了这个寻常日子。

我和何声的事结束了。茹菲很专心地看着手中的搪瓷碗，平静地说。

我没听懂。我转过头看她。她薄唇浅抿，沉静地微笑着，苍白而美丽。

我和他吹了。茹菲再一次明确无误地说。

太阳突如其来地钻出了云层，厂房高处的玻璃窗倏地燃烧起来，一片辉煌，我闭上双目，心里有什么地方被灼痛了。

今天的太阳有毛病的。莫名其妙，我说了一句很离题的自己也捉摸不透的话。

也许是茹菲的话题太沉重太苦涩，沉重得让人无以对答，苦涩得使人麻木。

茹菲没看我，也没听我。她只管说她的。

何声说他的病一时好不了，他不想耽搁我，他说算了他不想结婚了，他一定要分手。茹菲还是那样笑着，她说得很轻缓很平淡。她似乎在说另一个人的事，无动于衷的。

除了一句类似询问的无意义的口语，我一时说不出什么来，心里一片茫然和空白。

茹菲用指甲认真地一下一下划着搪瓷碗，看不出她在写什么，但那种细微的摩擦声却每一下都令人心痛，它们传递给我的远比茹菲诉说的更多，于是我明白了：茹菲和何声的罗曼史已经，或者说是永远地结束了。

不是说好了等的吗，而且你们公开了关系，厂里人知道了会怎么说?！我担着心问，我不敢流露出同情、怜悯之类的情感，我看茹菲那么沉着平静，她显然准备拒绝一切温情。

他不要我等，他说他想一个人定定心心养病，养得好是福气，养不好也不丧气，因为不欠人什么不至于抱恨终生，至于别人会怎么说,他说不要紧,他会处理好的,由他承担一切。茹菲悠悠地说。直到此时,她才流露出一点哀怨和忧愤,她是被深深地伤害了,这伤痕似已无可弥补。

我无意地抬起手,也许我想去抚摸她的肩安慰她,她不易察觉地退避了一下,我像被什么刺了缩回手来,我有点儿困惑有点儿悲哀,我模模糊糊觉着茹菲、何声还有我,三个人都完了。

有一件事说起来你不相信的。茹菲像在说陈年旧事似的说,我和他在一起的主要话题就是你,为这,我阿爸和他还闹过矛盾呢,想想很滑稽的,有时候他不提你,想改改话题,我还坚持不懈说你怎么怎么的,似乎除你之外再无话可说了。现在回过头分析分析,两个人的关系其实是很苍白的,分开的事注定是要发生的。

我无言以对,心里竟朦朦胧胧地升起一种过失感,我很想说声抱歉。

搜肠刮肚寻找话题,我沉默了半晌然后说,我弄不懂他怎么承担一切,他能控制舆论吗?

我真的觉着奇怪,何声似乎是有计划有步骤的,他什么都想到了。

他会对别人解释说是他主动要分手的,这样我就没有任何道义上的责任了。茹菲边说边尖声地笑了一声,听起来非常刺耳,她从来没有这样笑过。她继续说,有时候我觉得他确实很高尚,处处为我着想;有时又觉着他像是什么都早有打算似的,我问过他是不是要一辈子独身了,他摇摇头,他说信誓旦旦不留余地的话像他这样年纪的人是不适合说的了,他说在未来的日子里或许会有一个好心的女孩子愿意照顾他，而他也希望得到这种照顾，那么他会很现实地考虑这件事。但以目前他的心境他的健康状况，他说他不作这种设想。你看他说得模棱两可含含糊糊，像不像是有打算的？

茹菲边说边站起来，她竟也不等我就一径地往食堂走去，我慢吞吞地跟着她，有什么朦胧的思绪在心头划过，我有点害怕。

一个漫长的爱情故事结束了，尾声令人沮丧。又似乎没有结束，有什么在渺茫幽远之处呻吟，如泣如诉，拍打着这现实的世界，现实显得动荡而不安。

两个月后，茹菲与外厂的一个复员军人、党员干部订了婚约。不久，我收到了何声的求爱信，那天我正好满师，我似乎也脱尽了稚气，我变得文静多了。

我无意在此透露信的全部内容，但是有一句话可以告诉读者，何声说他真正爱过的女孩子只有一个，他挣扎过抗拒过，但都无济于事。既然是命定的劫数，他无法逃避他决意承受。

我知道自己并非飘若天仙超凡脱俗，我想有一天他会失望。我只是震惊于他的表白，过去的一切又栩栩如生，宛如一幅深沉的波澜壮阔的画，有许多精微的原先忽略了的细节突然清晰明朗起来，历历在目。我相信何声并非虚构。

我想到我的才子，想到他不负责任的"考虑"，我心痛如绞。我不明白冥冥之中究竟是哪一只神灵的手串连起这爱的连环，让痴男怨女们在错位中挣扎沉浮。也许人生就是如此，就是这般憧憬、梦幻，有破灭也有圆满。

当一个人，一个我熟悉我不无好感的人，甚至还有些崇拜的我引为知友的人，说他默默地无望地等待过我，我无法决绝而去，我觉着亲切、安慰、鼓舞。只是过去的一切有如巨大的绳圈束缚了我。

我沉默着。

两天后我收到何声母亲的信，她在信中称我为孩子，她说，请允许我这样称呼你，并且永远这样称呼你。她要求我认真考虑何声的感情，慎重而勇敢。孩子，来看看我，我相信我们是有缘的。何声母亲在信尾这样祈求。

我热泪盈眶，如痴如醉，我陷入了感情的迷巷。我冲动地不顾一切地去看了何声母亲。离开她时，是何声送我的。在城市的夜大街上我们漫步了很久。我们在月光下海誓山盟。

我和何声后来也没有什么好结果，我最后的归宿是才子，不过那是另一个爱情故事了。

1991 年 5 月

图书在版编目（CIP）数据

欢乐 / 殷慧芬著.——上海：文汇出版社，2019.7
（新时期嘉定作家群文学丛书）
ISBN 978-7-5496-2887-2

Ⅰ.①欢… Ⅱ.①殷… Ⅲ.①中篇小说－小说集－中国－当代
Ⅳ.① I247.5

中国版本图书馆 CIP 数据核字 (2019) 第 127939 号

欢乐

著　　者	殷慧芬	
策　　划	朱耀华	
特约编辑	徐曙蕾	
特约编辑	甫跃辉	
装帧设计	张志全	

出版发行　　文匯出版社
　　　　　　上海市威海路755号
　　　　　　（邮政编码 200041）

照　　排　南京理工出版信息技术有限公司
印刷装订　上海天地海设计印刷有限公司
版　　次　2019年7月第1版
印　　次　2019年7月第1次印刷
开　　本　890×1240　1/32
字　　数　200千
印　　张　9.5
印　　数　1-2800

ISBN 978-7-5496-2887-2
定　　价　39.00元